SOUVENIRS DE MON PÈLERINAGE

AUX

LIEUX-SAINTS

25 Avril — 10 Juin
1882

PAR

L'abbé L. ALAZARD.

RODEZ
IMPRIMERIE Vᵉ E. CARRÈRE, LIBRAIRE-EDITEUR.

1883

SOUVENIRS DE MON PÈLERINAGE

AUX

LIEUX-SAINTS

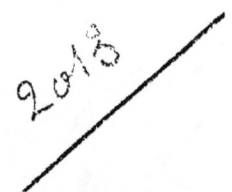

SOUVENIRS DE MON PÈLERINAGE

AUX

LIEUX-SAINTS

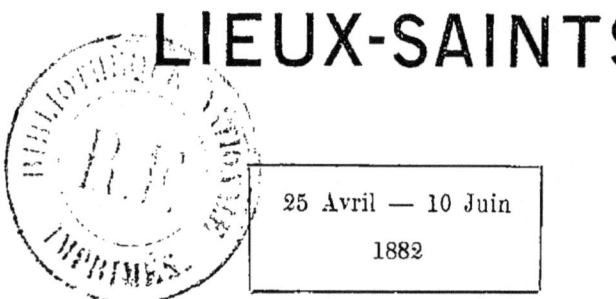

25 Avril — 10 Juin
1882

PAR

L'abbé L. ALAZARD.

RODEZ
Imprimerie Vᵉ E. Carrère, Libraire-Editeur.
—
1883

PRÉFACE

Les pages de ce volume, écrites au courant de la plume, ont déjà paru dans la *Revue religieuse*.

Mon travail s'est prolongé bien au-delà des limites que je m'étais posées.

Mais la sympathie de mes lecteurs m'a soutenu.

Une parole de Léon XIII m'a aussi encouragé. En bénissant les pèlerins de 1882, Sa Sainteté a écrit :

« Ces flammes de charité que vous avez ressenties aux Lieux-Saints, efforcez-vous de les communiquer aux autres par la parole et par l'exemple. »

J'ai obéi à cet ordre en racontant jour par jour, étape par étape, les grandes choses que nous avons vues, les événements dont nous avons visité le théâtre, les émotions qui ont réjoui notre âme.

Puissé-je avoir inspiré à quelques-uns l'amour des Saints-Lieux, avoir donné à quelques autres la pensée d'entreprendre ce grand pèlerinage et le désir de réaliser cette parole de l'Esprit de Dieu :

« Nous adorerons dans les lieux où ont reposé les pieds du Sauveur, *Adorabimus in loco ubi steterunt pedes ejus.* »

En tête des impressions de mon voyage, je publie le nom de mes compatriotes qui ont participé à cette pacifique croisade du XIXe siècle.

Pendant ces jours merveilleux, nous avons vécu de la même vie dans les sentiments d'une sincère affection, nous nous sommes mutuellement encouragés dans les fatigues ; ensemble nous avons cherché à faire revivre les joies de la patrie absente.

VIII

Il est donc juste que les noms comme les cœurs ne soient plus séparés et qu'ils demeurent unis dans une même communauté de souvenirs et de prières.

MM.

L'abbé Jean-Baptiste ALAZARD, curé de Glassac.
L'abbé Lucien ALAZARD, chanoine honoraire, aumônier du Noviciat des Frères des écoles chrétiennes, rédacteur de la *Revue religieuse,* à Rodez.
L'abbé Prosper AUGÉ, aumônier du Pensionnat des Frères maristes, à Brusque.
L'abbé Martin BONAL, curé de Lapeyre.
L'abbé Tobie BONAL, curé de N.-D.-de-Ségonzac.
L'abbé Adrien CARROLS, curé de Pradinas.
L'abbé Joseph CAYRON, curé de Maleville.
L'abbé Emile CAYRON, curé de Panat.
L'abbé Henri CURE, vicaire au Pont-de-Salars.
L'abbé Augustin FALQ, vicaire à Estaing.
L'abbé Théodule GAUCHY, vicaire à Canet-de-Salars.
L'abbé Charles LAURENS, à Aubin.
L'abbé Jean PANIS, vicaire à St-Jean-du-Bruel.
L'abbé Joseph PUECH, curé de La Vinzelle.
L'abbé Joseph TOUZERY, chanoine honoraire, aumônier de la Providence, à Rodez.
L'abbé Casimir TRÉMOLET, à Rodez.

MM.

Antoine BRUNET, au Nayrac.
Célestin CARBASSE, à Rivière-de-Peyreleau.
RUDELLE(DE), à Villefranche-d'Aveyron.
Pierre-Jean TROUCHE, à Connac.

Mme Mainy, à Lugan.
Mlle Marie Barascud, à Saint-Affrique.

A ces noms nous ajoutons ceux de quatre compatriotes qui n'habitent pas le diocèse, mais qui ont toujours voulu nous être unis :

MM.

L'abbé Barascud, de Creissels, vicaire à St-Martin, à Périgueux.
L'abbé Alamir Béziat, de Saint-Sernin, vicaire à Pézenas (Montpellier), entré au Noviciat des PP. Franciscains, à Jaffa.
Mlle Marie Ginestet, de Gramond, à Saint-Hilaire (Lot-et-Garonne).
Mlle Eléonore Thibaud, de Sévérac-le-Château, à Avignon.

Rodez, le 11 avril 1883, fête de saint Léon-le-Grand, patron de Sa Sainteté Léon XIII.

L'abbé L. ALAZARD,

Rédacteur de la *Revue religieuse*.

LIVRE I

—

DE RODEZ A JÉRUSALEM

SOUVENIRS DE MON PÈLERINAGE

AUX

LIEUX-SAINTS

I

DE RODEZ A MARSEILLE.

C'est le 25 avril que j'ai quitté Rodez pour le pèlerinage de la Terre-Sainte.

A pareil jour, il y a cinq ans, je partis pour Rome.

On devait célébrer dans la Ville-Eternelle le Jubilé épiscopal de Pie IX. Soixante de mes compatriotes prirent part aux fêtes de cet évènement.

Avec les catholiques accourus des quatre points du ciel, nous étions fiers de déposer nos consolations et notre amour dans le cœur de ce glorieux pontife que l'impiété révolutionnaire retenait prisonnier dans son palais du Vatican.

Quel bonheur d'aller baiser les pieds de ce grand pape !

Avec quel enthousiasme nous répétâmes en son honneur les acclamations que quatorze siècles auparavant saint Augustin décernait au vieillard Siméon !

Des milliers et des milliers d'enfants fidèles dirent à Pie IX qu'il était le vieillard fameux des anciens jours, *sene famoso*. Son nom remplissait le monde.

Annoso, ses quatre-vingt-six ans formaient sur sa tête une couronne de cheveux blancs la plus brillante qui ait jamais ombragé la tête d'un homme.

Probato, l'enfer était soulevé contre lui et en faisait un martyr en l'établissant le témoin de toutes les vérités.

Coronato, ses vertus, ses malheurs, son génie entouraient son front d'un triple diadème.

Les jours étaient alors mauvais et pleins d'appréhensions.

Quelqu'un leva les craintes des pusillanimes et redressa les courages en répétant cette parole de Catherine de Sienne :

« Ce temps est le meilleur, puisque c'est celui où il fait plus d'orages et de tonnerre. C'est alors surtout qu'on pense à Dieu. »

Ces paroles revinrent à notre esprit lorsque se fit entendre l'appel adressé à la France catholique pour la conduire au Saint-Sépulcre.

Nous fûmes donc aussi fier que nous l'avions été en 1877 et nous primes notre place dans la croisade de la prière et de la pénitence.

Lorsque à 11 heures 1/2, la vapeur se précipita sur ses ailes de feu pour dévorer l'espace, nous saluâmes la Vierge de Rodez qui, du haut de son trône incomparable que lui ont élevé le génie et la sainteté, semblait applaudir à notre départ.

Nous priâmes aussi l'ange des pèlerinages en lui confiant toutes les prières que l'Eglise met sur les lèvres du voyageur.

De Rodez à Marseille pas d'incident. Ceux des pèlerins qui n'étaient pas partis avec nous se trouvèrent aux diverses stations. Au sortir du département, 20 sur 24 avaient pris place au train.

Au passage, nous reçûmes les vœux de bon nombre d'amis, car le pèlerinage de Jérusalem avait donné une certaine animation à toute la ligne.

A Montpellier, trois amis de cœur, voués à l'enseignement, vinrent nous saluer à la gare.

Avant de quitter cette ville, nous demandâmes à son patron, saint Roch, de nous préserver de toute contagion et de toute maladie. Il nous a entendus.

A Tarascon, où se réveillèrent nos premiers souvenirs de la Terre-Sainte, puisque cette ville garde le tombeau de sainte Marthe, le train de Béziers amena les pèlerins de la région de Toulouse.

Là, plusieurs amis et connaissances vinrent nous serrer la main. Avec les autres, la sympathie s'établit aussitôt, car les pèlerinages ont l'inappréciable privilège de créer la fraternité et de faire de ce mot une douce réalité.

Tout fut dès lors pour la Palestine. Chacun faisait part de ses projets, de ses espérances, de ses joies. Le P. Marie-Antoine répandait déjà cette vie qu'il sait mettre partout et qui, nous le dirons, a été si féconde à bord de la *Picardie* et à Jérusalem.

II

A MARSEILLE.

Aux premières lueurs du jour, on annonça Marseille. En entrant dans cette ville opulente, l'une des reines de la Méditerranée, je n'écoute pas le bruit de son commerce et de son industrie, je ne me laisse pas distraire par la magnificence de ses monuments et la richesse de ses places et de ses boulevards, ma pensée remonte aux origines du christianisme et je donne mon premier souvenir au grand héritage que lui légua la Terre-Sainte après la mort du divin Maître.

Nous invoquâmes tous St-Lazare, le ressuscité de Béthanie, Ste-Marthe qui avait demandé au Sauveur la résurrection de son frère, Ste-Marie-Madeleine à qui la charité du Rédempteur avait tout pardonné.

Nous rappelâmes à notre esprit, ce frêle esquif qui poussé par l'ange après la Résurrection, vint s'abriter dans le port de la ville des Phocéens et déposa sur les rives de la France, ce précieux trésor que Jésus avait le plus aimé sur cette terre.

Le passé de cette grande ville ne nous fit pas oublier les temps présents. Au sein de cette populeuse cité, notre admiration se réveilla pour Belzunce, l'évêque au dévoûment héroïque, pour la dévotion de cette ville au Sacré-Cœur, pour sa tendresse envers la *bonne Mère*, pour son zèle et son activité dans les œuvres qui entretiennent et fécondent la vie catholique.

III

NOTRE-DAME DE LA GARDE.

Après avoir pris place à l'*Hôtel de Rome* déjà encombré par les pèlerins, la première visite fut pour N.-D. de la Garde.

Cette basilique est située sur une colline à l'Est de Marseille. On y vénère la Vierge invoquée sous le nom de Notre-Dame de la Garde et appelée la *Bonne-Mère* par la piété Marseillaise. Ce sanctuaire est comme le cœur qui concentre tous les sentiments religieux de cette grande ville, à qui, ni l'industrie, ni le commerce, ni les dissipations de tout genre ne font oublier la Vierge qui veille sur la cité et sur toute la région.

L'église reconstruite dans ce siècle est d'un style sévère ; elle a six chapelles latérales. Les murs sont couverts de marbre et d'*ex-voto*.

La tour extérieure est surmontée d'une vierge colossale.

De la terrasse du grand escalier, le regard embrasse un splendide panorama ; la mer est à vos pieds avec ses horizons lointains ; le port est couvert de vaisseaux de toutes les parties du monde ; à droite s'étend la ville avec les coupoles de ses monuments et les clochers de ses églises. Elle a pour encadrement les montagnes de la Provence aux sommets nus et arides.

Après les dévotions de cette première journée, nous nous répandîmes dans la ville pour nos visites, nos promenades, nos achats de provisions.

Le lendemain 27, le rendez-vous général du pèlerinage était à N.-D. de la Garde.

Malgré la tempête, tout le monde gravit la colline et arriva jusqu'aux pieds de la Vierge ; il fallut lutter contre un vent froid et furieux ; la mer mugissait et soulevait ses flots avec violence.

Monseigneur Robert, évêque de Marseille, dit la messe, distribua la sainte communion, bénit les croix des pèlerins et adressa la parole à son auditoire recueilli, ému et reconnaissant.

IV

LE P. PICARD.

Avant de quitter N. D. de la Garde, le P. Picard monta en chaire.

D'une voix pleine de force, de cœur et de franchise, il signala les grandes lignes de la croisade dont Dieu l'avait constitué le chef.

Il releva les courages, affermit les volontés sans dissimuler aucune des fatigues qui pourraient se rencontrer sur le chemin.

Pour conserver l'unité de la direction, il demanda à chacun de plier sa volonté à l'obéissance pour maintenir l'harmonie dans cette armée de croisés.

Le P. Picard fut écouté avec respect.

Sa présence excita une légitime admiration pour la grande œuvre à la tête de laquelle il se trouvait.

Pour la conduire, il fallait du cœur et du caractère. Le P. Picard en a montré.

Confiant dans la Providence, et sans pusillanimité, avec la foi qui ne comprend pas les hésitations, avec la générosité d'une âme qui ne doute pas, il jeta au milieu de la France catholique le cri de : *Dieu le veut !*

La France toujours chevaleresque dans ses élans lui répondit qu'elle aussi, elle ne doutait pas et qu'elle avait confiance.

Et sa réponse a produit un des plus grands événements de ce siècle, un de ceux dont les *conséquences sont incalculables*, comme vient de l'écrire le P. Ratisbonne. Et on sait comment ce saint prêtre est en situation pour juger la question des Lieux-Saints et pour deviner la solution qu'elle attend.

Un caractère vulgaire ou pusillanime aurait été incapable de comprendre la grande mission que la France doit remplir en Orient à la fin de ce XIXe siècle si tourmenté.

Les religieux de l'Assomption ont jugé qu'est peut-être arrivée l'heure annoncée par Joseph de Maistre, cette heure dont il disait, il y a soixante ans :

« L'esprit religieux qui n'est pas du tout éteint en France, fera un effort proportionné à la compression qu'il éprouve, suivant la nature de *tous les fluides élastiques.* Il soulèvera des montagnes, il fera des miracles. Le Souverain-Pontife et le sacerdoce français s'embrasseront et dans cet embrassement sacré, ils étoufferont les maximes gallicanes, alors le clergé français commencera une ère nouvelle et reconstruira la France et la France prêchera la religion à l'Europe et jamais on n'aura rien vu d'égal à cette propagande. Et si l'on vous disait que dans le courant du siècle, on dira la messe à *Ste-Sophie de Constantinople,* il faudrait dire : Pourquoi pas ? »

Entraînés par le souffle de ces accents presque prophétiques, les disciples du P. d'Alzon, ont accepté, d'être, dans la mesure de leur bonne volonté, les instruments peut-être décisifs de ce plan providentiel.

Celui qui a hérité des ardeurs de l'âme du P. d'Alzon s'est incliné au vœu de la France et il a marché avec la simplicité de l'homme qui a la foi. Dieu a béni ses saintes hardiesses. Et au jour du triomphe on dira de lui : « Il fut de ceux par qui le salut a été fait en Israël, *ex illis erat per quos salus in Israel facta est.* »

V

A LA MAJOR.

Quelques heures après avoir quitté Notre-Dame-de-la-Garde, les pèlerins se retrouvent à la *Major*.

La *Major* ou église principale est la cathédrale de Marseille. Sous peu, cette vieille basilique insuffisante d'ailleurs sera remplacée par un vaste édifice, construit dans le style bysantin et surmonté de plusieurs dômes. On travaille aux derniers travaux d'embellissement.

Le R. P. Picard y renouvelle avec force les conseils déjà donnés. La discipline est la condition essentielle du succès du pèlerinage. C'est seulement par l'obéissance, par la résignation aux fatigues et aux sacrifices que cette croisade de prière et de pénitence aura son triomphe devant l'Eglise qui nous bénit et devant la patrie qui nous suit avec émotion.

Après lui, le P. Mathieu monte en chaire.

La veille, j'avais retrouvé cet excellent père à Notre-Dame-de-la-Garde. J'en avais descendu la rampe avec lui. Avec quel charme, il me rappela sa présence à Lourdes lorsque nous nous rencontrâmes 4.000 hommes du Rouergue devant la Grotte de l'Immaculée-Conception ! Comme je fus heureux de lui rappeler les vivantes émotions dont les accents de sa virile éloquence soulevèrent ces 4.000 poitrines sur la montagne du rosaire au milieu d'un des plus beaux panoramas qu'il soit possible de voir ! Il n'eut pas de moins bons souvenirs pour ses consolations de la retraite ecclésiastique qu'il nous prêcha en 1876, pour les fêtes de Ste-Foy pendant lesquelles il célébra en 1878, à Rodez d'abord et le surlendemain dans l'antique abbaye de Conques, les titres glorieux de la Vierge d'Agen.

Au moment du départ pour la Terre-Sainte son éloquence fut plus grande que jamais. Sa parole magistrale, imagée, émouvante donna du ressort à tous les courages et à toutes les volontés.

VI

L'EMBARQUEMENT.

Le départ qui devait avoir lieu à une heure de l'après-midi dans la journée de ce jour, 27 avril, dût être renvoyé au lendemain à cause du gros temps.

Notre dernière installation se fit dans la *Picardie*. Chacun prit le numéro qui lui était destiné et qu'on avait marqué sur chaque couchette.

Pour se faire une idée de cette installation, il faut se représenter les étagères d'une bibliothèque. Chaque étagère était divisé par compartiments ayant chacun de 50 à 60 centimètres de large sur une longueur de 1 mètre 80 à 1 mètre 90. Un petit matelas, une paire de draps de lit, une couverture, un traversin et sous ce traversin une ceinture de sauvetage en bois de liège, voilà notre lit de repos pour les nuits de la traversée et les heures du mal de mer.

Trois rangs de couchettes étaient ainsi superposées. Il va de soi que pour y grimper et s'y installer chacun devait user de son adresse et de son industrie particulières. Et ce n'était certes pas la moindre affaire.

Telles étaient nos cabines. Et cependant nous devons avouer que quelques défectueuses qu'elles aient pu paraître, nous y avons passé d'excellentes heures de repos.

Il faut dire que cette disposition du navire n'avait pas été faite pour les pèlerins.

Il y a quelques années la *Picardie* ainsi aménagée avait amené des arabes algériens au pèlerinage de la Mecque.

Il y a deux ans, elle servit pour rapatrier les Nouméens communards réhabilités par notre majorité radicale.

Tous ces services, a dit avec poésie le P. Marie-Antoine, avaient humilié la *Picardie,* qui était comme honteuse d'elle-même.

Mais aujourd'hui, ses destinées sont changées. Elle vient de recevoir ses titres de noblesse et avec eux un baptême nouveau.

Aujourd'hui plus haut que ses mats pavoisés, elle porte la croix qui domine le monde, règne sur lui et porte en Orient les croisés du XIXe siècle.

« *Picardie,* console-toi, a dit le P. Marie-Antoine dans des accents vibrants de charme et de poésie, *Picardie,* console-toi ! Ton heure est venue ! Parez ces mats de banderoles, de verdure et de fleurs ; au dessus de tous ces mats, de tous ces drapeaux, voilà la Croix n'attendant que le roi de la création ; aujourd'hui tu portes le roi de ce roi, tu portes un Dieu et les pèlerins de ce Dieu.

» L'Eucharistie et la Vierge Immaculée sont dans tes

flancs, Tu portes les croisés de la prière, les croisés de l'espérance et du salut, les croisés de la résurrection. »

Les aveyronnais, nous étions tous là. Il nous en manquait cependant quatre qui avaient été désignés pour la *Guadeloupe*. Nous nous en séparâmes à regret, car nous aurions voulu garder avec nous le doyen de tout le pèlerinage, M. l'abbé Trémolet dont les quatre-vingts ans ont supporté les fatigues du voyage avec toute la gaîté et la vaillance du jeune homme.

Le soir, avant le coucher du soleil, Mgr Robert vint bénir le navire et les passagers. Il fut accueilli et salué par d'enthousiastes acclamations.

VII

LE DÉPART.

Le lendemain 28, nous étions tous sur pied dès l'aurore. Le vent soufflait encore avec violence; il roulait sur nos têtes des nuages épais. Le soleil cependant les perçait par intervalle. Tous les regards étaient tournés vers Notre-Dame-de-la-Garde dont la statue dorée étincelait par moments.

C'est elle qui préside au départ. Le signal des prières est donné. Aussitôt, de la *Guadeloupe* et de la *Picardie* s'élèvent vers la Reine des mers des chants puissants. Les versets du *Magnificat* et de l'*Ave maris stella* sont chantés alternativement par les pèlerins des deux navires. L'entrain et la joie sont admirables.

Enfin l'ancre est levée. C'est la *Guadeloupe* qui part la première.

A ce moment tous les mouchoirs s'agitent : *Vive*

la Guadeloupe ! Vive la Picardie ! répète-t-on des deux côtés. Et aussi : Vive Léon XIII ! Vive la France ! Vive Marseille ! Vive N.-D. de la Garde !

Quelques minutes après la *Picardie* fait son premier mouvement.

Nous voilà sur la route de l'Orient ! Les voilà lancés ces navires de la prière ! La croix y règne en souveraine !

C'est bien ici le cas de dire que les flots sont étonnés ! Car jamais spectacle pareil ne s'était vu sur les océans ! Ce ne sont pas seulement des vaisseaux qui voguent au gré des vents, ce sont comme des monastères flottants. Les passagers ne sont pas les guerriers qui vont porter le deuil sur les plages lointaines ; ils ne sont pas des commerçants qu'enfièvre la soif de l'or. !

Non, ce sont les hommes de la prière. Pendant les heures de cette longue traversée, les vents porteront jusqu'aux cieux les plus élevés et aux horizons les plus lointains les élans de la louange et de l'action de grâce.

« Œuvres de Dieu ! bénissez le Seigneur, mers et fleuves, louez-le ! créatures qui vous mouvez dans les abîmes, chantez à Dieu l'hymne de la reconnaisance et de l'amour ! »

Pour la première fois, depuis que les flots sont sillonnés par des bâtiments aux larges ailes, la louange divine sera perpétuelle sur un navire ; pour la première fois, le Dieu de nos autels aura son trône sur le pont d'un navire ; pour la première fois des autels couvriront ce pont pour offrir la divine Victime ; pour la première fois, le Dieu de l'Eucharistie s'offrira chaque jour en nourriture à tous les pèlerins ; pour la première fois, chaque coin du navire sera transformé en tribunal de la pénitence ; pour la première fois, par une prière incessante, des chœurs qui se renouvelleront sans interruption diront : « Gloire, honneur au Roi immortel des siècles, à la Mère divine ! aux Saints du paradis. »

VIII

LE MAL DE MER.

Mais avant que la louange divine eut toute l'expansion de sa liberté, il fallait passer par l'épreuve terrible du mal de mer.

Ceux-là seuls qui l'ont subi peuvent dire ce qu'il est. Il vous frappe au physique et au moral. C'est un abattement complet, une prostration absolue. Et Dieu sait, au milieu de quelles convulsions, de quels cris, de quels gémissements, se traversent ces fatigues inouïes.

Et pour comble de malheur, personne n'a pitié de vous ; ces rares passagers qui demeurent debout, parce qu'ils savent qu'on n'en meurt pas, passent avec un sourire ironique, ou vous font des vœux de santé avec des éclats de rire.

Ce spectacle est, paraît-il, si curieux qu'il a maintes fois tenté le pinceau des artistes ! Il en est qui ont réussi à faire des chefs-d'œuvre et à se créer des admirateurs enthousiastes.

Auguste Biard qui vient de mourir ces jours derniers s'était fait une étonnante réputation pour ses inimitables dessins représentant avec une finesse infiniment spirituelle les scènes sans nombre qui se passent sur le pont d'un paquebot encombré de gens incommodés par le roulis et bouleversés par l'affreuse maladie.

Qu'il eut trouvé de beaux sujets sur la *Picardie !* et comme, il y avait matière à des chefs-d'œuvre !

Nous avions bien avec nous, il est vrai, un artiste, mais je sais avec quelle activité, il était travaillé. L'aimable abbé Mougeot dût laisser dormir ses pinceaux et les réserver pour les croquis qui ont charmé les lecteurs du *Pèlerin.*

Au bout de quelques heures je fus remis sur pied. Un ami tout dévoué me traîna ou plutôt me porta sur le pont. Les rayons du soleil, la brise du soir me remirent à peu près. Il y avait peu, très peu de monde, presque tous occupaient encore leur couchette; M. de Rudelle, qui a été assez heureux pour échapper au fléau, me dit alors que 40 ou 50 tout au plus avaient été privilégiés comme lui.

Après lui, le premier que je rencontrai fut le P. Marie-Antoine qui s'était blotti dans un coin sur l'arrière, et enveloppé dans son capuchon luttait contre le mal avec son énergie ordinaire.

Aussitôt qu'il avait un moment de répit, il groupait les vaillants du pèlerinage et leur faisait répéter l'air de ces cantiques populaires qui feront tressaillir les pèlerins, lorsque, demain, la santé lui permettra de prendre possession de son apostolat :

> Tout chrétien doit être un soldat,
> Rempli d'ardeur, né pour la gloire ;
> Quand son chef le mène au combat,
> Il tient en ses mains la victoire.

Et puis tous en chœur :

> S'il le faut nous saurons souffrir
> Nous saurons souffrir pour défendre la croix, etc.

IX

LA FÊTE DU PATRONAGE DE SAINT-JOSEPH A BORD
DE LA *Picardie*.

Le lendemain samedi 29, le ciel et les fronts se rassénèrent. L'aspect du pont prend une physionomie nouvelle. La joie, la fraîcheur, la gaîté commencent à ranimer le cœur et l'esprit. Il y a bien encore un peu de fatigue, mais elle disparaît sensiblement. Dès le soir, tous ou presque tous sont faits à la mer comme de vieux matelots.

Il y eut donc ce jour-là, des chants et des cantiques. La récitation du rosaire, le chemin de la croix, les préparatifs pour la fête du lendemain, la prière en commun avant le repos prirent notre temps jusqu'à 9 heures.

Le 30 avril était le troisième dimanche après Pâques. En ce jour, l'Eglise célébrait le patronage de saint Joseph. En cette solennité aussi tous les ouvriers catholiques de France honoraient leur saint patron et Jésus-Ouvrier.

A bord la journée fut splendide.

Je quittai ma cabine à 5 heures du matin. Pas un nuage dans les cieux ; le vent faisait silence ; le navire fendait sans secousse les flots larges, mais calmes ; le soleil d'Orient inondait la mer de ses rayons attiédis par la brise.

Sur le pont, tout était vie. Partout on se disposait pour offrir le sacrifice de la messe. Ici on dressait les autels, là on priait ; ailleurs, des prêtres confessaient ; sur l'arrière, on préparait l'autel qui pendant toute la journée sera un sanctuaire. Les officiers de l'équipage avaient fourni des draperies pour l'orner. Deux beaux orangers étendaient leurs branches de chaque côté. Derrière flottaient deux belles oriflammes, l'une brodée à Paray-le-Monial avec cette inscription : *Cœur miséricordieux de Jésus, répondez pour nous* ; et l'autre, celle que le conseil des cercles ouvriers doit faire déposer dans les lieux illustrés par la vie de Jésus-Ouvrier.

Pendant tous ces préparatifs, un chœur de prêtres chantait les gloires de St-Joseph.

> Te, Joseph celebrent agmina cœlitum :
> Te cuncti resonent christiadum chori ;

Jamais, sur la mer, St-Joseph n'avait reçu un pareil honneur.

En ce moment nous étions en vue des côtes de la Tunisie. On sait tous les souvenirs que rappellent les côtes d'Afrique. Sans revenir aux dates glorieuses de cette grande église d'Afrique, nous pensons à St-Louis qui l'illustra par son trépas, à St-Vincent-de-Paul qui y déploya le zèle de sa sainteté et de son apostolat. Nous n'oublions pas que cette terre vient de devenir française et qu'à côté de nos soldats qui en assurent la conquête, se trouve un intrépide ouvrier de l'Evangile, le cardinal Lavigerie qui par les fondations chrétiennes qu'il y établit, révèle Jésus-Christ à ces pauvres peuples, manifeste tout le zèle de charité de la fille aînée de l'Eglise et fait ainsi oublier que cette nouvelle colonie nous a été donnée par une politique véreuse.

Le vaisseau continue sa marche à toute vapeur et toutes voiles déployées. La terre disparaît de nouveau.

Quelques oiseaux qui voltigent autour des mâts rompent la monotonie de la course. A 1 h. 1/2, un voilier anglais nous salue. Il passe assez près pour qu'on puisse faire un échange de sympathies. Le pavillon français est hissé. On agite les mouchoirs.

Les vêpres solennelles de St-Joseph sont chantées ; on récite le rosaire ; on entoure l'autel sur lequel brûlent des bougies en l'honneur du St-Sacrement qui est exposé ; on prie avec ferveur.

X

EN FACE DE L'ILE DE MALTE.

DIEUDONNÉ DE GOZON ET JEAN DE LA VALETTE.

Vers les 4 heures, nous apercevons la terre. C'est l'île de Malte. Malte fut le dernier boulevard chrétien contre l'invasion de la barbarie musulmane. Les chevaliers qui portent son nom y ont soutenu des luttes héroïques.

Pour nous, Aveyronnais, cette île nous rappelle deux illustres compatriotes, Dieudonné de Gozon et Jean de La Valette.

Le premier s'est rendu surtout célèbre par l'habileté et le courage qu'il déploya pour délivrer l'île de Rhodes d'un monstre qui la terrorisait. Ce monstre auquel l'histoire a donné le nom de dragon, avait fait de nombreuses victimes. Les chevaliers qui osèrent l'attaquer dans sa retraite furent tous victimes de leur dévouement; aussi le grand-maître, Elion de Villeneuve, défendit-il, sous des peines très sévères, d'aller le provoquer.

Gozon osa désobéir à cet ordre et il fut assez heureux pour terrasser le monstre, objet de si grandes frayeurs. Conduit en triomphe par le peuple auprès du grand maître, il trouva un juge irrité qui le condamna d'abord à la prison, puis à la privation de l'habit de l'ordre; mais les commandeurs et le peuple sollicitèrent sa grâce avec tant d'instances, que le grand-maître lui rendit bientôt l'habit, le combla de bienfaits et le fit même son lieutenant-général dans le gouvernement de l'île.

Après la mort d'Elion de Villeneuve, en 1346, Dieudonné de Gozon fut élu grand-maître de l'ordre de Malte.

Jean de La Valette-Parisot, fut élu grand-maître de Malte en 1557. Ses actions d'éclat contre la marine ottomane à laquelle il avait, en peu de temps, pris ou détruit cinquante vaisseaux, déterminèrent l'empereur, Soliman II, à tenter la conquête de Malte. Mustapha débarqua, le 20 mai 1565, à la tête de 30,000 hommes; mais après trois mois et demi d'attaques incessantes et meurtrières, il dût lever honteusement le siège et se rembarquer.

L'année suivante, Soliman lui-même, à la tête de 55,000 hommes, débarqua à Malte pour venger l'affront que Mustapha avait reçu. L'île ne renfermait en ce moment, que 700 cavaliers ou frères servants et environ 8,500 hommes. Ces généreux soldats soutinrent néanmoins le siège avec un courage que ne purent ralentir les tortures et les cruautés exercées par les Turcs sur leurs prisonniers. Il ne restait plus dans la place que 600 hommes en état de service, lorsque la flotte de secours qu'ils attendaient fut aperçue au loin s'avançant à toutes voiles. La consternation et l'effroi se répandirent dans le camp des Turcs qui levèrent promptement le siège et s'enfuirent après avoir perdu plus de 8,000 hommes.

C'est en mémoire de ce grand évènement que fut fondée la *cité de La Valette*, à l'érection de laquelle tous les souverains de l'Europe briguèrent l'honneur de contribuer. Pie V fit offrir le cardinalat au grand-maître qui ne crut pas devoir l'accepter, et Philippe II, roi d'Espagne, lui envoya un poignard d'or enrichi de diamants avec cette devise :

Plus quam valor valetta valet.

Jean de La Valette mourut le 21 août 1568, et fut inhumé dans la chapelle de la Victoire dans la cité qui porte encore son nom.

Nous saluons avec fierté ces deux grandes gloires de notre Rouergue.

Le commandant veut envoyer de nos nouvelles à la France. Il met en mouvement tous les signaux, mais le sémaphore anglais ne répond pas, car il est fermé à cause du dimanche. Chacun doit garder dans son portefeuille les lettres écrites à la hâte.

Le navire reprend sa marche. Les pèlerins continuent à prier et à chanter.

XI

LE MOIS DE MARIE.

A huit heures a lieu l'ouverture du mois de Marie.

Un vicaire général de Chambéry, M. Vivien, chante les gloires de notre Mère qui est dans les cieux. Il lui demande au nom du pèlerinage de donner le triomphe à l'Eglise et à la France. Il le fait avec des accents si pénétrants que nul ne doute qu'il ne soit entendu.

Le salut du Saint-Sacrement clôt ce grand jour de fête. Le recueillement devient alors plus profond. Les adorateurs continuent à veiller devant l'adorable Eucharistie. Les autres se retirent pour aller prendre le repos.

Ce calme a quelque chose d'infini. Jamais nous n'avons compris la parole du royal prophète comme nous l'avons comprise au milieu du silence de la nuit, du silence du ciel et de la mer : « O Dieu ! le silence est votre grande louange, *tibi silentium laus.* »

XII

BÉNÉDICTION SOLENNELLE DE LA CROIX.

C'est le premier mai. L'air est frais, le ciel sans nuages, le soleil radieux.

Après le lavage du pont qui se fait tous les matins on dressa l'autel pour la messe. Pendant le Saint-Sacrifice un chœur d'hommes fit entendre à maintes reprises cette gracieuse strophe :

> C'est le mois de Marie
> C'est le mois le plus beau
> A la Mère chérie
> Disons un chant nouveau.

Et tout le pèlerinage répétait cet air entraînant dont les paroles étaient en si parfaite harmonie avec la fraîcheur et la beauté du ciel.

Cette messe fut la seule qui put être dite ce jour-là. Un roulis fatigant agitait le vaisseau.

On en explique la cause. La jonction de la mer Adriatique et de la Méditerranée établit, paraît-il, des courants qui occasionnent ce malaise des vagues.

On ajouta plus tard que le commandant du bord ayant aperçu dans le ciel et la direction du vent quelques mauvais signes avait annoncé le gros temps pour la fin du jour.

Il n'en fut rien fort heureusement. Car comme dans cette croisade merveilleuse tout tournait à notre faveur, la mer reprit son calme. A partir de 10 heures ou 11 heures nous eûmes une mer délicieuse, ce que les marins appellent une *mer d'huile*.

C'était providentiel. Ce recueillement de la nature permit de rendre à la croix un hommage unique et des plus grandioses.

La croix qui surmontait le vaisseau et qui doit être dressée à Rome dans le palais du Vatican n'avait pas pu recevoir encore sa bénédiction solennelle.

Elle lui fut donnée ce jour-là. Cette croix comme celle de la *Guadeloupe* a été offerte par M. Bonin, de Nice. Elle est en bois d'olivier et mesure les mêmes proportions que la croix qui a porté N. S. J. C.

A une heure, tout le pèlerinage se réunit sur l'avant.

Le P. Picard qui se tient sur la dunette avec le commandant et les officiers du bord chanta les prières liturgiques auxquelles tout le monde répondit.

Et puis l'hymne de la croix fut entonné :

« Vexilla regis prodeunt
Fulget crucis Mysterium. »

« Voici l'étendard du Roi, voici briller les grandeurs du règne de la Croix. »

O crux, ave spes unica.
Mundi salus et gloria

« O croix, notre unique espérance, recevez nos adorations, salut ô vous, qui êtes la gloire du monde. »

Après ce chant, le P. Marie-Antoine prit la parole.

Son allocution frémissante d'inspiration fut mille fois interrompue par les cris répétés avec enthousiasme : « *Vive la Croix ! Vive la Croix !* » Ces cris partant de toutes les poitrines allaient se perdre dans l'infini du ciel et de la mer.

Un spectacle pareil, revêtu de tant de grandeur ne s'était probablement plus produit au milieu de l'Océan.

Cet acte mit le dernier sceau sur cette croisade de pénitence et de prière et nous plaça tous sous le sceptre glorieux du Christ vainqueur par la Croix.

Un trait émouvant vint redoubler la profonde impression de la cérémonie. Après que les prières de l'Eglise eurent été terminées, M. de Belcastel, ancien sénateur s'approcha du pied de la croix et s'adressant aux pèlerins leur demanda d'une voix vibrante de jurer avec lui amour et fidélité à la croix, de jurer que tous lui demeureraient fidèles et à la vie et à la mort.

Une acclamation immense répondit à ce cri de l'âme de l'orateur catholique. Le premier, il embrassa cette croix qui désormais résumera tant de souvenirs.

Et après lui, tous allèrent aussi l'embrasser en prononçant le serment de la fidélité.

Le défilé fut long. Il se fit au milieu des chants en l'honneur du Dieu de la croix. C'est bien à cette heure qu'on pouvait dire :

« Le Christ règne, le Christ commande, le Christ est vainqueur, prenez la fuite, ô vous qui croyez anéantir ses éternels triomphes. *Christus vincit, Christus regnat, Christus imperat, fugite, partes adversæ.* »

XIII

EN FACE DE L'ILE DE CANDIE.

Le lendemain 2 mai, la journée fut également superbe. Un grand nombre d'autels purent être dressés, et beaucoup de prêtres eurent le bonheur de dire la messe au milieu de cet infini.

Depuis que nous nous étions éloignés le dimanche au soir des côtes de Malte nous n'avions plus vu la terre ni aperçu aucun navire.

Vers les quatre heures de ce jour, on annonça les côtes de l'île de Candie.

Candie est l'ancienne île de Crête. Autour de ce nom se groupent les mille fables et souvenirs dont la mythologie a rempli toutes les jeunes têtes.

C'est là que se trouve le mont Ida, où fut nourri Jupiter. C'est là qu'était le fameux labyrinthe de Dédale avec le fameux minotaure, qui entre autres victimes dévorait tous les ans sept jeunes filles et sept jeunes hommes d'Athènes. C'est encore dans cette île, que florissaient cent villes, célèbres par leur civilisation et par les lois de Minos qui en faisaient les villes les plus sages du monde. Nous pourrions y ajouter encore des récits sans fin.

Mais, j'aime mieux me reposer sur le souvenir de saint Paul qui évangélisa cette île et celui de saint Tite qui y fut placé comme évêque par le grand apôtre avec ordre d'y établir la hiérarchie ecclésiastique.

Tout n'y fut pas consolation pour saint Paul, car c'est des Crétois qu'il a dit : « Ce sont des paresseux et des menteurs, *cretenses ventres pigri, semper mendaces.* »

Il paraît qu'ils n'ont pas volé cette réputation et qu'ils l'ont conservée ainsi que le rapportent tous ceux qui ont à traiter avec eux. Les Turcs qui les asservissent ne les changeront certainement pas.

Mais encore ici, j'eus les tribulations du mal de mer. Pendant que M. l'abbé Touzery, avec l'érudition qu'on lui connaît, rappelait au milieu d'un groupe de pèlerins ce que je viens de rapporter de l'île de Crète, je gardais le silence le plus complet, je ne l'interrompis que pour leur dire :

« Ça ne va pas. »

Le voisinage des côtes agite ordinairement les flots et provoque un tangage qui a pour effet immédiat de donner le mal de mer.

J'essayai bien de résister ; mais hélas ! force fut d'aller se coucher et de renoncer au dîner pour lequel cependant l'air vif de la mer m'avait réveillé tout à l'heure l'appétit.

Je ne savais pas si le nombre des victimes de cette tourmente était grand ; mais je me convainquis aussitôt que je fus arrivé au grand dortoir que la moitié au moins des couchettes étaient occupées, et les cris et les gémissements et les convulsions qui se produisaient de tous côtés annonçaient que le désastre était presque aussi universel que le premier jour.

La crise pourtant ne fut pas longue ; au bout d'une heure tout rentra dans l'ordre. La Crète s'éloigna et avec elle la triste maladie.

C'est alors que quelqu'un vint nous crier : « Venez, tout est fini ; le dîner est servi. » Je ne me laissai pas tenter. *J'y suis, j'y reste,* dis-je à l'abbé Jobin qui insistait avec une cordialité toute affectueuse. J'envoie d'ici un souvenir à ce jeune prêtre suisse. Il venait de compléter ses études au Séminaire Français à Rome, et, avant de rentrer dans son diocèse, il allait se fortifier à Jérusalen contre les épreuves qui l'attendent dans le canton de Bâle. Il me raconta plusieurs fois pendant ce long voyage aux prix de quels sacrifices et de quelles formalités oppressives ils achètent dans ce pays protestant la liberté religieuse et avec quelles difficultés ils exercent le ministère catholique. Néanmoins, l'esprit de persévérance et de dévoûment qui caractérise et le clergé et les populations de ce pays a permis de tourner la persécution en beaucoup de points et de maintenir parmi les fidèles une foi fière et robuste.

Le voyage se fit ensuite jusqu'au débarquement sans aucun incident notable.

XIV

LA VIE DE PRIÈRE A BORD.

C'est ici le moment de dire quel était notre genre de vie à bord du navire. J'ai dit que notre vaisseau était un monastère flottant. C'est vrai. On vient de voir que la croix le dominait et que nous nous étions tous déclarés les serviteurs du Christ. *Christo Domino servire,* servir le Christ : telle est la devise qui fut donnée par Pie IX au comité général des pèlerinages.

Les religieux de l'Assomption ont recueilli avec amour ce mot-d'ordre et ils sont jaloux d'imposer à tout pèlerin l'obligation d'être fidèle à cette glorieuse invitation.

Il y avait donc à bord le règlement de la prière.

Tous les matins, après le lever qui avait lieu de très bonne heure : prière et méditation. Elle se faisait en particulier, car c'était le moment de la toilette du pont et il n'était pas possible de se réunir.

Puis, venait l'heure des messes. Partout où c'était convenable, on dressait des autels. Autour de chaque autel se groupaient les pèlerins qui participaient aux prières du sacrifice et faisaient la sainte communion. Le silence et le recueillement étaient profonds et n'étaient interrompus que par le chant des cantiques ou par celui du *Credo* dont les accents avaient en mer la force d'un amour plus ardent.

A neuf heures, le premier chapelet du rosaire était récité avec méditation. Après chaque dizaine, on faisait entendre en l'honneur de Marie, les couplets récitatifs de Notre-Dame-de-Lourdes que termine le triple salut : *Ave, ave, ave, Maria,* et qui nous transportaient avec délices dans les lacets de la sainte montagne où retentissent chaque jour les louanges de Marie immaculée.

A deux heures, venait le second chapelet avec la méditation des mystères douloureux.

A trois heures, le chemin de la croix, par le P. Marie-Antoine.

Le soir à huit heures, commençaient les chants des cantiques en l'honneur de la Reine des cieux. Puis, une instruction était prêchée par un des nombreux prédicateurs qui faisaient partie du pèlerinage. La prière du soir était récitée et enfin venait une suite de recommandations où personne n'était oublié.

On faisait passer devant notre cœur ce que nous avions de plus cher. On priait pour la famille et la patrie absentes ; on priait pour les défunts, pour les besoins généraux de chacun, pour le succès du pèlerinage de pénitence, pour le triomphe de l'Eglise et de la France.

XV

LE P. HIPPOLYTE ET LE P. MARIE-ANTOINE.

Pour soutenir cet esprit de prière se trouvait un homme au cœur plein d'amour et de zèle qui savait que la vie surnaturelle ne s'entretient que par la prière et que les victoires ne viennent du ciel qu'en raison des instances qu'on fait pour les obtenir.

Le père Hippolyte, religieux de l'Assomption, avait reçu du P. Picard la belle mission d'entretenir dans le pèlerinage cet esprit d'oraison, *spiritus precum*.

Le P. Hippolyte le fit avec une infatigable persévérance et il mit à cette œuvre par excellence tout son cœur, toute sa charité, toute sa piété.

Dès la première heure, le pieux assomptionniste prit à son service une âme d'apôtre, le P. Marie

Antoine, qui n'a jamais été plus grand ni plus saint que pendant ce pèlerinage.

Tout notre diocèse connaît le P. Marie-Antoine.

Qui a oublié la flamme de son zèle à l'époque de notre pèlerinage de 4,000 hommes à N.-D. de Lourdes ?

On se souvient que nous rencontrâmes le pèlerinage belge devant la grotte de l'Immaculée-Conception. Les Belges nous édifièrent autant qu'il nous étonnèrent par la profondeur de leur piété et de leurs prières.

Ils furent, de leur côté, enthousiasmés de notre manifestation. Lorsqu'ils rentrèrent dans leur patrie, ils remplirent leurs journaux du récit des merveilles dont ils avaient été les témoins. La physionomie du P. Marie-Antoine les frappa entre toutes.

Et quelques jours après, un des principaux journaux catholiques de Bruxelles écrivait :

« Il y a partout des épisodes uniques.

» La veille nous assistions à une scène renouvelée des plus grands jours du moyen-âge. Ils ne nous démentiront pas ceux qui ont vu le P. Marie-Antoine, capucin, le soir, du haut de la plate-forme de la loge du gardien, haranguant les Rodésiens d'un geste sublime, dilatant toutes les poitrines et leur faisant acclamer tous les grands noms et toutes les grandes choses qui sont la gloire du catholicisme. Quelle grandeur et quelle vie dans ce moine ! jamais artiste ne rêvera plus beau ou Pierre l'ermite ou saint Bernard entraînant les peuples à la croisade. Nous avons compris ce jour-là seulement quel souffle a passé par l'Europe, quand à la voix de ses papes ou de ses moines, d'un élan unanime, elle partait pour la guerre sainte en criant : *Dieu le veut! Dieu le veut!* »

Tous ceux qui ont vu à l'œuvre le P. Marie-Antoine, l'ont retrouvé tout vivant dans ce portrait.

Qui oubliera jamais, les effusions de son amour ? Lorsque avec toute l'âme de St-François d'Assise, son père, il développait les mystères des stations de la croix, son auditoire était enflammé par ce que la charité a de plus brûlant, la poésie de plus ravissant, le zèle de plus actif, l'apostolat de plus dévoué.

XVI

LES HEURES DE LA CAUSERIE A BORD.

La prière était donc le souffle qui donnait une âme et un cœur au pèlerinage et en faisait une merveille unique dans l'histoire de la navigation.

Mais il restait encore de longues heures pour les causeries intimes, pour les distractions agréables, pour les gracieux passe-temps.

Dans les pèlerinages, la charité établit, dès la première heure, je l'ai dit, la vie du cœur, les charmes de la famille.

La *Guadeloupe* et la *Picardie* portaient en Orient la France chrétienne. C'est dire la variété qui se trouvait dans cette unité. Chaque ordre religieux y était représenté par quelques uns de ses membres. Il s'y trouvait des pères de la compagnie de Jésus, des Franciscains, des Capucins, des Dominicains, des Carmes, des Oblats de Marie, etc., etc.

Presque chaque lieu de pèlerinage avait député quelqu'un de ses missionnaires.

Le clergé des paroisses y était venu en grand nombre.

Les laïques étaient des hommes de foi, de convictions fortes, d'une éducation parfaite.

Parmi tous, l'union était complète, l'expansion universelle.

Là, chacun portait le tribut de ses connaissances, de son humeur, de son esprit, de son enjoûment. Là, se faisait l'histoire de toutes les villes, de tous les villages. Chacun faisait connaître les mœurs, les usages, les coutumes de son pays.

Les esprits distingués, soit parmi les laïques, soit parmi les prêtres se faisaient part de leurs craintes, de leurs espérances, de leurs saisissements en présence des questions capitales qui agitent la société et tiennent le monde entre la vie et la mort.

La persécution religieuse était impitoyablement démasquée. Il se trouve des hommes qui l'ont étudiée dans ses replis les plus cachés et les plus hypocrites. Ils connaissent son plan, ses ruses, ses perfidies, son but final. Tout cela, ils le dénoncent avec une vigueur, une perspicacité, une indignation avec lesquelles les tyrans auront à compter.

Car il faut le dire, à côté des audaces du mal se trouve la vaillance chrétienne.

Cette vaillance se personnifie dans une armée de consciences indomptables. Et à l'heure qui s'imposera, cette armée se trouvera debout et la Révolution saura ce qu'il en coûte pour dissiper ses rangs.

XVII

LA POÉSIE, LA MUSIQUE, LES BEAUX-ARTS.

Mais à côté de ces conversations qui prenaient des heures sérieuses, la poésie, la musique, le dessin, les beaux-arts revendiquaient leur place et leur intérêt.

M. le c^{te} de Coupigny est un poète ; son âme est des mieux trempées ; son cœur est d'or ; son langage est original et pittoresque. Son indignation contre le mal est sans pitié. Ses entretiens étaient recherchés. Lui-même se donnait tout d'une pièce avec une franchise et une loyauté toutes françaises.

Ordinairement, après le déjeûner, il offrait au public une de ses improvisations les plus charmantes. Il en débita beaucoup pendant les longs jours de la traversée. Les douces émotions qu'il a laissées dureront longtemps.

Un jour, une blanche colombe était venue bercer ses ailes dans les cordages de la *Picardie* et était apparue comme le gracieux symbole de la paix et de l'espérance. Il n'en fallut pas davantage pour inspirer le poète. Quelques heures après, il débitait des vers charmants au milieu d'universels applaudissements :

> Ce matin, sur nos mâts, une blanche colombe
>   Posait son aile avec bonheur,
> Comme un beau rayon d'or, comme un astre qui tombe,
>   Comme un élan joyeux du cœur.
> ....
> Venais-tu nous chercher pour nous servir de guide
>   Vers le chemin saint et béni ?
> ....
> Vas-tu du pèlerin écouter les prières,
>   Qui, comme toi, montent vers Dieu ?

Réponds, belle colombe, aux ailes si jolies
 Réponds, colombe aux yeux si doux,
Toi qui vas aborder sur les plages fleuries,
 Colombe, va vite chez nous.

Va dire à nos enfants et va dire à nos femmes
 Que de loin nous les chérissons ;
Mignonne, dis-leur donc, que du fond de nos âmes
 En Jésus nous les bénissons.

Un autre jour, c'est le P. Marie-Antoine qui l'inspire :

Oh ! vaillant franciscain, que ta voix était belle
 Quand tu nous parlais de la Croix !
C'était comme un élan de trompette immortelle
 Qui semblait vibrer dans ta voix.

Lorsque tu nous disais du Jésus du Calvaire
 Et les combats et les douleurs,
De nos chants tout émus s'élançait la prière
 Et l'amour était dans nos cœurs.

Te souvient-il encore lorsque ta voix vibrante
 Entonnait le cantique saint,
Faisant un noble appel à notre âme bouillante
 Mettant l'épée en notre main ?...

Oh ! vaillant franciscain, le souffle de ton âme
 Passait dans nos cœurs pleins d'amour ;
Tu vécus avec nous, et notre âme s'enflamme
 Aux accents entendus un jour.

Va porter au Midi ta parole puissante,
 Appelle le peuple vers Lui,
Chante toujours sa Croix de ta voix éclatante,
 Sa Croix qu'on méprise aujourd'hui.

Mais souviens-toi parfois dans la lutte terrible
 Que tu vas livrer à Satan,
Souviens-toi bien de ceux qu'une main invisible
 Unit un jour à ton élan.

> Souviens-toi de nous tous près du Dieu tutélaire
> De ceux que sut charmer ta voix.
> Ils se souviendront eux de leur excellent père
> Qui parlait si bien de la Croix.

M. de Belcastel, qui a tenu une si belle place dans le pèlerinage et dont le caractère chevaleresque se faisait tout à tous avec une si aimable simplicité et une si cordiale condescendance vint lui aussi nous charmer de sa poésie.

Un jour, il compara la France à la Samaritaine, au moment où le divin Maître faisait connaître à celle-ci les enseignements du Ciel. Il nous dit dans le plus beau langage que comme cette fille de Sichem, la fille aînée de l'Eglise reviendrait à Dieu et chanterait de nouveau les richesses de son amour et de sa miséricorde.

M. de Belcastel eut l'obligeance de me donner cette belle pièce. J'aurais voulu faire participer mes lecteurs au plaisir que nous éprouvâmes tous. Mais je la cherche vainement. Elle s'est égarée dans mes mille petits papiers.

Des paysagistes dont les croquis passaient de main en main et ajoutaient aux charmes de la traversée se trouvaient aussi parmi nous.

Mme de Belloc, bien connue par sa traduction de la langue allemande dans la langue française des *Montagnards d'Oberammergau,* esquissa de beaux points de vue.

Puisque nous avons nommé les *Montagnards d'Oberammergau,* qu'on nous permette de dire que c'est le nom d'un ouvrage où sont traduits les *mystères de la passion de N.-S. J.-C.* qui se jouent tous les dix ans dans le village allemand qui porte ce nom. Si je fais cette mention, c'est pour rappeler que l'esprit public retourne à ces antiques et solennelles représentations. Il est permis de pressentir que le théâtre reviendra un jour à ces grands spectacles qui font revivre les scènes les plus imposantes de notre Religion. C'est en parlant d'une scène de ce genre à laquelle il venait d'assister que son éminence le cardinal Caverot a dit dernièrement : « Quand on sort de ces représentations, on se sent meilleur, et les sentiments chrétiens se réveillent dans l'âme. »

Les lecteurs du *Pèlerin* ont admiré quelques scènes rendues vivantes par le crayon de l'abbé Mougeot, secrétaire de Son Eminence le cardinal Pitra, à Rome.

Ici encore, nous nous permettons d'ouvrir une parenthèse pour rappeler à nos confrères *la Vie de St-Jean-Baptiste de Rossi* que ce prêtre distingué vient d'écrire. Elle sera lue avec plaisir et profit par ceux qui s'occupent du ministère des âmes et de la direction des consciences. Ecrite avec une rare sagesse et une grande mesure, d'après des documents puisés aux sources les plus officielles, elle peut apprendre au clergé les secrets les plus efficaces pour conduire les fidèles à la perfection chrétienne.

La musique avait aussi de nombreux amateurs. Beaucoup de cantiques ont été composés pour le pèlerinage. Chaque auteur s'évertuait avec plus ou moins de succès à en faire accepter l'air et les paroles par les pèlerins.

Mais ce n'étaient pas seulement les hymnes du pèlerinage que l'on essayait.

Tous les pays ont leurs chants populaires, leurs cantiques spéciaux. Il est facile de comprendre que le patriotisme local mettait son point d'honneur à faire applaudir les airs qui résonnent sous la voûte de l'église du village ou les chansonnettes gaies et innocentes qui entretiennent les joies du foyer.

Il ne me sera pas facile d'oublier les charmes que me fit éprouver un chœur de Bretons qui chantaient dans leur langue les grandes choses de la province dont ils sont si glorieux.

Nous pourrions dire mille choses sur les œuvres catholiques dont les directeurs faisaient partie du pèlerinage. Il y avait parmi ceux-ci des hommes à l'initiative féconde, au zèle infatigable.

Ils aimaient à parler de ces œuvres, de leur organisation, de leur mécanisme, du mode de recrutement de leurs membres, etc. Ils donnaient beaucoup à apprendre et prouvaient que la vie catholique n'eut jamais un plus bel épanouissement que de nos jours.

Ces passe-temps abrégeaient les heures de nos journées. Nous approchions de l'Orient. Le ciel devenait plus pur et plus éthéré ; le soleil était plus diaphane et plus brillant. L'air semblait nous envoyer déjà les parfums de ces pays les plus beaux du monde.

XVIII

EN VUE DE LA TERRE-SAINTE.

Enfin, le vendredi 5 Mai, à sept heures du matin, on annonça la terre. C'était la Terre Sainte.

Le chant du *Te deum* sortit aussitôt de tous les cœurs. Il fut suivi du chant du Psaume :

« *Lætatus sum in his quæ dicta sunt mihi in domum domini ibimus* : Je me suis réjoui parce qu'on m'a dit que nous étions arrivés dans la patrie de Notre-Seigneur. »

Quelque temps après, nous apercevons Jaffa. Cette ville, bâtie en amphithéâtre, offre un aspect pittoresque, mais sec et nu.

Le navire s'y arrêta quelques instants. Le consul de France arriva dans une nacelle où flottait notre pavillon. Plusieurs autres barques vinrent aussi : elles étaient montées par des indigènes. Ils nous saluent par force gestes et force éclats de rire.

Ils nous offrent des oranges. Celles de Jaffa, on le sait, ont une grande réputation. Mais avant de nous les jeter, ils attendent que la petite pièce soit tombée dans leur main. Il s'établit alors un jeu qui égaie beaucoup, mais qui empêche qu'on puisse saisir les oranges qui retombent dans la mer au milieu des explosions de ceux qui les jettaient.

Je fus des rares privilégiés qui en saisirent une. Tous mes voisins qui la partagèrent avec moi, constatèrent qu'elle était d'une qualité supérieure.

L'ancre fut de nouveau levée. Quelques heures après nous longeâmes la montagne sur laquelle est bâtie le monastère du Carmel, c'est sur ce mont des miracles que nous devions faire notre première étape.

Enfin, à trois heures, nous entrons dans le port de Kaïffa.

XIX

LE DÉBARQUEMENT A KAÏFFA.

C'était en la fête de saint Pie V dont les prières obtinrent le triomphe de Lépante sur la barbarie musulmane.

En posant nos pieds sur la Terre-Sainte nous nous mîmes à genoux pour baiser le sol.

Les souverains pontifes ont attaché une indulgence plénière à cet acte de piété.

Nous étions donc sur cette terre travaillée par les miracles de Dieu, dans ces régions où tout parle au cœur, où l'âme vit au milieu de ces théâtres dont les héros furent d'abord les patriarches, les prophètes et plus tard le Verbe incarné avec tous les saints qui entrèrent avec lui dans le plan de la Rédemption.

A côté de ces souvenirs qui grandissent l'homme se dressent en même temps les souvenirs des grands empires qui fleurirent sous le soleil de l'Orient et dont l'histoire étonne l'imagination.

L'Asie est le pays où Dieu a laissé avec le plus d'amour les empreintes de sa puissance et les richesses de son cœur.

Mais aujourd'hui un impénétrable arrêt de sa justice pèse sur ces plages.

Du sein de cette terre où ont coulé à pleins bords le lait et le miel ne sortent plus les trésors qu'elle semble maintenant cacher.

La vérité n'y éclaire plus les intelligences. Et lorsqu'elle se présente avec ses bienfaits pour illuminer les âmes, elle a des luttes immortelles à soutenir et on ne reconnaît les œuvres de ses efforts qu'à la trace du sang que les martyrs ont versé sur chacun de leurs pas.

Sur les quais nous traversons des groupes de curieux. Ils sont calmes, ne donnent aucune marque d'étonnement et paraissent sympathiques.

Quelques douaniers ou agents de police se promènent sur la berge. Ils portent un long sabre et remplissent avec une profonde gravité leur devoir rendu très facile par l'attitude de la population et la bonne tenue des pèlerins.

Des troupes d'enfants s'amusent et folâtrent sur le sable au bord de la mer. D'autres s'approchent pour se charger de nos sacs et nous faire entendre déjà le mot de *backchiche* (pourboire), qui sera pendant tout le pèlerinage le mot qui étourdira le plus nos oreilles.

Aux rares fenêtres des maisons et derrière les grilles, la tête enveloppée dans de grands voiles, quelques femmes regardent passer les nouveaux venus.

La ville de Kaïffa est une ville d'environ 6,000 âmes. Comme dans toutes les villes d'Orient, les rues sont étroites, tortueuses. Les maisons ont toutes des terrasses, peu d'ouvertures et ressemblent à des tours carrées. Les magasins sont petits et voûtés. Ceux que nous apercevons en passant sont des magasins qui contiennent quelques provisions, des étoffes, ou bien ce sont des ateliers d'artisans. Il n'y a dans tout cela ni luxe, ni richesse, encore moins de la propreté.

On nous conduit directement à l'église latine desservie par les PP. Carmes. Nous y entrons au son des cloches et des symphonies de l'orgue.

Un père se tient devant la sainte Table de la chapelle de la Vierge et fait baiser une relique de la vraie croix.

Cette église est simple, peu ornée et ne paraît avoir rien de bien remarquable soit comme architecture soit comme décorations.

Le chant du *Te Deum*, la récitation du rosaire, des cantiques populaires sont les prières que l'on fait en attendant que tous les pèlerins soient débarqués. Cette opération est longue, car elle se fait lentement, des barques étant nécessaires pour aller prendre les voyageurs à l'endroit assez éloigné où l'on a dû jeter l'ancre.

XX

NOTRE ASCENSION AU MONT-CARMEL.

Enfin la procession s'organisa et s'achemina vers le Mont-Carmel. Après avoir parcouru plusieurs rues nous nous trouvons au milieu d'une belle campagne bien cultivée. Nous sommes frappés par la vue des *cactus* qui sont aussi grands que des arbres et forment autour des propriétés des haies infranchissables.

Au pied de la montagne, s'élèvent quelques maisons bâties à l'européenne et entourées de jardins bien dessinés et plantés d'arbres.

C'est la colonie prussienne. Depuis quelque temps, les prussiens ont apprécié les avantages de la colonisation et s'établissent partout où ils peuvent. Ils veulent que leur influence à l'étranger soit aussi grande qu'elle l'est devenue en Europe.

Autrefois, la France chrétienne remplissait ce rôle et laissait pour toujours dans les régions lointaines les traces de sa civilisation.

L'air et les échos semblent prendre une vie nouvelle au chant de nos cantiques. Le respect de la foule est frapppant. Là, une procession n'entrave pas la circulation ; la liberté des croyances n'y est pas froissée.

Un troupeau de chèvres vient à passer. On est étonné de la longueur et de la largeur des oreilles de ces bêtes. Elles touchent presque à terre.

Le berger pour ne pas gêner notre marche pousse

le troupeau dans un champ de blé et un jardin bien planté. Le propriétaire ne songe pas à se plaindre.

Enfin nous sommes au bas de la montagne où prend naissance le sentier qui conduit au monastère. Là se trouve un hôtel avec cette enseigne : *Hôtel du Mont-Carmel.*

Le sentier est rapide et assez pénible. Le chant ne discontinue pas. Les échos répètent les strophes du *Magnificat* et le refrain : *O Dieu vainqueur ! Sauvez Rome et la France.*

Le soleil disparait et la nuit lui succède immédiatement.

Des torches résineuses qui brûlent sur la terrasse du couvent éclairent notre marche.

XXI

NOTRE ENTRÉE AU MONASTÈRE.

Après une heure et demi, nous faisons notre entrée dans la cour du Carmel. Nos frères de la *Guadeloupe* qui étaient déjà arrivés nous accueillent aux cris de : *Vive la Picardie !* on leur répond avec non moins de vigueur : *Vive la Guadeloupe !*

Notre première visite fut une visite à la chapelle pour un salut d'action de grâces.

La chapelle était éblouissante de lumières. L'orgue jouait avec accompagnement de sonnettes (on aurait dit un chapeau chinois) et unissait ses accords aux chants de la foule répétant avec frémissement le refrain du cantique en l'honneur de Notre-Dame du Mont-Carmel et pour lequel le P. Herman a créé une composition dans laquelle, il a fait passer son âme et son amour pour la pieuse ma'lone :

O Notre-Dame	De cet autel,
Du Mont-Carmel,	Brillante étoile,
Pour toi, mon âme	Guide ma voile
D'amour s'enflamme	Au port du ciel.

La bénédiction du Saint-Sacrement mit fin à cette première manifestation de notre piété dans la Terre-Sainte.

Après cette dette payée à Notre-Dame-du-Mont-Carmel, les PP. Carmes nous servirent un repas qu'il fallut prendre sur *le pouce* et le pied levé. La salle à manger et les tables étaient évidemment insuffisantes.

Tout le monde s'accommoda fort bien des œufs, du riz et des oranges qui nous furent offerts. L'appétit se trouva au niveau de la fatigue.

Il faut ne pas oublier que nous étions mille et que le couvent ne peut guère donner l'hospitalité qu'à cent personnes.

Restait maintenant un important problème à résoudre. Comment et où passer la nuit ?

Avec M. l'abbé Falq, vicaire à Estaing, et M. Brunet, du Nayrac, nous étions à nous demander où nous trouverions un petit coin et un lit de pénitence.

Tout à coup, une petite croisée s'ouvrit au-dessus de notre tête. Un père Carme nous annonça qu'il allait faire passer les matelas qu'on tenait en réserve pour les pèlerins.

Nous nous saisîmes des trois premiers qui tombèrent sur le sol.

La salle à manger fut aussitôt convertie en dortoir. Nous installâmes notre matelas sur une des tables. Avant que la salle fût bien organisée, il fallut du temps, il y eut du bruit, mais enfin le calme se fit et l'ordre s'établit.

Cette bonne fortune me permit de passer une nuit convenable et de me réconforter pour les fatigues, les émotions et les joies du lendemain.

XXII

NOTRE PREMIÈRE JOURNÉE AU MONT-CARMEL.

De grand matin, j'étais sur pied. Lorsque j'arrivai sur la terrasse, je me trouvai émerveillé au milieu d'un des plus beaux spectacles qu'il y ait au monde.

« Il y a, dit Lacordaire, des lieux bénis par une prédestination qui se perd dans les secrets de l'éternité. »

Le Mont-Carmel est un de ces lieux. C'est de ce mont que le prophète Isaïe a dit qu'il a été revêtu *de la gloire du Liban et de la beauté de Saron.*

Personne n'ignore les grandes choses qui se résument autour du Mont-Carmel. C'est un des lieux de la terre où se sont passés les plus solennels évènements.

Le paganisme l'eut en honneur. Il y adora un Dieu sous le nom de *Carmel.* Ce Dieu n'avait ni temple, ni statue, mais seulement un autel.

Plusieurs philosophes de l'antiquité grecque vinrent s'y instruire. Et c'est à l'école des prophètes qu'ils trouvèrent les vérités qu'ils ont déposées dans leurs livres.

Mais ce mont appartient avant tout à l'histoire de la vraie Religion.

C'est le prophète Elie principalement qui l'a rendu glorieux par ses miracles, ses vertus, ses travaux.

Ce grand prophète fut si puissant en œuvres et en paroles que l'Esprit-Saint a dit de lui dans l'*Ecclésiaste :*

« Elie se leva comme un feu, et ses paroles brillaient comme un flambeau. Quelle gloire ! O Elie, ne vous êtes-vous pas acquise par vos merveilles et qui peut se glorifier comme vous ? »

C'est le mont Carmel qui fut le principal théâtre de sa vie.

Là, il établit après une miraculeuse apparition, le culte de la Sainte Vierge qui y fut honoré huit siècles avant sa venue sur la terre.

Là, il fonda une école de prophètes. Bien souvent ses disciples furent choisis de Dieu pour annoncer l'avenir à son peuple.

Ils y vécurent jusqu'à la venue de Notre-Seigneur Jésus-Christ. Plusieurs partirent de cette retraite bénie pour aller prêcher l'Evangile. Les autres y formèrent le premier monastère chrétien et y vécurent d'une vie de science et de sainteté.

De grands saints, de grands personnages y vinrent dans la suite des siècles pour s'édifier de la vertu et des lumières de ces pieux cénobites.

Au XIIIe siècle, saint Louis, roi de France, y alla en pèlerinage.

Mais après la dernière croisade, le monastère fut détruit par les Sarrazins. Pendant trois cents ans, la montagne fut solitaire et ne retentit plus des louanges de Dieu.

En 1636, le couvent fut rebâti et confié, par Urbain VIII, aux carmes déchaussés.

Après la campagne d'Egypte de Napoléon Ier, il dut être abandonné par les religieux qui furent persécutés. Les survivants se cachèrent à Kaïffa d'où ils venaient furtivement de temps en temps pour rendre gloire à Dieu.

Dans la crainte qu'il ne servit de forteresse, il fut détruit en 1821.

En 1827, il fut reconstruit avec le produit des aumônes de toute la chrétienté.

Tel qu'il a été réédifié, il offre l'aspect d'une forteresse. Il a un caractère sévère. Les fenêtres sont petites et fermées avec de fortes grilles.

L'église est dédiée à la sainte Vierge honorée sous le titre de Notre-Dame du Mont-Carmel.

Les louanges qu'on lui rendait étaient offertes à la *Vierge qui devait enfanter*, « *Virgini pariturœ*. »

Elle est bâtie en forme de rotonde et surmontée d'une coupole.

On arrive à l'autel principal par un double escalier.

Au-dessous se trouve la grotte habitée par Elie. Elle est un lieu de pèlerinage pour les chrétiens et même pour les musulmans. Il y a un autel où se dit la messe.

Ce couvent est placé sous le protectorat de la France et le pavillon français flotte au-dessus.

Etrange inconséquence ! Nos gouvernants (il est vrai qu'ils ne sont pas la France) persécutent les religieux dans notre pays, et là-bas, ils les protègent. Heureux, s'ils sont capables de comprendre que c'est pour notre patrie le titre le plus beau de sa gloire, celui qui étend le plus au loin son prestige et fait du peuple français comme autrefois du peuple romain, le Peuple-Roi, *populum latè regem*.

XXIII

MONUMENT FRANÇAIS. — CHAPELLE DE SAINT-SIMON-STOCK. — LE PHARE. — ÉCOLE DES PROPHÈTES.

En face du monastère est un enclos au milieu duquel s'élève une pyramide.

Ce monument marque la place où furent ensevelis en 1799 des soldats français.

Pendant le siège de St-Jean-d'Acre, les Carmes recueillirent pour les soigner tous nos blessés et nos malades.

Lorsque le général Bonaparte eut échoué devant cette ville, les turcs allèrent se venger au Carmel. Ils envahirent le couvent et massacrèrent tous les Français avec presque tous les religieux.

Les survivants donnèrent une tombe à ces victimes infortunées.

Ils firent plus encore. Autant qu'il fut en eux, ils leur rendirent la patrie en ombrageant ce champ d'honneur des plis du drapeau français.

Voilà ce que les moines ont fait pour les fils de la France !

Le pèlerinage paya à ces vaillants le tribut de ses prières.

Plus bas à gauche est construite la petite chapelle de St-Simon-Stock. Elle est sur l'emplacement d'une grotte habitée autrefois par des religieux. Au-dessus de l'autel est un tableau représentant l'apparition de la Ste-Vierge, lorsqu'elle remit le scapulaire à ce saint.

Le cimetière est un peu plus haut. Les tombes sont creusées en étagère dans les murs. Le sol est semé de fleurs.

Le phare qui éclaire au loin les côtes est dressé sur une villa que le pacha de St-Jean-d'Acre avait fait bâtir pour y passer la saison d'été. Le sultan de Constantinople le fit renoncer à cette usurpation et l'obligea de l'abandonner aux carmes. Ceux-ci l'ont mise au service des étrangers à qui ils donnent l'hospitalité.

L'école des prophètes est sur le penchant de la montagne du côté de la baie de St-Jean-d'Acre. C'était primitivement une grotte. Les religieux y bâtirent une église. Il y a deux siècles que les musulmans l'ont convertie en mosquée ; on y pénètre moyennant un backchiche.

En fait de construction, il n'y a plus rien. On voit encore d'autres grottes dans la montagne, mais elles n'ont de remarquable que les souvenirs de moines qui les ont habitées et sanctifiées par leurs prières et leurs vertus.

XXIV

LA MESSE SOLENNELLE.

Pendant toute la journée, la prière fut constante au pied de l'autel de Notre-Dame-du-Mont-Carmel.

A dix heures eut lieu la messe chantée.

Après l'Evangile, un père carme, le P. Marie-Ange, de la maison de Toulouse, monta en chaire. La persécution l'oblige à quitter sa patrie et on lui a assigné le Mont-Carmel pour exil, si un religieux peut prendre pour un exil le berceau de sa famille spirituelle.

Son discours fut un hymne en l'honneur de la France et une prière pour son relèvement.

« La France, s'écria-t-il, a été, est et sera le royaume de Marie. Elle ne périra pas. Nous reviendrons pour chanter l'*Alleluia* de la liberté. »

Les martyrs ne choisissent que ces moyens de vengeance.

XXV

PANORAMA DU MONT-CARMEL.

Le reste du jour, on continua à prier ou à se promener sur les différents points de la montagne.

Elle n'est guère cultivée, quoiqu'elle paraisse être d'une rare fertilité.

Mais si elle n'est pas couverte de récoltes, elle est plantée d'arbres aux espèces rares, aux branches larges, aux ombrages frais. De plus, elle est émaillée d'un admirable manteau de fleurs au parfum le plus suave, aux couleurs les plus variées. La flore du Mont-Carmel est la plus riche du monde.

Les pèlerins firent mille bouquets de ces fleurs et tressèrent mille couronnes qu'ils déposèrent sur l'autel de Marie.

Pour me rendre compte du panorama de toute cette région, je montai sur la terrasse de l'établissement et appuyé contre le mât qui porte notre pavillon, j'admirai pendant longtemps le spectacle incomparable qui de cet endroit s'offre à la vue.

La Sainte Vierge a un génie divin pour choisir les lieux où elle fait le siège de son amour et de sa puissance.

Partout où s'élève en son honneur un sanctuaire béni, vous trouvez la poésie du paysage qui est en harmonie parfaite avec le vocable sous lequel est honorée la Reine du ciel et de la terre.

Tantôt l'aspect est frais et gracieux ; tantôt il porte au recueillement par ses lignes sévères ; tantôt c'est au fond d'une vallée qu'elle se montre au milieu des fleurs ; tantôt elle place son trône sur le sommet des montagnes pour manifester sa grandeur et sa puissance.

Il ne semblait pas qu'on put rencontrer un site plus beau que la colline de Lorette, où les anges ont placé, comme un palais royal, l'humble maison de Nazareth.

Je suis encore sous le charme où je me trouvai en 1877, lorsque de la terrasse de la basilique de Lorette et des hauteurs de Castelfidardo, j'avais devant moi les plaines de l'Italie, l'Adriatique et les Apennins. Je ne pensais pas qu'il y eut un plus riche paysage.

Mais le Mont-Carmel le surpasse.

Devant vous, s'étend la mer dont les flots scintillent comme le diamant sous les rayons du soleil, beau comme il l'est en Orient.

A votre gauche se dressent les montagnes de la Judée. Elles sont nues, mais le printemps les a couvertes de gazon d'un vert tendre de l'aspect le plus suave.

A droite, la baie de St-Jean-d'Acre aussi vaste que celle de Naples ; des plaines immenses ; et par delà, les montagnes du Liban dont les cèdres ont été si glorieusement chantés par l'Esprit-Saint.

St-Jean-d'Acre autrefois Ptolémaïde se détache à l'horizon. Elle est une des villes autour des murs de laquelle les cris de guerre de la France ont peut-être retenti le plus souvent.

Cinq fois les croisés en firent le siège, cinq fois ils la prirent d'assaut et cinq fois ils la perdirent. Saint Louis la couvrit de sa gloire. Napoléon ne put pas en forcer les portes.

Ce paysage se développe sous un ciel dont nous n'avons pas d'idée en Europe et sous un soleil dont les clartés donnent un cachet à part, soit aux villes, soit aux montagnes, soit à la mer.

XXVI

ÉLIE CONFOND LES PROPHÈTES DE BAAL.

C'est au milieu de ces somptuosités de la nature que je relus dans la Bible, les deux plus grands événements dont cette montagne a été le témoin.

J'étais à peu près sur l'emplacement où le prophète Elie reçut la visite d'Achab, roi d'Israël, et où il confondit les faux prophètes de Baal.

Elie était à son époque un des rares témoins de la vérité et son plus intrépide affirmateur. C'est pourquoi il était importun à l'opinion et il gênait les puissants du jour.

Achab, roi d'Israël, fatigué de ses prédications va le trouver et lui dit :

« Est-ce toi qui troubles Israël ?

» Ce n'est pas moi, répondit l'homme de Dieu, mais c'est vous et ceux qui comme vous ont abandonné le Seigneur et ses commandements. »

Et là-dessus, il propose au roi de rendre à Dieu un témoignage éclatant:

Le roi accepte. On rassemble donc le peuple et les quatre cent faux prophètes de Baal.

Elie demanda d'offrir un sacrifice.

« Qu'on nous donne deux bœufs, dit-il, et qu'eux (les prophètes) se choisissent un bœuf ; qu'ils le coupent par morceaux, qu'ils le mettent sur le bois et qu'ils ne mettent point le feu dessous. Moi je ferai de même.

» Invoquez les noms de vos dieux, et moi j'invoquerai le nom de mon Seigneur ; et que le Dieu qui exaucera par le feu, soit, lui seul, Dieu. »

Le peuple répondit :

« La proposition est très bonne. »

Les faux prophètes l'acceptèrent. Ils offrirent le sacrifice comme l'avait prescrit Elie.

« Baal, exaucez-nous, criaient-ils. » Mais le Ciel fut insensible à leurs cris.

Après de longues heures d'efforts, force leur fut de renoncer au sacrifice, car la victime ne fut pas dévorée par le feu du Ciel comme c'était exigé.

Elie se mit alors à l'œuvre. Il dressa un autel, comme il était coutume de le dresser en l'honneur du vrai Dieu.

Il s'approcha ensuite de l'holocauste et dit :

« Seigneur, Dieu d'Abraham, d'Isaac et de Jacob, montrez aujourd'hui que vous êtes le Dieu d'Israël et que moi je suis votre serviteur. Exaucez-moi, Seigneur, et que ce peuple apprenne que vous êtes le Seigneur-Dieu et que c'est vous qui avez converti leur cœur. »

Aussitôt le feu du Seigneur tomba et dévora l'holocauste.

Le peuple cria aussitôt :

« C'est le Seigneur qui est Dieu, c'est le Seigneur qui est Dieu. »

Après ce grand miracle, tous les faux prophètes qui perdaient le peuple furent tués. Et le peuple rendu à la liberté se convertit à Dieu.

C'est la récompense que le ciel donna à Elie parce qu'il n'avait pas craint, lui tout seul, de confesser Dieu et d'affirmer ses droits contre les puissants et contre l'opinion.

XXVII

APPARITION DE LA NUÉE, IMAGE DE LA B. V. MARIE.

Le second évènement se rapporte au culte si aimable et si consolant de la Sainte Vierge.

Depuis trois ans, le ciel se montrait d'airain et refusait à la terre toute pluie, toute rosée, toute fraicheur.

Le peuple eut recours à Elie. Celui-ci se chargea d'intercéder auprès de Dieu.

Il se mit donc en prières, et se prosterna la face contre terre, la tête entre les genoux.

Les juifs étaient dans la coutume de prendre cette position, lorsqu'ils priaient. Elle s'est conservée parmi les musulmans. Nous en avons rencontré plusieurs dans cette attitude et nous ne croyons pas qu'il y en ait qui annonce un respect plus profond, une adoration plus complète.

Elie priait dans ce recueillement lorsqu'il dit à son serviteur :

« Va et regarde du côté de la mer. Retournes-y par sept fois. »

A la septième fois, le serviteur vit sortir du sein des eaux une blanche nuée ; elle était toute petite et pareille à la trace laissée sur la terre humide par le pied d'un homme.

Aussitôt le ciel se couvrit de nuages et une pluie abondante féconda la terre.

Cette petite nuée est le symbole de la Vierge Marie et la pluie qui vint après, l'image de toutes les grâces dont sa venue a inondé la terre.

L'Eglise autorise cette pieuse croyance. Et tous les

ans, au jour de la fête de N.-D. du Mont-Carmel, elle met ces paroles sur les lèvres de ses prêtres :

« Le Carmel est le lieu, où Elie vit s'élever une petite nuée qui est regardée comme la figure mystique de la Sainte Vierge. »

On comprend toutes les joies de l'âme, lorsqu'on a le bonheur de méditer ces grandes choses aux lieux même, où elles se sont passées.

XXVIII

SECONDE NUIT AU CARMEL ET DÉPART.

Le soir, après un bon dîner que nous prîmes en plein air, eût lieu un salut solennel.

A la suite, presque tous les pèlerins reçurent ou renouvelèrent leur scapulaire, pendant que les âmes tressaillaient aux chants des hymnes et des cantiques en l'honneur de Notre-Dame du Mont-Carmel.

Lorsque le moment d'aller se reposer fut venu, je rencontrai une fortune encore meilleure que la veille.

Un jeune homme des environs de Cette parti plus d'un mois avant le pèlerinage national, était allé à Jérusalem où il avait assisté aux fêtes de Pâques. De là, il était venu au Mont-Carmel, où il rendait depuis 15 jours les meilleurs offices aux pères carmes.

En me racontant les aventures de son voyage, il me dit qu'il occupait une chambre où se trouvaient trois bons lits. Il en mit un à ma disposition. Grâce à cette offre gracieuse que j'acceptai, on devine avec quel empressement, je pus passer une excellente nuit.

A trois heures et demie, je me levai pour dire la messe avant de commencer le voyage qui devait se faire par la Samarie, avoir Nazareth pour principale étape et Jérusalem pour terme.

La chapelle était occupée par les prêtres et les pèlerins. Ceux-ci entouraient les autels où se disaient les messes, étaient couchés sur des nattes ou dormaient sur des chaises.

De temps en temps, quelques beaux cantiques redisant les louanges de Marie, réveillaient la piété.

Avant de dire adieu à cette solitude où nous avions passé des heures si suaves, je détachai de l'*Album* du monastère une prière que le comte de Marcellus y déposa, lorsqu'un père Carme vint visiter la France et demander des offrandes pour reconstruire le couvent. Je l'ai choisie entre mille autres grandes pensées gravées dans ce livre par les hommes qui dans notre pays portent les plus beaux noms par la naissance ou l'intelligence.

>Priez pour moi, vous dont la vie
>Se passe déjà dans le ciel !
>Priez pour nous, priez, enfants d'Elie,
>Dignes ermites du Carmel !
>Que vous êtes heureux dans votre noble enceinte !
>Vous avez dit au monde un éternel adieu.
>Vous habitez la Terre-Sainte
>Où vous ne vivez que pour Dieu.

XXIX

ASPECT DE LA PLAGE. — LES MOUCKRES.

A six heures, après un déjeûner au café, nous quittons la montagne. Du sommet, nous apercevons la plage. Elle offre une agitation extraordinaire. Six cents montures, chevaux, mulets, ânes attendent leur cavalier.

Un troupeau de chameaux, les genoux ployés, reçoivent sur leur dos des poids énormes. Ce sont nos effets, et les objets de campement.

Lorsqu'ils sont ainsi couchés, ils peuvent porter trois cents kilos. Si on peut les charger lorsqu'ils sont debout, ils en portent huit cents. C'est ce que nous a appris un indigène.

Les *mouckres* ou guides vont et viennent au milieu de cet assemblage. Ils sont généralement de beaux hommes, forts, vifs, alertes, bons marcheurs, bienveillants.

Leur costume oriental produit un singulier effet. Leur tête est coiffée d'un fez rouge, ceint d'un turban en laine ou en soie. Leur habit consiste en une veste, de couleur, ou une sorte de blouse ou de chemise également de couleur.

Les reins sont entourés d'une ceinture de laine qui leur sert de poches dans lesquelles, ils mettent provisions, armes et mille autres objets.

Les pantalons sont larges. Ce sont des pantalons à la zouave.

Ils ont aux pieds de simples sandales.

Nous nous engageons les uns à la suite des autres dans un sentier étroit et d'une rapidité extrême.

On ne saurait imaginer rien de plus original et de plus pittoresque que cette marche.

XXX

LES TOILETTES DE VOYAGE.

Les toilettes blanches adoptées pour se garantir contre les rayons du soleil sont des plus bizarres.

Celui-ci porte une blouse de flanelle ; celui-là un grand manteau aux plis flottants ; de larges voiles ou couvre-nuques revêtent les chapeaux. La plupart ont des parasols. Ces parasols ont l'avantage de préserver contre les ardeurs du soleil et de vous faire passer auprès des indigènes pour des personnes de distinction.

Nous apercevons un pèlerin qui porte au-dessus de sa tête un appareil mouvant comme un ballon prêt à partir.

Il nous apprend qu'il est mécanicien, inventeur d'un système à sonner les cloches et qu'il a imaginé ce ventilateur.

Un autre a formé comme une tente au-dessus de sa tête avec cette inscription : *Jérusalem !*

Il y en a un qui est vêtu d'une soutane blanche. On l'appelle *le Pape* pendant quelques heures. Je dis quelques heures, car cet infortuné très mauvais cavalier fait des chûtes multiples, et notamment plusieurs dans des mares, si bien que lorsqu'il fut au terme du voyage, sa soutane avait perdu toute trace de sa couleur primitive.

En passant nous saluons les grottes autrefois sanctifiées par les fils des prophètes et les autres religieux qui les ont habitées.

XXXI

LES MONTURES. — LA PROTECTION OTTOMANE.

Nous arrivons à la plage.

C'est de 30 lieues à la ronde que sont arrivées nos montures. Quelques-unes, mais c'est le petit nombre sont convenablement harnachées.

Quant aux autres, imaginez sur leur dos un grand bât et par-dessus un matelas. Elles n'ont ni bride, ni étriers. On s'est contenté de leur passer une corde autour du cou. C'est par le moyen de ce seul licol qu'il faudra la conduire pendant cinq jours.

Les rôles, on le voit, sont intervertis. Ce n'est pas le cavalier qui conduira, ce sera le cheval, l'âne ou le mulet.

Le mouckre s'approche de chaque cavalier lorsqu'il a choisi sa monture et lui offre son genou ou son échine pour y grimper.

Enfin, après les tâtonnements et la confusion inévitables, chacun est pourvu et hissé. La marche commence. Le guidon portant l'image du Sacré-Cœur est à côté du P. Picard. Le drapeau français, le drapeau ottoman marchent en tête.

Le gouvernement de Constantinople s'était chargé de protéger le pèlerinage. Il lui avait donné une escorte militaire.

Je ne me souviens plus en quel endroit, je rencontrai le chef. Il parlait convenablement le français. Il me dit qu'il était catholique et passionné de dévoûment pour la France.

Je lui demandai s'il craignait qu'il y eût quelque danger d'attaque. Il me répondit que non, que cependant, il pourrait se trouver des maraudeurs autour du campement et qu'il faudrait y veiller. Il m'apprit qu'on avait dépêché des émissaires sur tout le parcours afin d'avertir les populations du passage du pèlerinage en les invitant à donner aux étrangers des marques de respect et de protection.

XXXII

INCIDENTS DU VOYAGE.

La caravane s'étend sur un parcours de plus de 4 kilomètres. Cette longue file produit un effet inexprimable.

A Kaïffa, toute la population est dans la rue. Les catholiques nous saluent par le signe de la Croix. Les autres regardent avec étonnement.

Nous voilà enfin en pleine campagne. Nous longeons la chaîne du Carmel. Aux environs de la ville, les champs sont convenablement cultivés.

Après avoir traversé le Cisson sur une passerelle et avoir quitté la route carrossable qui conduit à Nazareth, nous nous engageons dans des sentiers tracés par le pied des voyageurs dans des prairies ou sur le flanc des collines

Tout le monde est dans la joie. Cependant les chutes sont innombrables. Tout le long de la route, se trouvent des infortunés qui tombent de leur monture et traînent après eux le matelas et le bât auxquels ils ont voulu vainement s'accrocher.

Les autres se relèvent et s'efforcent de se jucher de nouveau jusqu'à une prochaine chute.

Tout le parcours est semé de victimes. Les mouckres vont, viennent, se multiplient et veulent être partout pour porter secours et redresser les cavaliers.

Fort heureusement, que tout cela se passe très bien et qu'il n'y a pas de blessure sérieuse. Quelques égratignures ou eckymoses sans gravité, voilà tout.

Jusque-là j'allais très bien. Je n'avais qu'à me plaindre de l'extrême gêne qu'éprouvait tout le monde avec un pareil harnachement.

Vient à passer un jeune homme qui paraissait très entendu dans les questions du turf. Il me fait compliment sur mon petit cheval arabe. « C'est un des meilleurs de la troupe, me dit-il, impossible, ajoute-t-il, de trouver quelque chose de plus élégant. »

La fatigue m'empêchait d'apprécier des qualités si vantées. Le sentier que nous suivions en ce moment était tracé dans une prairie fleurie. C'est cet endroit que choisit ma monture pour se reposer mollement sur le gazon et m'envoyer baiser les fleurs.

Le petit arabe se relève avec agilité et attend avec une grave patience que le guide m'ait rassis. Il va de soi que le gazon était trop mollet pour qu'il y eut trace de contusion.

Le reste de la route n'offre rien de particulier. Le paysage est le même. Ce sont d'immenses prairies bornées par des collines au sommet desquelles se trouvent des villages dont les maisons grises et carrées ont l'aspect de quartiers de roche ; puis viennent des vallées plantées d'arbres. De temps en temps quelques voyageurs, des groupes de pèlerins qui font le chemin à pied. Lorsque nous rentrons dans la voie carrossable, nous rencontrons quelques voitures ou plutôt quelques chars à bancs remplis de pèlerins.

Ces spectacles si étranges ne nous font pas oublier que la terre que nous foulons de nos pieds est la terre sainte et que de longs siècles avant nous elle a été foulée par les pas du peuple de Dieu.

Ces prairies, ces vallées, ces collines, ces bosquets ont une grande éloquence.

Ils nous racontent la gloire de Dieu, chantent ses merveilles et nous rappellent que là, il a conversé avec les hommes, que là, Il a été familier avec eux faisant éclater en se jouant les miracles de sa puissance.

XXXIII

LE DÉJEUNER. — ARRIVÉE A NAZARETH.

Vers midi, nous arrivons à un petit village, du nom de Jedda. Je ne l'ai pas visité et je n'en connais pas l'histoire. Nous apercevons seulement quelques groupes d'habitants assis dans des cactus. Un peu plus loin d'autres groupes exécutent des danses.

Nous y faisons halte pour le déjeûner. Nous nous reposons à côté d'un khan. Un khan est un bâtiment où vont se réfugier les caravanes qui voyagent en Orient. Celui-ci est carré et formé en colonnade.

Il est évidemment trop petit pour qu'on puisse nous y installer. Mais on étend tout près des tapis et le déjeûner est servi.

Environ deux heures après, nous nous remîmes en marche. Le chemin fut plus difficile, plus rocailleux, plus montueux. La fatigue était extrême. Nous avions passé près de 10 heures à cheval.

Enfin, arrivés sur la hauteur qui domine Nazareth, nous aperçûmes cette gracieuse petite ville bâtie en amphithéâtre et entourée de collines qui encadrent délicieusement une plaine fertile plantée d'arbres et bien cultivée.

Les habitants catholiques viennent en grand nombre à notre rencontre. Ils nous saluent d'un air tout riant et tout gracieux en nous disant : *Bonjour, Français*.

Ils nous préparaient une réception enthousiaste et devaient nous conduire à l'église de l'Annonciation au chant des hymnes et des cantiques.

Mais cette manifestation ne put pas se faire.

XXXIV

LE CAMPEMENT.

L'administration anglaise dirigée par Koock s'était chargée de nous conduire de Kaïffa à Jérusalem par la Samarie.

Avant de nous laisser prendre place dans le campement qu'elle avait dressé, il fallut subir le contrôle des billets. L'opération fut longue, fatigante et ne fut terminée que bien avant dans la nuit.

Il ne fut pas possible d'aller faire notre première visite à cette église adorable et de baiser la pierre où est gravée cette grande et mystérieuse parole : « Ici, le Verbe s'est fait chair, *Hic Verbum caro factum est.* »

Nous prîmes notre place au camp. Il avait été élevé dans la plaine. Il était divisé en plusieurs quartiers numérotés. Chaque tente blanche à l'extérieur et dessinée à l'orientale à l'intérieur contenait dix petits matelas pour autant de pèlerins.

Une grande tente formait la salle à manger. De grandes torches résineuses éclairaient le camp. A côté, de grand feux servaient de foyer pour la cuisine.

Après avoir prié une première fois dans ces lieux sanctifiés par la Ste-Famille, St-Joseph, la Ste-Vierge, Jésus-enfant et par Jésus-ouvrier, nous allâmes nous reposer.

Le lendemain, la journée fut toute consacrée aux

joies et aux consolations que Jésus réserve à ceux qui vont le visiter dans sa patrie et qui peuvent dire en toute vérité : « Nous adorons dans les lieux où ont reposé ses pieds, *adorabimus in loco ubi steterunt pedes ejus.* »

La première nuit passée sous la tente fut délicieuse. Le sommeil fut de plomb jusqu'au lever du soleil.

Aux premières lueurs, le mouvement et la vie commencèrent au camp.

Le son des cloches suspendues dans le blanc *campanile* de l'église envoya aux échos et fit répéter par nos cœurs les paroles de l'Annonciation que l'Ange avait dites en ce lieu même, dix-huit siècles auparavant.

XXXV

NAZARETH ET L'ÉGLISE DE L'ANNONCIATION.

Nazareth signifie la ville *des fleurs*. Elle a 6,000 habitants dont 900 catholiques-latins et 750 catholiques-grecs.

Les franciscains y tiennent une école pour les garçons, et les sœurs de St-Joseph de l'apparition une école pour les filles.

Rien de remarquable dans cette ville. Pas de monuments. Les rues y sont étroites, tortueuses, mal pavées. Les maisons sont des masses carrées sans fenêtres et sans toiture.

Le site, je l'ai dit, est beau et l'effet en serait délicieux, si le sol, qui porte ici comme dans toute la Palestine l'empreinte du châtiment divin était cultivé avec activité et intelligence.

L'église de l'Annonciation est le lieu qui concentre, avant tous les autres, la piété des fidèles.

Elle est bâtie sur l'emplacement de la maison qu'habita la Ste-Famille.

C'est dans cette humble demeure que s'accomplit le mystère de l'Incarnation et que Jésus grandit sous les yeux de St. Joseph et de la Vierge Immaculée.

Aussi, dès les premiers jours du christianisme la piété publique en fit un sanctuaire.

Il était bien naturel que, là, se réalisât la parole de l'esprit de Dieu : « C'est ma maison ; elle sera appelée la maison de la prière. Sous ce toit, quiconque demande, reçoit ; quiconque cherche, trouve. Demandez et vous recevrez ; cherchez et vous trouverez. »

Dieu seul, pourrait dire avec quelle prodigalité infinie il a dispensé les trésors de ses bienfaits aux fidèles qui l'ont imploré à Nazareth et à Lorette et avec quel puissant éclat il a tenu ses promesses.

Constantin-le-Grand fit enfermer la sainte maison dans une belle basilique. Celle-ci fut détruite en 1263.

Reconstruite en 1620 par les franciscains, elle fut détruite de nouveau en 1638 par les infidèles.

Enfin elle fut réédifiée en 1730 telle qu'on la voit aujourd'hui.

Les fondations ont été placées sur les décombres entassés par la ruine des églises précédentes.

Lorsqu'on la reconstruisit, l'autorité turque accorda si peu de temps pour ce travail, qu'on ne pût pas dégager et mettre au jour les fondations de la *santa casa* de sorte qu'on ne les voit pas. Mais elles existent et n'ont reçu aucun dommage.

Le monument actuel est composé de trois nefs. Les murs sont couverts de peintures modernes.

Le maître-autel est très élevé ; on y arrive par un double escalier.

Derrière, se trouve le chœur où les pères franciscains chantent l'office.

Au dessous est la crypte.

On y descend par un escalier de 15 degrés en marbre blanc.

Cette crypte est la grotte creusée dans le rocher qui faisait suite à la maison qui est aujourd'hui à Lorette.

La Ste Vierge travaillait dans cette grotte lorsque l'archange Gabriel lui apparut.

Celui-ci se tint pendant tout le temps du dialogue dans la pièce unique de la maison qui communiquait à la grotte par une large ouverture.

A la place même, où se trouvait la Vierge Immaculée a été élevé l'autel de l'Annonciation.

Au dessous se trouve gravée sur une plaque de marbre cette parole : « VERBUM CARO HIC FACTUM EST, *ici le Verbe s'est fait Chair.* »

Des lampes riches et nombreuses répandent nuit et jour une lumière mystérieuse dans ce lieu mille fois béni.

Outre l'autel de l'Annonciation, se trouvent aussi dans la crypte les autels de St-Joachim et de sainte Anne, de l'archange Gabriel, de saint Joseph ou de la fuite en Egypte.

XXXVI

TRANSLATION DE LA SANTA CASA A LORETTE.

Avant de raconter comment nous passâmes cette journée qui était le 8 mai, fête de l'Apparition de saint Michel Archange, je vais dire brièvement les principaux incidents de la translation miraculeuse de la *Santa Casa* de Nazareth à Lorette.

Après la mort de saint Louis, arrivée à Carthage le 25 août 1270, l'espoir de recouvrer la Terre-Sainte fut à peu près perdu. Les monarchies qui composaient la chrétienté n'avaient plus les saintes énergies des œuvres divines.

Les cris de détresse poussés par les papes ne trouvèrent pas d'échos ; les prières des fidèles ne purent pas réveiller la torpeur des rois et des princes.

Dieu cependant ne se montra pas entièrement sourd à tant de vœux.

Il lui plut de consoler l'Occident de la perte des lieux-saints en lui confiant la garde de la sainte maison de Nazareth.

Le 10 mai de l'année 1291, les anges détachèrent de leurs fondements la pieuse demeure et la déposèrent en Dalmatie entre Fiume et Tersatz.

Une belle église est bâtie sur l'emplacement où la *Santa Casa* passa trois ans et demi.

Au bout de ce temps, le 10 décembre 1294, dans la nuit, une harmonie divine se fit entendre dans les airs sur les côtes de l'Adriatique dans la province d'Ancône, en Italie.

Les habitants de ces lieux, réveillés par ces sons célestes regardèrent dans les airs et aperçurent une lumière surnaturelle.

Au sein de cette lueur, des anges portaient une maison qu'ils allèrent déposer tout près, dans un bois planté de lauriers.

Après huit mois, ce lieu ayant été profané, elle fut transportée un peu plus loin, sur le flanc d'une colline à Récanati.

Enfin, elle subit une troisième translation et alla se placer à un jet de pierre de cet endroit, dans le chemin.

Plus tard, la sainte maison fut enfermée dans une basilique somptueuse. 200,000 pèlerins vont tous les ans y prier la Vierge Immaculée.

Le jeudi 3 mai 1877, j'eus le bonheur de m'agenouiller dans ce lieu adorable.

Ce n'est pas le cas de dire par quelle multitude de miracles, le ciel a prouvé que cette sainte demeure est bien celle de la Ste-Famille.

Encore moins, raconterai-je les innombrables enquêtes qu'ordonna l'Eglise pour constater l'invincible authenticité de cette prodigieuse translation.

Qu'il me suffise de rappeler qu'en 1667, le pape Clément IX, fit consigner dans le martyrologe, à la date du 10 décembre la mention de cet évènement :

« A Lorette, dans le territoire d'Ancône, translation de la Sainte maison de Marie, Mère de Dieu, dans laquelle le VERBE s'est fait Chair. »

En 1691, le pape Innocent XII assigna un office et une messe particulière pour cet anniversaire et fit ajouter dans le bréviaire romain, à la fin de la sixième leçon, l'histoire de ce prodige.

Et depuis cette époque, le 10 décembre dans l'Eglise universelle le prêtre s'élevant par la pensée et par le cœur à cette nuit mémorable où les anges transportèrent la *santa casa* à travers les mers répète avec amour :

« J'ai vu la sainte Maison; elle était blanche comme est blanche la colombe, elle s'élevait au-dessus des flots de la mer et il s'en échappait un inappréciable parfum qui est l'image de toutes les vertus. »

XXXVII

LES OFFICES SOLENNELS. — PROCESSION A LA FONTAINE DE LA VIERGE ET A L'ATELIER DE SAINT JOSEPH.

Les prières commencèrent de bonne heure dans l'église de l'Annonciation. Elles furent ferventes, pieuses, incessantes.

Qu'ils étaient profonds, les frémissements de l'âme, lorsqu'on baisait la dalle sur laquelle se trouvait la Vierge Immaculée, au moment où elle reçut la visite de l'archange Gabriel !

« Je vous salue, Marie, lui dit l'ambassadeur de Dieu, vous êtes pleine de grâce ; le Seigneur est avec vous ; vous êtes bénie entre toutes les femmes.

» Vous enfanterez un fils, à qui vous donnerez le nom de Jésus.

» Il sera grand, et il sera appelé le fils du Très-Haut. Le Seigneur Dieu lui donnera le trône de David, son père. Il règnera éternellement sur la maison de Jacob et son règne n'aura point de fin. »

Et après un dialogue tout divin où l'humilité de Marie luttait contre Dieu, elle laissa tomber de sa bouche cette divine parole :

« Voici la servante du Seigneur, qu'il me soit fait selon votre parole. »

Ce fut la première scène de l'œuvre divine de la Rédemption.

La grand'messe fut chantée à neuf heures et les vêpres à trois heures.

Après cet office, eut lieu la visite de la fontaine de la Vierge et de l'atelier de saint Joseph.

Nous nous y rendîmes processionnellement au

chant du *Magnificat* et des cantiques en l'honneur de la France.

La fontaine de la Vierge est la fontaine même où la Mère de Dieu allait prendre l'eau nécessaire à la sainte Famille.

Elle a été reconstruite récemment et donne l'eau par trois ouvertures. Au moment de notre visite elle était encombrée par des femmes qui venaient y puiser. Elles portaient sur leur tête et avec un aplomb surprenant, de grandes urnes en terre. Sous leur grand voile, elles semblaient mettre de la coquetterie à les porter avec élégance.

Il y a un proverbe qui dit :

> A la fontaine, au moulin et au four,
> On apprend du nouveau chaque jour.

Nous avons lieu de croire qu'il en est de même en Orient.

Ce qu'il y a de certain, c'est que pendant que les amphores se remplissaient, ces femmes caquettaient avec une volubilité extrême. Le frère Liévin qui devait nous donner l'historique de cette fontaine réclama en vain le silence. Il ne l'obtint pendant quelques instants qu'en les menaçant du bâton.

Ce ne fut pas long, car au bout de deux minutes, elles reprirent leur babil avec des cris plus intenses.

Nous allâmes de là, à l'atelier de St-Joseph. C'est une petite maison composée de deux pièces, située à environ cent mètres de la demeure de la Sainte-Famille.

C'est l'habitude aujourd'hui comme autrefois que dans ces pays l'atelier du chef de la famille ne se trouve jamais contigu à la maison d'habitation.

Ce local est petit; il est orné d'un autel; sur le devant est un émail représentant la Ste-Famille avec cette inscription :

« *Hic sudbitus erat illis.* Ici il leur était soumis. »

Toute la vie d'obéissance de l'enfant Jésus nous passa en ce moment devant l'esprit.

Il y a encore à visiter à Nazareth la *Mensa Christi.* C'est un sanctuaire appartenant comme le précédent aux franciscains. Après la Résurrection, le divin Maître y prit un repas avec ses disciples. On y voit le grand bloc de pierre qui servit de table.

La Synagogue est une église desservie par les grecs-unis. C'est là que Jésus expliqua les prophéties.

Mais l'Evangile nous rapporte que sa parole fut mal accueillie par ses compatriotes qui lui dirent avec un air de dérision :

« N'est-ce pas le fils de Joseph l'ouvrier ? »

Ils allèrent plus loin ; ils voulurent le précipiter du haut d'un rocher. C'est alors que le divin Maître leur dit :

« Aucun prophète n'est bien reçu en son pays. »

Le soir après le dîner, une grande réunion eut lieu dans l'église de l'Annonciation.

Une procession aux flambeaux se fit autour de l'édifice. Les chants étaient enthousiastes, l'émotion universelle. Le flambeau que chacun portait était bien le symbole de cette lumière céleste qui avait été allumée en ce lieu, il y a dix-huit siècles, a dissipé les ténèbres de l'intelligence et éclairé les âmes de toutes les clartés divines.

Les chants du salut furent exécutés par les enfants catholiques de l'école.

Ils chantèrent avec beaucoup d'entrain. Mais de leurs gosiers sortaient quelques notes gutturales qui donnaient au chant une âpreté peu agréable.

Avant de nous séparer, le supérieur de la maison distribua un petit souvenir.

Et puis, nous allâmes nous reposer pour commencer le lendemain le grand voyage qui devait être le voyage *miraculeux* à travers la Samarie.

XXXVIII

LA LEVÉE DU CAMP.

Le camp fut levé au matin, lorsque les premiers rayons du soleil éclairèrent la cîme des collines et que les cloches annoncèrent l'*Angelus*.

Les Arabes s'étudient à se montrer agiles et actifs dans cette opération.

Gare aux retardataires. En un clin-d'œil, les tentes s'abaissent. Le piquet qui les soutient est enlevé et autour on roule la toile.

En même temps, les matelas sont liés en gros paquets et attachés sur le dos des dromadaires. Ceux-ci cheminent gravement sous leur énorme cargaison.

Cependant, la cuisine fonctionne encore. Le café se prépare dans d'immenses marmites. Il est servi dans de grands gobelets en fer blanc, fournis par la compagnie Koock. Chacun peut en prendre à discrétion. Le café est la boisson par excellence dans les pays d'Orient. Il est tonique, excitant et rafraichissant. On sert en même temps du pain et des œufs.

Je ne dois pas manquer de dire que personne n'aurait voulu quitter Nazareth sans aller faire visite à l'église et prier une dernière fois dans les lieux de l'Annonciation. Durant presque toute la nuit les prêtres célébrèrent la messe.

Les montures sont ramenées. Elles sont les mêmes qu'à Kaïffa. Chacun gardera pendant tout le voyage celle qu'il va prendre.

Le choix est long ; il se fait néanmoins. Les mouckres vont, viennent, se multiplient et prêtent généreusement leur service.

Le recensement a lieu. Nous sommes 503 pour la Samarie, c'est-à-dire 503 vaillants prêts pour toutes les fatigues. Plus de cent qui s'étaient engagés comme nous, renoncent à la traversée. Le trajet de Kaïffa à Nazareth, deux jours et deux nuits de la vie de camp, ont révélé à chacun la mesure de ses forces. Et puis l'imagination avait amoncelé les obstacles et multiplié les dangers.

Afin de dégager le camp, on dirige à une centaine de pas ceux qui sont déjà à cheval. Cette halte fatigue un peu et impatiente quelquefois les bêtes.

Enfin le signal du départ est donné. A une assez petite distance, nous quittons la hauteur et nous prenons un sentier des plus rapides. Il est si rapide que beaucoup de cavaliers craignant de passer par dessus la tête du mulet avec le bât et le matelas, descendent la côte à pied.

XXXIX

LA PLAINE D'ESDRELON.

Nous allions prendre la plaine d'Esdrelon, lorsqu'un franciscain doué d'un organe puissant et sonore envoie aux échos ce cri qui nous fait tressaillir : *Vive St-Joseph, patron de l'Eglise universelle !*

La plaine d'Esdrelon est la plaine la plus célèbre

de la Palestine. Il parait qu'elle est d'une importance capitale au point de vue stratégique.

Aussi a-t-elle servi de champ de bataille aux Assyriens, aux Egyptiens, aux croisés et à la fin du siècle dernier aux armées de Bonaparte.

Sa végétation est luxuriante. Les plantes et les herbes y croissent avec une surprenante vigueur. Il n'y a point d'arbres. Sa monotonie n'est rompue que par quelques ondulations peu élevées.

On n'y voit aucun village, aucune habitation. De loin en loin cependant, on en aperçoit quelques-uns sur la hauteur.

En ces endroits le sol est cultivé ; quelques fellhas (paysans) travaillent la terre. Ils le font nonchalemment et sans aucune peine. La charrue traînée par deux bœufs très petits, et quelquefois par un cheval et un bœuf n'a qu'à effleurer la terre pour la rendre féconde. On répand la semence par le moyen d'un entonnoir auquel est attaché un long tuyau ; de la sorte, le semeur n'a ni à se courber, ni à se fatiguer.

Quelques troupeaux paissent çà-et-là. Les bergers en guenille font entendre quelques cris glapissants ou quelques airs sans harmonie.

XL

LES VOYAGEURS QU'ON RENCONTRE EN ROUTE.

A de longues distances viennent à passer quelques voyageurs ; tantôt, il n'y en a qu'un, tantôt ils sont en groupe. Leur costume est le même dans toute la Palestine. Les pantalons sont larges ; ils portent quelquefois une sorte de robe qui descend jusqu'aux talons. Ils ont une ceinture autour des reins. Assez souvent un pistolet y est attaché. Il en est qui portent un long fusil, d'autres de grandes lances. Leur tête est invariablement couverte d'un fez rouge très épais et d'un turban à plusieurs tours.

Ils marchent ordinairement à pied. Quelquefois cependant, ils ont des montures, des chameaux, des mulets, des ânes.

Ils s'arrêtent toujours aux puits, aux fontaines, aux citernes. Là, ils puisent de l'eau et prennent leur repas frugal. Ce repas consiste en une galette de pain, du fromage de lait de chamelle, d'une tranche de concombre, de quelques dattes. Ils sont assis ou bien couchés sur leur natte.

Ils nous regardent passer sans rien dire et d'un air hébété. Ils sont d'une belle constitution. Mais on ne peut saisir en eux aucun jeu de physionomie.

Si on les prévient par un salut, ils vous le rendent en portant la main au front.

Il ne faut pas chercher à échanger quelques paroles ; ils passent avec impassibilité, sans répondre et sans même laisser deviner qu'ils ne comprennent pas.

Nos rapports avec les indigènes n'ont pas été autres pendant les cinq jours de notre marche dans leur pays.

XLI

LA ROUTE.

Et maintenant quels étaient les chemins et la configuration des contrées que nous traversions ?

C'étaient des plaines, la montagne, ou des vallées.

Les chemins ne sont pas autres que des sentiers

tracés par les pieds des voyageurs. Tantôt ils sont directs, d'autrefois un peu détournés pour éviter tel ou tel obstacle. Quelquefois on grimpe à pic sur la montagne, d'autrefois on descend dans la vallée par un défilé des plus glissants.

Il est souvent si étroit qu'il n'est possible de marcher que les uns après les autres. Il est des endroits où la monture hésite pour engager le premier pas. Il faut bien se garder alors de la pousser car ou elle s'abattrait ou vous jetterait dans un précipice.

Plus loin, c'est le lit d'un torrent desséché que l'on suit à travers une longue distance en marchant dans des tas de cailloux roulés.

Ajoutez à cela un soleil brûlant, une chaleur accablante sans un arbre pour vous donner son ombrage.

Je ne parle pas de la soif; elle est inextinguible. Elle est d'autant plus violente qu'on prend plus de peine pour se désaltérer avec toute sorte de boissons que l'on s'est industrié à imaginer.

Je dois dire, d'après ma propre expérience, que le meilleur préservatif contre la soif, c'est de ne pas boire. Je m'imposai cette privation. J'y fus inébranlablement fidèle. Je dus à cette résolution d'être moins altéré que ceux qui buvaient le plus. Je dus surtout de me préserver de tous les dérangements, des indispositions et fièvres qui sont la conséquence d'une boisson d'eau bue d'une manière immodérée.

Et malgré toutes ces fatigues, ces obstacles, ces souffrances, nous avions tous le cœur haut et la paix dans l'âme.

XLII

LA PRIÈRE ET LES TRISTESSES DE L'AME.

Les chemins que nous suivions étaient ceux qu'avaient suivis les patriarches, les prophètes, les chefs des peuples, la sainte Famille.

Nous rappelions à notre souvenir les scènes bibliques dont ces régions ont été le théâtre.

Mais surtout nous priions, nous chantions, nous méditions. Dans ces pays qui ne sont foulés depuis des siècles que par les pas des infidèles, le *Credo* de l'Eglise catholique se fait entendre. Les prêtres récitent le bréviaire au nom de la société chrétienne. Tous disent le chapelet, chantent des cantiques, des hymnes et des psaumes.

On disait que ce voyage était une témérité. Non, c'était une marche, une procession de louange, d'expiation, de pénitence, un grand acte de foi.

Nous entonnions les louanges de Dieu dans ces régions qui ont subi toutes les profanations, entendu tous les blasphèmes, gémi sur toutes les apostasies.

A des infidélités dix-huit fois séculaires nous répondions par les réparations surnaturelles et les affirmations de nos croyances.

Au milieu des pensées qui se pressaient en mon âme, j'ai compris tout le sens de cette page de Chateaubriand :

« Quand on voyage dans la Judée, d'abord un grand ennui saisit le cœur ; mais, lorsque, passant de solitude en solitude, l'espace s'étend sans bornes devant vous, peu à peu l'ennui se dissipe, on éprouve une terreur secrète qui, loin d'abaisser l'âme, donne du courage et élève le génie. Des aspects extraordinaires décèlent de toutes parts une terre travaillée par des miracles : le soleil brûlant, l'aigle impétueux, le figuier stérile, toute la poésie, tous les tableaux de l'Ecriture sont là. Chaque nom renferme un mystère ; chaque grotte déclare l'avenir ; chaque sommet retentit des accents d'un prophète. Dieu même a parlé sur ces bords ; les terrains desséchés, les rochers fendus, les tombeaux entr'ouverts attestent le prodige ; le désert paraît encore muet de terreur, et l'on dirait qu'il n'a osé rompre le silence depuis qu'il a entendu la voix de l'Eternel. »

Tous ces sentiments, ces bouleversements de l'âme, on les éprouve ; mais la tristesse les domine. On est oppressé, quoiqu'on fasse, par le châtiment vengeur qui désole tout le pays et qui est marqué au front de ses habitants.

On voudrait trouver la Croix plantée sur le bord du chemin, sur le sommet de la montagne ; on serait heureux de saluer le clocher d'une église, et de tressaillir au son de la cloche.

Mais aucun signe de notre sainte religion ne vient rasséréner l'âme ni donner la joie du cœur.

XLIII

LE MONT-THABOR.

Je signale maintenant à la hâte les points principaux qui me frappent davantage pendant cette course.

En entrant dans la plaine d'Esdrelon, après avoir quitté Nazareth, le Mont-Thabor se dresse devant nous. Il est à 595 mètres au dessus du niveau de la Méditerranée. Ses flancs sont couverts d'arbres rares et touffus. Du temps de Josué, une ville était bâtie à son sommet.

C'est de là que partirent les enfants d'Israël pour aller combattre Sisara, roi de Chanaan, qui les opprimait,

La prophétesse Débora commandait le peuple de Dieu, au nom du Très-Haut, qui avait promis de combattre lui-même à la tête de ses fidèles.

Le choc des deux armées eut lieu sur les bords du Cison, dans la plaine.

Sisara, frappé par la colère de Dieu, prit la fuite. S'étant réfugié sous une tente, il fut tué pendant son sommeil.

Débora inspirée célébra ce triomphe par un hymne d'actions de grâces, que répéta avec elle le peuple d'Israël.

Mais le Thabor est célèbre surtout par le mystère de la Transfiguration de N.-S. J.-C.

Le Ciel descendit un jour sur la cîme de cette montagne. Pierre, Jacques et Jean y furent admis aux délices de la vision de Dieu en présence de Notre-Seigneur tout brillant des splendeurs de sa divinité.

C'est en ce jour et en ce lieu que le Très-Haut fit entendre cette voix :

« Celui-ci est mon fils bien-aimé, écoutez-le. »

Le sommet de ce mont ressemble à un dôme immense. Il se dresse et se détache au milieu de la plaine. Il domine avec une majesté étonnante, la plaine d'Esdrelon qui fut le champ de bataille des armées de Dieu et la Tibériade qui fut le principal théâtre de la vie publique de Notre-Seigneur Jésus-Christ.

En le contemplant ainsi pendant plusieurs heures, je me rappelai la profonde émotion que j'éprouvais à Rome à la vue du dôme de St-Pierre du Vatican.

Ce dôme plane au-dessus de la Ville Eternelle, il se voit de toute la campagne romaine et semble proclamer la royauté immortelle du Pape.

Ainsi, le Thabor, semble refléter au milieu de cet incomparable panorama, les rayonnements de la divinité de N.-S. J.-C. et affirmer du haut de ce trône sa royauté universelle.

Dès les premiers siècles, les chrétiens y établirent un sanctuaire. Une église et un couvent y furent construits par Ste Hélène.

Aujourd'hui, les grecs schismatiques l'habitent et possèdent la chapelle d'Elie.

Les franciscains possèdent les autres ruines et se proposent de faire bâtir une église sur la place de la Transfiguration.

XLIV

EL-FOULÉ ET LE PETIT-HERMON.

Enfin à midi, nous fîmes halte sur les bords d'un puits, à une petite distance du village de El-Foulé bâti sur une éminence.

Nous campons à l'endroit même où Napoléon plaça les premières batteries de la bataille qui a pris le nom de bataille du Mont-Thabor. Le ciel est de feu en ce moment. Le thermomètre marque 50 degrés. Il n'y a pas le plus petit ombrage. Koock n'a pas dressé la grande tente. Il a seulement étendu un tapis sur lequel il sert le déjeûner.

Parlant plus tard devant nous, de cette grande journée de chaleur, son excellence le patriarche de Jérusalem disait qu'il avait eu des craintes sérieuses pour le pèlerinage. Ordinairement ces fortes chaleurs durent 3 ou 4 jours et le ciel devient plus incandescent. Il n'en fut rien dans cette circonstance. Le soir la température baissa. Personne n'eût à regretter ni la plus légère indisposition, ni la moindre insolation.

Après le déjeûner, nous allâmes faire la visite du village distant de 4 ou 500 mètres. Il est placé sur un tertre. Ainsi sont du reste tous les villages de ces pays. On n'en trouve jamais dans les plaines à cause des pluies abondantes de l'hiver dont les eaux couvrent une grande étendue.

El-Foulé fut une des dernières possessions des chevaliers du temple dans la Palestine. On y voit encore les restes d'une tour et des fortifications qu'ils construisirent.

Les femmes ont des tatouages sur le visage et sur les bras ; elles sont parées de colliers, de pendants d'oreilles, et d'anneaux appelés *nazem* qu'elles suspendent au nez.

Les hommes ont une forte constitution et de belles formes. Quelques uns ont des pistolets autour de la ceinture.

Les maisons ressemblent à des huttes couvertes de terre. Nous entrâmes dans plusieurs.

Il y avait pour tout ameublement quelques ustensiles de cuisine tout à fait primitifs, un fusil suspendu au mur, quelques habits. Dans un coin se trouvait la place du foyer sans cheminée. Autour de cette pièce unique est un petit exhaussement. C'est là-dessus qu'on étend la natte qui sert de matelas. La couverture que chacun porte sur ses épaules est l'unique drap.

Dans une de ces huttes, nous aperçumes comme une seconde pièce, elle était occupée par une chèvre.

Près de la porte qui éclaire seule l'appartement se trouvait dans une étagère pratiquée dans le mur extérieur une grande amphore en terre contenant l'eau ; au dehors se trouvent creusés quelques trous dans lesquels on fait brûler la fiente desséchée des chèvres et des bœufs. Nous demandons une explication. On nous fait comprendre qu'on fait cuire le pain sous ces cendres brûlantes.

Derrière ce village, s'élève le Petit-Hermon. Il est nu et dépouillé d'arbres. A son sommet est un *ouéli*, ou monument funéraire des musulmans.

Sa forme conique, ses flancs dénudés, l'édifice qui le couronne, nous rappellent notre calvaire de Gabriac.

Nous l'admirons avec joie et nous sommes heureux de retrouver si loin, une image, si peu rapprochante soit-elle, de la patrie absente.

Ces deux montagnes, le mont Thabor et le petit-Hermon, ont fixé l'attention de l'Esprit-Saint dans l'Ecriture Sainte :

« *Thabor et Hermon exultabunt in nomine tuo.* Le Thabor et l'Hermon tressailleront en entendant vos louanges. »

Elles retentissaient, en effet, les gloires de Dieu sous le pas des croisés de la prière marchant en vue de ces montagnes sacrées.

XLV

ZÉRAÏN. — LA VIGNE DE NABOTH.

Nous quittâmes El-Foulé à une heure et demie et

nous continuâmes à cheminer à travers la plaine d'Esdrelon qui s'étendait devant nous avec les mêmes accidents de chemin, les mêmes ondulations de terrain, la même végétation.

Après deux heures de marche, nous arrivâmes sur le plateau où se trouvent les ruines de l'ancienne Jezrahel, aujourd'hui Zéraïn.

Ce plateau domine un beau panorama. J'y arrivai des premiers. Le pèlerinage produisait au loin un effet féerique. On aurait dit un champ mouvant de fleurs blanches.

C'est ici que se trouvait la fameuse vigne de Naboth.

On sait qu'Achab, roi d'Israël, avait un palais dans cette ville. Pour en embellir les parcs et les jardins, il voulut s'approprier la vigne de son sujet.

Naboth la lui refusa. Mais il expia ce refus. L'impie Jézabel, femme d'Achab, se vengea. Elle l'accusa de blasphèmes et le fit lapider.

Mais Dieu se chargea de venger le juste persécuté.

Achab fut détrôné par Jéhu, général de Joram, son fils. Celui-ci fut percé d'une flèche et jeté dans le champ de Naboth.

Jézabel, reine impie et cruelle, fut précipitée du haut de la fenêtre de son palais par les ordres de Jéhu. Elle fut foulée par les pieds des chevaux et ensuite dévorée par les chiens.

Cette horrible mort a inspiré à Racine le songe d'Athalie, fille de Jézabel, et donné un de ses plus beaux chefs-d'œuvre à la poésie française.

C'était pendant l'horreur d'une profonde nuit ;
Ma mère Jézabel devant moi s'est montrée
Comme au jour de sa mort pompeusement parée ;
Ses malheurs n'avaient point abattu sa fierté.

Tremble, m'a-t-elle dit, fille digne de moi
Le cruel dieu des Juifs l'emporte aussi sur toi.
Je te plains de tomber en ses mains redoutables,
Ma fille. En achevant ses mots épouvantables,
Son ombre vers mon lit a paru se baisser :
Et moi je lui tendais les bras pour l'embrasser ;
Mais je n'ai plus trouvé qu'un horrible mélange
D'os et de chair meurtris et traînés dans la fange
Des lambeaux pleins de sang, et des membres affreux
Que des chiens dévorants se disputaient entr'eux.

Les 70 fils d'Achab furent tués à leur tour. De leurs têtes on fit un tas à la porte de la ville. C'était le monument de la vengeance divine.

Ainsi faisait Dieu pour défendre les petits et les faibles de son peuple contre les tyrannies des puissants.

Ainsi agit-il encore contre les spoliateurs et les persécuteurs de son Eglise. Aujourd'hui, il ne souffre pas plus les injustices qu'il ne les souffrait autrefois.

Les châtiments infligés aux persécuteurs, ont rempli de nombreux volumes. Le livre est loin d'être fermé.

Les ruines de cette ancienne ville n'ont rien de remarquable. Quelques colonnes antiques, quelques pans de vieilles murailles indiquent la place d'une église bâtie par les Croisés. Quelques huttes couvertes de terre servent de maison aux habitants.

XLVI

LES MONTAGNES DE GELBOE ET DE GALAAD. — LA PLAINE DE JEZRAHEL.

La montagne de Gelboë apparaît dans le lointain. Elle est illustre par la bataille de Saül et de Jonathas contre les Philistins.

Saül et Jonathas y périrent. Celui-ci était l'ami intime de David. On sait les larmes qu'il versa sur la mort de ces deux héros.

Le monde entier répète depuis des siècles l'éloge funèbre qu'en fit le royal prophète et où retentit avec magnificence l'expression des déchirements de sa douleur :

« Comment sont tombés les forts ?

» Montagnes de Gelboë, que ni la pluie, ni la rosée ne tombent plus sur vous, que vos champs ne soient plus des champs de prémices, parce que, là, a été jeté le bouclier des héros, le bouclier de Saül, comme si Saül n'eut point été sacré.

» Saül et Jonathas, aimables et beaux dans la vie, n'ont point été séparés même dans la mort, eux plus rapides que les aigles, eux plus forts que les lions.

» Comment sont tombés les héros au milieu du combat ?

» Comment Jonathas a-t-il été tué sur tes hauteurs, ô Israël ? »

Les monts Galaad se dressent à l'horizon. A leurs pieds coule le Jourdain. On en suit le cours aux arbres touffus qui en bordent les rives. On voudrait respirer la fraîcheur qui s'échappe de ses flots et de cette verdure.

La halte est d'une demi-heure. Ce repos a permis aux cavaliers de resserrer les rangs et de remplir les vides.

Le défilé recommence. C'est la plaine de Jezrahel qui s'ouvre devant nous. Les indigènes l'appellent la *porte du ciel* et son nom signifie *semence de Dieu*. C'est dire sa richesse et le luxe de son exubérante végétation.

Nous passons tout près du champ de bataille où les

Madianites furent dispersés par les trois cents braves de Gédéon. Par l'ordre de Dieu, ces vaillants investirent l'armée ennemie.

Au signal donné, ils sonnèrent de la trompette et brisèrent des vases de terre contenant des lampes.

L'épouvante se mit dans les rangs des Madianites. Ils prirent la fuite en s'entre-tuant.

XLVII

DJÉNINE. — LA MESSE. — LES DIX LÉPREUX.

Enfin Djénine se montre à une petite distance. Cette ville est la dernière ville de la Galilée ; elle est située sur les limites de la Samarie.

De l'endroit où je l'aperçois, elle offre un assez bel aspect. Un minaret la domine. Des bouquets de verdure lui donnent un air gracieux.

En traversant le lendemain sa rue principale, il fut facile de constater qu'elle n'a rien de plus remarquable que les autres petites villes de la région, et qu'elle est aussi pauvre.

Un certain nombre d'habitants viennent au-devant de nous. D'autres sont assis par groupes. Ils paraissent fiers, comme s'ils avaient quelque velléité de nous braver.

Le camp était placé non loin des maisons sur un plateau bien exposé.

Je m'assis sous un magnifique palmier qui étendait ses branches comme un grand parasol.

En attendant le dîner, je récitai mon bréviaire, pendant que se faisait l'exercice du mois de Marie auquel prenaient part les pèlerins à mesure qu'ils arrivaient.

Après le dîner personne ne songea à prolonger la veillée.

Le sommeil aurait été profond, si les gardes du camp n'avaient pas troublé le repos par leurs cris aigus.

Pendant une partie de la nuit les bachi-bouzoucks se correspondaient par des signaux.

Il y en avait un à quelques mètres de la tente où je me trouvais, sa voix était splendide et chacun de ses cris allait se perdre à une longue distance. Il ne fallait pas songer à dormir.

Mais fort heureusement, il se fatigua au bout de près de deux heures, et il finit par ne répondre qu'en sifflant. Les autres l'imitèrent. Le silence se fit. Chacun put dès lors dormir tout à l'aise jusqu'au commencement du jour.

A 6 heures, un autel fut dressé sur un petit tertre et le P. Picard commença la messe.

Un chœur entonna le *Credo*. Depuis les croisades, les chants de l'Eglise n'ont pas retenti dans ces lieux.

Quelles émotions à la pensée que depuis plus de six siècles, le sang de Notre-Seigneur n'avait pas coulé sur l'autel en ce pays, qu'il a pourtant sanctifié de sa présence et de ses miracles !

Pendant l'action de grâces, le P. Picard prêcha une belle homélie.

Le sujet lui en était fourni par le grand événement qui se passa dans cette ville du temps de Notre-Seigneur Jésus-Christ.

C'est là que le divin Maître guérit les dix lépreux.

En apprenant son arrivée ces pauvres infirmes se jetèrent sur ses pas.

« Jésus, notre Maître, crièrent-ils, ayez pitié de nous. »

Le bon Jésus leur répondit :

« Allez, et montrez-vous aux prêtres. »

Pendant qu'ils y allaient, ils furent guéris.

La pensée de la France vint à l'esprit de tous. Les doctrines malsaines, les enseignements sataniques la couvrent d'une lèpre épaisse.

Elle est cependant pressée du besoin de la guérison. Elle pousse des cris de pitié.

Et comme aux jours de Notre-Seigneur, une voix également miséricordieuse lui crie :

« Ayez confiance ; venez à moi. »

C'est la voix du pape, représentant de Notre-Seigneur Jésus-Christ sur cette terre.

A la France qui se meurt empoisonnée par les mauvaises doctrines, et dévorée jusqu'à la moëlle par la Révolution, Léon XIII lui dit que si elle revient aux enseignements de l'Eglise, elle vivra, et que sa prospérité matérielle égalera sa grandeur morale.

Pour fléchir le ciel, nous chantons en chœur ce grand cri de pitié, qui était bien le cri de la vraie France :

> Pitié, mon Dieu ! C'est pour notre patrie
> Que nous prions auprès de cet autel.
> Les bras liés et la face meurtrie,
> Elle a porté ses regards vers le ciel.
>   Dieu de clémence,
>   O Dieu vainqueur,
> Sauvez Rome et la France,
> Au nom du Sacré-Cœur !

XLVIII

LE MOUCKRE OU GUIDE.

Lorsque le signal du départ fut donné, je retrouvai facilement ma monture.

Le guide qui en était le propriétaire me l'amena avec un empressement plein de sollicitude. La fidélité qu'il me montra ce jour là ne se démentit pas jusqu'à notre arrivée à Jérusalem.

Il est vrai que je lui en témoignai moi-même une généreuse gratitude.

Je n'oublierai pas de longtemps cet homme dont j'aurais voulu savoir le nom, mais qu'il me fut impossible de deviner, car je ne compris jamais aucune de ses articulations.

Aussitôt que le camp était levé, il se plaçait le plus près possible de la tente où j'avais ma place et où la veille il était venu déposer mon sac.

Là, l'œil fixe et immobile, il épiait le moment où je paraissais à la porte. Prompt alors comme le chasseur qui se jette sur une proie, il se saisissait de mes colis et m'indiquait de la main l'endroit où je trouverais le mulet.

C'était un homme de 30 à 35 ans. Sa constitution était robuste, sa taille au dessus de la moyenne, ses traits réguliers, ses yeux noirs et fixes, ses cheveux d'un noir d'ébène, lisses et longs. Il était très agile et doué d'une grande force.

Sa bonté paraissait égaler son dévoûment. Un jour, il tira de dessous son gilet une galette de pain et du fromage de chamelle blanc comme la neige. Il me l'offrit. J'eus bien garde d'y toucher.

- Malgré cela, il ne me fut pas possible d'avoir confiance en lui ; car lorsqu'il articulait quelques cris pour aiguillonner la bête, il le faisait à la manière des fauves, et ses dents qu'il montrait alors avaient quelque chose de si sauvage qu'elles ressemblaient à celles d'une hyène. En même temps, son regard prenait quelque chose de cruel qui donnait la peur.

Cette remarque que je fis sur cet homme, j'ai eu occasion de la faire sur plusieurs autres. J'en excepte les catholiques, car le baptème et les pratiques chrétiennes communiquent un caractère de bonté et de douceur qui corrige les natures les plus rebelles.

XLIX

LA PLAINE DE SÂNOUR. — BÉTHULIE. — JUDITH.

En quittant Djénine, nous contemplâmes au loin les montagnes du Liban. Au milieu d'elles se détache le Grand-Hermon debout à l'horizon comme un géant. Son front couvert de neige étincelait au soleil et produisait un étrange contraste dans ce climat embrasé.

La plaine de Sânour s'ouvrit devant nous et changea le paysage jusque là très accidenté.

Cette plaine a été le théâtre d'un des drames les plus émouvants de l'histoire du peuple de Dieu.

Elle est dominée par la ville de Béthulie appelée aujourd'hui Sânour. Située au sommet d'un rocher abrupte et dénudé, elle paraît inaccessible.

Nous longeâmes le pied de la montagne sur laquelle elle est bâtie.

Ces prairies où nous chevauchions furent autrefois couvertes par les bataillons de l'armée d'Holopherne.

Ce général avait été envoyé par Nabuchodonosor, roi des Assyriens, pour courber sous le joug du tyran, son maître, les peuples de la terre et le faire adorer comme Dieu par tout l'univers.

Sa haine contre Israël était plus violente que contre tous les autres peuples, parce qu'Israël s'était levé à la voix du grand prêtre et était prêt à lui opposer une puissante résistance.

Holopherne mit le siège devant la ville de Béthulie. Il détourna les fontaines qui lui portaient l'eau et il la réduisit à la plus extrême famine.

Béthulie allait capituler, lorsque Judith, noble et pieuse veuve, se présenta devant les grands du peuple et s'offrit pour sauver la ville et avec elle tout Israël.

Elle pria, elle jeûna, se revêtit de cilice et se couvrit de cendres.

Ensuite, elle prit ses plus riches parures, sortit de la ville, et accompagnée d'une seule femme, elle se présenta devant Holopherne.

Celui-ci lui fit grand accueil et lui donna toute sa confiance.

Judith en profita pour pénétrer dans sa tente. C'était pendant la nuit qui suivit un grand festin donné en l'honneur d'Holopherne.

Celui-ci, dit l'Ecriture, était enseveli dans le sommeil et dans le vin.

Judith se saisit de l'épée suspendue à la colonne qui soutenait la tente, et les yeux levés vers le ciel :

« Dieu d'Israël, s'écria-t-elle, mon Seigneur, fortifiez-moi, faites que par mon œuvre et votre assistance, Jérusalem soit sauvée. »

Ayant dit, elle frappe deux coups, et la tête d'Holopherne est séparée du tronc.

Elle se saisit de cette tête comme d'un trophée et la porta à Béthulie. Le lendemain, l'armée d'Israël fit une sortie.

A cette vue, les lieutenants d'Holopherne pénétrèrent dans sa tente pour l'éveiller. Ils ne trouvèrent qu'un tronc informe, baigné dans le sang.

Le bruit de cette catastrophe connue dans l'armée y répandit l'épouvante. Au lieu de continuer la guerre, l'ennemi s'enfuit dans toutes les directions.

La Judée se souleva et se mit à la poursuite des fuyards.

Le carnage fut immense et le butin si grand qu'il fallut un mois pour le ramasser.

La joie et l'allégresse se manifestèrent dans le peuple par des fêtes qui durèrent trois mois. Il n'y a rien de touchant, comme la description qu'en fait l'Esprit-Saint dans le livre de Judith.

Le grand-prêtre Joacim vint de Jérusalem pour fêter l'héroïne. Le peuple tout entier l'acclama au son des cymbales et des instruments de musique et remplit les airs de ces cris d'enthousiasme :

« Vous êtes la gloire de Jérusalem, vous êtes la joie d'Israël, vous êtes l'honneur de votre peuple. »

Judith répondit à ces explosions d'enthousiasme par un hymne d'actions de grâce que le peuple répétait en chœur :

« Entonnez à mon Dieu, au son des tambours, chantez à mon Seigneur au son des cymbales, chantez-lui un cantique nouveau, car c'est le Seigneur, le Tout-Puissant qui a renversé les projets de l'ennemi et qui l'a livré entre les mains d'une femme. »

L'Eglise a salué dans Judith une des plus belles,

des plus pures et des plus puissantes figures de Marie, la Vierge Immaculée.

L

PRÉCAUTIONS CONTRE LE SOLEIL.

C'est au milieu de ce champ de bataille tout glorieux encore de ces souvenirs immortels que fut dressée la tente-salon sous laquelle le pèlerinage prit son déjeuner.

Au moment où nous nous répandions dans cette plaine, le frère Liévin nous fit observer en souriant de prendre garde au soleil, car en ce lieu Manassé, l'époux de Judith, avait été frappé d'une insolation.

L'Ecriture sainte dit en effet : « L'ardeur du soleil donna sur sa tête (de Manassé) et il mourut à Béthulie, *venit œstus super caput ejus et mortuus est in Bethulia.* »

Le conseil n'était pas inutile, car au moment où ce fait historique venait d'être rappelé à notre mémoire, j'aperçus à quelques pas un de nos chers compatriotes qui tenait des compresses sur son front et se débarrassait d'une petite indisposition occasionnée par la seule imprudence d'avoir ôté son chapeau pendant quelques instants.

Il ne faut jamais oublier qu'en Orient une des premières choses qui vous sont recommandées, c'est de bien garantir la tête contre le soleil.

Les indigènes vous donnent les premiers l'exemple de cette précaution, eux qui très légèrement vêtus ont cependant la tête très fortement enveloppée dans un turban.

LI

SÉBASTE. — TOMBEAU DE SAINT-JEAN-BAPTISTE.

Après environ deux heures de marche, nous arrivâmes à Sébaste, autrefois Samarie, qui fut la capitale d'Israël.

Cette ville a été le théâtre de grands évènements politiques et religieux.

Après la venue de Notre-Seigneur Jésus-Christ, l'Evangile y fut prêché par le diacre St-Philippe. Sa parole et les miracles qu'il opéra convertirent beaucoup de monde.

Les apôtres Pierre et Jean vinrent y administrer la confirmation.

Simon le magicien était originaire de cette ville. Il demanda le baptême. Témoin des merveilles obtenues par la vertu du St-Esprit, il offrit de l'argent à Pierre afin de pouvoir lui aussi communiquer les mêmes faveurs.

Pierre indigné lui répondit :

« Que ton argent soit avec toi en perdition, parce que tu as estimé que le don de Dieu peut s'acquérir avec de l'argent. »

Ainsi maudit, le magicien se retira. Nous le trouvons plus tard à Rome où il est devenu l'un des favoris du cruel Néron. Le diable lui a donné quelque puissance. Il s'en sert pour contrebalancer les miracles du prince des apôtres dont il cherche à combattre l'apostolat par tous les moyens.

Mais St Pierre obtient de Dieu de le confondre. Un jour que l'imposteur était soutenu dans les airs par la force infernale, il fut précipité sur le sol à la prière de l'apôtre, et il mourut au milieu de la risée et du mépris public.

Ce village ne compte plus aujourd'hui que 300 habitants.

Nous descendîmes de cheval pour aller visiter les ruines.

Des colonnes sont encore debout. Des pans de mur indiquent un ancien monastère.

Mais le tombeau de St-Jean-Baptiste, vénéré dans ces ruines, attire particulièrement la piété des pèlerins.

La porte qui y conduit fortement gardée par trois musulmans ne s'ouvre que moyennant backchiche (pourboire).

Il est à une profondeur de 21 marches. Une bougie est nécessaire pour y voir.

La chambre mortuaire comprend trois tombeaux parallèlement placés. Ce sont les tombeaux du prophète Elisée, du prophète Abdias et de St-Jean-Baptiste.

L'intérieur peut se voir par une ouverture circulaire pratiquée du côté des pieds pourvu qu'on ait soin d'y placer une bougie.

Ces trois monuments sont vides de leurs reliques.

J'écris ces lignes aujourd'hui, mardi, 29 août, fête de la décollation de St-Jean-Baptiste. J'aime à rappeler les émotions de ce pieux pèlerinage et à redire les principales circonstances de ce glorieux martyre.

En priant devant la pierre qui a recouvert ses cendres pendant plus de trois siècles, la pensée du courage indomptable de saint Jean-Baptiste vient à l'esprit de tous.

Cet homme de Dieu fit entendre la vérité en présence du roi : *Loquebar de testimoniis tuis in conspectu regum.*

C'était à Samarie et le roi était Hérode-Antipas.

Celui-ci foulait aux pieds la loi de Dieu. Saint Jean-Baptiste lui reprochait sa prévarication. Comme toujours, le roi trouvait sa protestation inopportune. Mais le prophète ne devenait pas muet pour cela.

Toutes les fois qu'Hérode ordonnait qu'on l'amenât de la prison où il était enfermé et d'où il ne sortait que pour être interrogé par le tyran, saint Jean-Baptiste lui répondait avec une invincible énergie : « Ce que vous faites n'est pas permis, *non licet.* »

Ce courage commanda l'estime du roi, mais le héros le paya de sa vie.

Un jour qu'Hérode était égaré dans les enivrements du vin et de la luxure, la tête de saint Jean-Baptiste lui fut demandée. Il n'osa pas la refuser et quelques instants après, elle lui fut présentée sur un plat comme un trophée de victoire.

Mais cette tête illuminée par les splendeurs du martyre n'avait rien perdu de sa terrible éloquence.

« O roi, dit saint Ambroise s'adressant à Hérode, ô roi, ces yeux sont fermés, non pas tant par la mort que par l'horreur de ta luxure.

» Cette bouche d'or décolorée par le trépas, cette bouche dont tu ne voulais pas, ô roi, supporter les reproches, cette bouche se tait et inspire encore la terreur. »

Le grand Docteur chantait le triomphe de la vérité dans la mort.

Ce triomphe dure encore. Depuis ce jour, Hérode est l'objet de l'exécration universelle, mais la gloire de St-Jean-Baptiste garde tout son éclat et l'Eglise ne cesse de faire répéter cette louange par ses millions de fidèles :

« De tous les enfants des hommes, il n'en est pas de plus grand que St-Jean-Baptiste. »

Ses reliques furent dispersées par les infidèles et son tombeau fut profané.

Mais les disciples recueillirent une partie de ses ossements. Plusieurs églises en possèdent et les chrétiens aiment à méditer devant elles les grandeurs du saint Précurseur,

LII

UNE CHUTE.

Après avoir admiré la beauté du panorama, je m'assis sur une pierre et avant de remonter à cheval je me demandai comment descendre le défilé étroit qui conduit au fond de la vallée où il fallait arriver par un sentier tracé à pic dans les pierres et les rochers.

A ce moment s'approcha un de mes bons compagnons, habile cavalier, intrépide de santé et d'énergie et par dessus tout d'un dévoûment à toute épreuve.

Il montait son mulet. Celui-ci n'avait probablement rien brouté depuis 24 heures.

Tout à coup, il aperçoit un brin d'herbe entre deux pierres. Il y penche la tête pour le saisir.

Son mouvement fut si brusque que l'infortuné cavalier passa par-dessus et tomba à genoux sur les pierres.

La blessure ne fut heureusement pas grave. Quelques gouttes d'arnica et un peu de glycérine très généreusement offerts suffirent pour guérir le mal.

Ce petit accident nous décida à descendre à pied et bien nous en valut, car les chûtes ne purent se compter.

Le même genre de chemin continua encore plusieurs heures. C'était une suite de défilés étroits, de vallées, de pentes et de côtes rapides. De temps en temps quelques voyageurs à pied, sur le flanc des collines, quelques pauvres masures, sur les hauteurs, quelques ouélis blanchis à la chaud. C'était tout, sans parler de la chaleur, de la soif et de la fatigue.

LIII

LES ENVIRONS DE NAPLOUSE.

Enfin, nous entrâmes dans une belle et fertile vallée.

Nous aperçumes des poteaux télégraphiques, bien primitifs, il est vrai, et reliés par un seul fil. Mais c'était comme une résurrection.

Cependant le terme de l'étape ne vint pas aussitôt que nous l'aurions voulu, quoique la monotonie de la route fut rompue.

Le chemin était plus large et plus viable bien que pavé de grosses pierres, comme les anciennes voies romaines dont on trouve encore des restes.

La campagne était riante, cultivée, semée de fraîches récoltes. De nombreuses risières étaient arrosées par un cours d'eau, des arbres fruitiers ombrageaient le sol.

Nous étions aux approches de Naplouse.

Il y eut encore du chemin à parcourir, mais enfin nous arrivâmes à la nuit tombante.

Nous longeâmes les murs de la ville sans y entrer. La population s'était portée à notre devant.

Les visages étaient souriants. Les costumes de couleur variée étaient plus frais, annonçaient plus de luxe et de propreté. Il y avait là une bourgeoisie habillée, moitié à l'européenne, moitié à l'orientale. Les pantalons étaient larges, mais la redingote était l'habit de dessus. Quelques uns avaient un chapeau noir à haute forme. Le plus grand nombre portait un béret rouge ou un turban.

Les enfants jouaient et sautaient.

Le camp fut placé en dehors de la ville. Les agents de police en avaient la garde. Ils étaient occupés à écarter les curieux et surtout les gamins qui leur faisaient mille espiègleries. Ils n'en paraissaient guère fâchés, car ils trouvaient l'occasion de faire du zèle.

Après le dîner, personne ne songea à prolonger la veillée. On alla sous la tente et le sommeil fut profond jusqu'au lendemain.

LIV

LE MONT GARIZIM. — NAPLOUSE.

Au lever du soleil, la sainte messe fut dite dans le camp.

Trois mille ans auparavant, le patriarche Abraham s'était arrêté en cet endroit, avait dressé un autel et en présence de sa famille et de ses serviteurs, il avait offert au vrai Dieu un sacrifice d'action de grâces.

La Genèse rapporte que Dieu lui apparut et lui renouvela les promesses pour sa postérité.

De l'avis de tous les voyageurs, la plaine de Sichem est la plus belle de la Palestine et la mieux arrosée.

Jacob la donna plus tard en héritage à Joseph, le fils de sa prédilection.

Quelques heures nous restant avant le départ, nous en profitâmes pour aller visiter Naplouse.

Naplouse est l'ancienne Sichem qui fut pendant un demi-siècle la capitale du royaume d'Israël, jusqu'à ce que cette capitale fut transportée à Samarie.

Naplouse est située entre les monts Hébal et Garizim.

Le mont Garizim est célèbre par le temple qui y fut construit l'an 332 avant Jésus-Christ.

Les Samaritains l'élevèrent sur cette montagne pour en faire le rival du temple de Salomon et par haine pour les Juifs.

Il ne reste plus de trace de ce temple qui fut voué à Jupiter 170 ans avant Jésus-Christ.

C'est sur le flanc de cette même montagne que les Samaritains vont encore tous les ans offrir leurs sacrifices.

Les ruines d'une église dédiée à la Mère de Dieu s'y voient encore.

Il n'y a dans cette ville de 16,000 âmes que 60 catholiques.

Les Samaritains séparés des Juifs y sont au nombre de 240.

Les rues sont étroites, sales et couvertes pour la plupart.

La rue du Bazar est assez animée, à cause des magasins qui s'y trouvent. Ce sont de petits réduits de quelques mètres et voûtés. Ils contiennent des provisions ou servent d'atelier à des ouvriers qui travaillent aux choses les plus nécessaires à la vie.

Il n'y en a pas où se vendent des objets de luxe ni de fantaisie.

Nous remarquons, chose rare dans les villes d'Orient, plusieurs fontaines mal tenues du reste, qui donnent une eau fraîche et abondante.

Nous aurions voulu visiter l'ancienne église catholique bâtie du temps des croisades et convertie aujourd'hui en mosquée.

Nous étions un certain nombre. Mais après avoir pénétré dans une cour, nous fûmes arrêtés à la porte par le garde de l'édifice. Il ne nous fut pas possible de nous entendre avec lui soit pour le backchiche, soit pour d'autres formalités qu'il faut remplir en entrant dans une mosquée.

LV

LE PANTATEUQUE SAMARITAIN.

Nous allâmes rejoindre le frère Liévin qui conduisait les pèlerins à la Synagogue où les Samaritains conservent le Pentateuque.

Ce Pentateuque est un manuscrit qui contient les cinq livres de Moïse et que les Samaritains font remonter à 1,500 ans avant J.-C.

Il est écrit sur un parchemin long de plusieurs mètres et d'environ 50 centimètres de largeur. Chaque bout est attaché autour de deux baguettes en argent. Lorsqu'il se déroule de l'une, il s'enroule sur l'autre. Deux pieds en bois le soutiennent à peu près à la hauteur d'un pupitre ordinaire.

Il est écrit en Hébreu, mais avec les caractères anciens, à forme phénicienne. Il est, disent les auteurs, substantiellement le même que celui qui est imprimé dans nos bibles. Il ne s'en distingue, que par l'absence des archaïsmes qu'on en a fait disparaître pour le rendre intelligible aux samaritains.

On arrive à cet édifice en suivant quelques rues obscures et étroites.

La porte en est soigneusement gardée par le grand rabbin et probablement par un de ses employés.

Celui-ci vend la photographie du rabbin expliquant le Pentateuque. La veille, il la donnait pour 50 centimes. Mais le lendemain, elle baisait prime et il ne la livrait que moyennant 1 fr.

Tous les deux veillent soigneusement à ce que personne ne pénètre sans avoir donné les 25 centimes qui ont été convenus pour cette visite.

La salle de la synagogue est voûtée ; sauf quelques lampes suspendues, elle n'a pas d'ornements. 40 à 50 personnes la remplissent.

LVI

L'ÉGLISE ET L'ÉCOLE CATHOLIQUES.

Nous nous rendîmes ensuite à l'église catholique. C'est une petite pièce située au rez-de-chaussée et convenablement propre. L'autel est tout simple ; quelques petites images sont fixées au mur.

Le curé de ce modeste sanctuaire nous fit un accueil plein de bienveillance. Il parle assez bien le français. Il nous apprit qu'il recueillait des fonds pour construire une nouvelle église.

Son habitation est composée de plusieurs pièces spacieuses et munies d'un bon confortable.

Une école de filles dirigée par une sœur est attenante. Nous assistons à une leçon. Les élèves paraissent appliquées et intelligentes. Naturellement la maîtresse leur fait répéter un devoir français.

Les murs sont tapissés d'images représentant des saints et les principaux mystères de la religion.

Nous avions vu tout ce qui est à visiter à Naplouse. Là, il n'y a ni boulevards, ni places, ni promenades. Pas de bruit d'industrie ou de commerce. Pas de voitures, seulement quelques chameaux ou ânes qui parcourent les rues.

LVII

LE PUITS DE JACOB ET DE LA SAMARITAINE. — LE TOMBEAU DE JOSEPH.

Nous remontâmes à cheval à 11 heures 1/2, à l'heure où la chaleur frappait avec le plus de force.

Le chemin que nous suivîmes était large, assez bien entretenu. J'eus un moment l'illusion qu'il serait ainsi jusqu'à Jérusalem, pensant qu'un bon chemin devait relier ces deux grandes villes.

Je fus bien vite détrompé, car la route fut beaucoup plus accidentée qu'elle ne l'avait encore été.

A environ un demi-kilomètre de Naplouse se trouve une caserne. Il y a une musique. Elle jouait au moment de notre passage. Les amateurs constatèrent qu'elle ne manquait pas d'harmonie.

Un peu plus loin est le puits de Jacob, ainsi nommé parce que ce saint patriarche le creusa.

Notre-Seigneur Jésus-Christ s'y arrêta pendant qu'il prêchait l'Evangile. C'est là qu'il rencontra la Samaritaine et qu'il eut avec elle cette sublime conversation qui révéla sa divinité et que saint Jean a rapportée dans le IVe chapitre de son Evangile.

C'est là aussi que, laissant deviner les trésors contenus dans sa doctrine divine, il prononça cette consolante parole :

« Si vous connaissiez le don de Dieu ! *Si scires donum Dei.* »

Beaucoup de Samaritains crurent à ses divins enseignements et lorsque, deux jours après, il les quitta pour aller en Galilée, ses nouveaux disciples proclamèrent sa gloire et répétèrent avec amour :

« Nous l'avons entendu nous-même, et nous savons que c'est vraiment Lui qui est le Sauveur du monde.»

Bien souvent, dans notre voyage, nous avons pu constater la touchante réalité de cette halte que l'Evangile décrit en deux mots :

« Jésus étant fatigué du chemin, s'assit sur le bord du puits. Il était environ la sixième heure. »

Ce qui se pratiquait autrefois se pratique encore aujourd'hui.

Encore maintenant, à l'heure où le soleil est le plus ardent, vous ne passez pas devant un puits ou une fontaine sans rencontrer des voyageurs assis et se reposant. Bien souvent ils sont endormis, d'autrefois ils puisent de l'eau et prennent leur repas frugal. Rien ne frappe autant que ces mœurs qui se ressemblent après tant de siècles et rendent actuelles les scènes de l'ancien et du nouveau testament.

Le puits de Jacob était autrefois renfermé dans une église démolie aujourd'hui. Il est maintenant à découvert et sa margelle est en saillie dans un petit enfoncement. Il était à sec le jour où nous y passâmes.

À une petite distance de là, se vénère le tombeau de Joseph.

Ce saint patriarche avait conjuré ses frères de le porter après sa mort dans la terre de Chanaan. Il leur avait demandé ce bonheur sous la foi du serment.

Ses frères furent fidèles à la parole jurée et lorsque le peuple de Dieu quitta l'Egypte, les ossements du patriarche furent retirés de leur tombeau et portés dans le champ qui lui avait été donné en héritage par son père.

Une petite maçonnerie blanchie à la chaux, selon la coutume musulmane, forme seule ce monument qui n'a de remarquable que les souvenirs qu'il réveille.

LVIII

SILO. — SINDJIL. — TAÏBEH. — EL-BIREH.

Après une courte station nous reprîmes notre marche. Au bout de quelques heures nous eûmes à gravir une montagne. Le sentier qui conduisait au sommet était très rapide et formait des lacets à angles très aigus.

Pendant cette laborieuse ascension, nous apercevons à notre gauche, les ruines nombreuses et assez importantes de l'ancienne Silo.

Cette ville eut le privilège de garder l'arche d'alliance pendant 328 ans, jusqu'à ce que les Philistins s'en emparèrent 1095 ans avant Jésus-Christ. Héli était alors grand-prêtre.

Enfin nous aperçûmes au loin les tentes du camp.

Il fut dressé près du village de Sindjil sur un plateau bien exposé.

De là, s'apercevait la Méditerranée qui se détache à l'horizon comme une ceinture bleue et nous envoie des brises rafraîchies.

C'est la dernière nuit que nous passâmes sous la tente.

Le lendemain, vendredi 12 mai, nous partîmes dans la même disposition que les jours précédents.

La route n'eut pas d'incident particulier. Les chemins et les sentiers furent les mêmes, également pierreux, également montueux.

On nous montre au passage et de loin, Taïbeh, où se réfugia le divin Maître après la résurrection de Lazare.

Il avait choisi cette retraite pour fuir la haine des juifs qui voulaient le faire mourir.

Un peu plus loin est l'emplacement de l'arbre de la Sainte Vierge.

A son ombre se reposa plusieurs fois la Sainte Vierge avec l'Enfant-Jésus.

C'est là aussi qu'au retour de Jérusalem, Joseph et Marie s'aperçurent de l'absence du divin Maître qui était demeuré au temple pour instruire et pour confondre les docteurs de la loi.

Pendant le déjeuner à El-Bireh qui fut notre dernière étape, une sœur de St-Joseph vient quêter pour la petite et pauvre école qu'elle dirige dans ce village.

Là, nous eûmes des nouvelles de Jérusalem apportées par deux pères franciscains.

Ils nous apprirent que la première caravane était heureusement arrivée, que la population était toute sympathique aux pèlerins et que le soir de ce jour, les autorités religieuses et civiles iraient au devant du pèlerinage pour lui faire une solennelle ovation.

LIVRE II

JÉRUSALEM

JÉRUSALEM

I

VUE DE JÉRUSALEM. — LE MONT-SCOPUS. — ALEXANDRE-LE-GRAND.

La marche se fit dans les conditions ordinaires.

Nous montions toujours, lorsqu'arrivés derrière un pli de terrain, des cris de joie se firent entendre.

Les premiers arrivés étaient en vue de la ville sainte et saluaient Jérusalem !

En même temps, deux mouckres parvenus à un petit mamelon agitent leurs bras, donnent des marques d'allégresse et poussent des cris. Ils disaient probablement :

El-Kods ! El-Kods ! c'est-à-dire la sainte ! c'est le nom que les musulmans comme les chrétiens donnent à Jérusalem.

Deux minutes après, nous étions sur le plateau, et dans la désolation d'un vaste désert, Jérusalem se montre avec ses hautes murailles, ses coupoles et ses minarets.

C'était vers les trois heures du soir, le vendredi 12 mai.

Aussitôt, nous répétâmes du fond du cœur ces paroles du psaume *Lætatus sum* :

« Je me réjouis, car je vais faire mon entrée dans la ville de mon Dieu.

» Mes pieds sont près de tes parvis, ô Jérusalem, c'est vers toi que sont montées toutes les générations d'Israël, pour rendre témoignage au Dieu de leurs pères. »

Nous sommes au sommet du mont *Scopus*.

La tradition rapporte que c'est de cet endroit qu'Alexandre-le-Grand aperçut la *ville sainte*, lorsqu'il vînt à Jérusalem pendant le siège de Tyr.

Le célèbre conquérant contempla de loin, la ville des miracles de Dieu.

Puis, il alla vers ses portes où il fut reçu solennellement par le grand-prêtre revêtu de son majestueux costume et entouré de tout le peuple en habits de fête.

Lorsqu'il vit le pontife, Alexandre s'avança seul, adora le nom de Dieu gravé en lames d'or sur la tiare et s'inclina devant le grand-prêtre en disant :

« Je n'ai pas adoré le grand-prêtre, mais j'ai honoré le nom de Dieu dont il est le pontife. »

Entouré de ce cortège splendide, il se rend au temple, où le grand prêtre développant devant lui la prophétie de Daniel, lui apprend qu'il est le triomphateur qui devait détruire l'empire des Perses.

Ensuite, Alexandre offre au vrai Dieu un sacrifice, selon le cérémonial indiqué par le grand-prêtre.

Ce solennel hommage rendu à Jéhovah était un acte de justice, car Alexandre n'avait triomphé que par la vertu de Dieu.

Au rapport de Josèphe, c'est lui-même qui l'avoua devant ses généraux :

« J'étais encore en Macédoine, dit-il, et je délibérais sur les moyens de conquérir l'Asie. Le grand-prêtre m'apparut en songe avec ce même costume ; il m'exhorta à ne rien craindre, me dit de passer hardiment l'Hellespont ; il m'assura que Dieu serait à la tête de mon armée, et que par sa vertu je vaincrais. Darius, je déterminerais l'empire des Perses et je réussirais en tout comme je le désire. »

En voyant le grand-prêtre Jaddus, Alexandre reconnut en lui ce même personnage qui lui avait apparu, et voilà pourquoi il se montra si généreux pour le peuple de Dieu.

Je ne raconterai pas ce qui se passe en vous à la vue de cette ville baignée dans le soleil et la lumière, mais tristement assise sur un sol désolé, comme est désolée une campagne que le torrent a ravagée. Partout d'immenses espaces couverts de pierres, un désert où quelques arbres isolés et des ravins creusés par les eaux rompent seuls la monotomie.

Que de souvenirs et d'événements autour de ce nom de Jérusalem !

Tout s'y trouve, depuis Adam dont la tête a reposé dans le rocher du Calvaire et a été arrosée par le sang du Christ, depuis Abraham qui sacrifia le fils de son cœur sur le mont Moriah, depuis David qui chanta les grandeurs et les miséricordes de Dieu, Salomon qui édifia le temple, les prophètes qui écrivirent l'histoire de l'avenir, jusqu'à Jésus-Christ qui après avoir prêché la bonne nouvelle, y mourut et s'éleva dans les cieux, jusqu'à Titus qui comme les vainqueurs qui le précédèrent en fit une ruine immense, jusqu'aux croisés dont les cendres durent tressaillir devant ces fils de la France nouvelle venant conquérir par leurs prières le tombeau qu'ils avaient conquis eux-mêmes par leur sang.

En rappelant ces grandes choses, il passa chez

tous comme une étincelle électrique qui donna un ressort nouveau à toutes les énergies et sembla faire disparaître les fatigues.

Le chemin cependant fut encore long et difficile. Il faut les avoir parcourus pour se faire une idée de ces sentiers encombrés de pierres et de cette désolation dont rien n'approche.

Aux portes de Naplouse, je l'ai déjà dit, il y avait de la végétation, de la vie, du mouvement ; ici, au contraire, tout est stérile, c'est une mort complète.

II

ARRIVÉE A JÉRUSALEM.

Enfin nous aperçûmes quelques groupes venus au devant de nous.

Là, je fus reconnu par un jeune frère des écoles chrétiennes que j'avais vu au noviciat de Rodez. Il était tout frais, tout joyeux et il me fut facile de deviner que la vie d'Orient a ses charmes et ses joies. Il m'apprit plus tard toutes les consolations que donne l'enseignement dans ces pays infidèles, les sympathies que reçoivent de tous les côtés les instituteurs chrétiens et français. Le pacha avait été heureux de rencontrer des congréganistes et n'avait pas craint, tout laïque et musulman qu'il est, de leur confier ses enfants.

Nous arrivâmes devant la Porte de Damas et nous longeâmes les murs de la ville jusqu'à l'avenue de Jaffa.

L'hôpital français de St-Louis récemment construit est le premier établissement de la ville qui se présente à nous.

A quelques pas de là nous prenons la route, nous passons devant le quartier russe construit à la moderne. Les russes ont à Jérusalem une puissante colonie.

Nous marchons deux à deux et sur une longue file. La foule est immense. Tout Jérusalem est sur pied. Juifs, musulmans, et schismatiques, tout est là. Les catholiques sont rayonnants de bonheur. C'est peut-être leur premier jour de triomphe depuis que Jérusalem fut reprise sur les croisés.

Nous sommes enfin sur la place où nous devons quitter nos montures. Quelle délivrance ! quel débarras !

Je donne à mon mouckre un dernier pourboire et je lui fais mes adieux. En signe de reconnaissance, il porte sa main au front, puis sur le cœur et s'en va sans le plus petit sourire.

III

LA PROCESSION. — L'ENTRÉE AU SAINT-SÉPULCRE.

Le cortège s'organise en procession. Les troupes turques la protègent. Le pacha est là pour voir la France catholique.

Le consul français s'y trouve avec ses janissaires.

On se met en marche. M. de Belcastel, l'orateur catholique, est le premier avec l'oriflamme du Sacré-Cœur qu'il porte avec une fierté patriotique.

Le pavillon de la France est à ses côtés.

On entonne les hymnes et les cantiques. Plus de mille poitrines chantent le *Te Deum* et le *Magnificat*. Depuis les croisades la prière publique n'avait pas été entendue dans les rues de Jérusalem. Aucune procession solennelle n'avait pu y être faite.

Les pères franciscains de la custodie ont pris place dans les rangs avec la croix.

Nous entrons par la porte de Jaffa.

A la faveur des derniers rayons du soleil nous pouvons saluer le mont Sion et la citadelle de David qui le couronne. Elle est aujourd'hui convertie en caserne.

David y établit le siège de son trône et sous l'inspiration de l'Esprit de Dieu, il y composa ces magnifiques poèmes qui sont les plus belles prières de l'Eglise.

La nuit est déjà venue. La rue que nous suivons est étroite et sombre. C'est la principale rue de la ville. Elle est éclairée par quelques rares lanternes en forme de réverbères.

Nous tournons à gauche sous une autre rue voûtée qui se découvre bientôt. Enfin nous prenons un passage aussi voûté d'une pente assez rapide, nous descendons quelques escaliers et nous nous trouvons sur le parvis de la basilique du Saint-Sépulcre. Les chants redoublent. La foule est énorme. Les soldats turcs et les catholiques de la ville la contiennent et ne laissent entrer que les pèlerins.

Nous y pénétrons enfin et nous nous trouvons sous la coupole surmontée de la croix, sous cette coupole qui concentre l'attention du monde entier.

Son excellence le patriarche, Mgr Bracco, est sur la porte du Saint-Sépulcre avec tout son clergé comme au jour des plus grandes solennités.

Les pères Franciscains ont illuminé l'édicule du Saint-Sépulcre et les galeries de la coupole qui leur appartiennent. L'orgue des latins fait résonner ses plus belles symphonies.

Lorsque tout le monde s'est placé et que le silence est rétabli, Mgr Bracco prend la parole.

Il parle en français. Son accent italien est fortement accentué. Il a de la gravité et de la majesté dans le débit.

Je me trouve trop éloigné pour tout entendre. Je saisis cependant beaucoup de choses de sa belle allocution. Il termine par ces mots :

« Le pèlerinage français est le plus beau qu'ait vu la Terre-Sainte depuis l'époque des croisades.

» Vous représentez une grande nation qui nous a été toujours bien chère.

» Vous êtes venus demander pour elle les bénédictions du Christ qui s'est immolé pour le monde.

» Vos longues fatigues, les pénibles sacrifices que vous vous êtes imposés ne resteront pas sans récompense.

» Vous aurez la victoire.

» En vous je salue la noble nation française.

» En vous je bénis la fille aînée de l'Eglise. »

Le P. Picard le remercia de ses souhaits de bienvenue. Nous ne pûmes pas distinguer ses paroles, car l'écho les promenait sous la coupole en produisant un étrange effet.

Cette grande scène fut un véritable triomphe. Devant ce tombeau, d'où Dieu sortit un jour dans l'éclat de ses attributs divins nous pouvions dire en toute vérité : « O mort où est donc ta victoire, *o mors ubi est victoria tua ?* »

On nous désigna ensuite le logement qui nous avait été réservé. Nous y arrivâmes par des rues où il n'était pas possible de se reconnaitre. On aurait dit une marche dans les allées d'une sombre nécropole.

Nous allâmes nous reposer avec l'impatience d'arriver au lendemain pour voir enfin cette ville, qui est bien dans sa réalité le grand mystère de Dieu, *mysterium Dei*.

VI

LA PREMIÈRE JOURNÉE A JÉRUSALEM.

Je passai la journée du samedi, 13 mai, à me faire une idée d'ensemble du plan de cette ville étonnante.

En quittant l'établissement des frères où nous avions été logés 150, je me rendis à *Casa-Nova*, établissement des franciscains, et j'y visitai quelques amis.

De là, j'eus hâte d'aller au St-Sépulcre.

Après avoir prié sur la pierre de l'onction qui se trouve à l'entrée de la basilique, après avoir gravi l'escalier qui conduit au calvaire, m'être agenouillé près du tombeau dans lequel N.-S. J.-C. reposa trois jours, je parcourus rapidement les chapelles et endroits célèbres vénérés sous la coupole, en compagnie d'un prêtre qui en possédait une connaissance exacte.

Le reste de la matinée fut consacré à des courses dans les rues de la ville.

Le soir, lorsque le soleil eut perdu ses plus fortes ardeurs, je me joignis à un groupe pour aller prier à Gethsémani dans la grotte de l'agonie.

Chemin faisant, nous passâmes devant la mosquée d'Omar, bâtie sur les ruines du temple de Salomon, nous nous agenouillâmes plus loin en dehors des murs devant le rocher sur lequel saint Etienne fut lapidé.

Enfin, après avoir traversé le Cédron, nous nous prosternames dans la grotte de Gethsémani à l'endroit même où le divin Maître soutint les luttes et les combats de l'agonie, et d'où réconforté par l'ange, il partit pour aller consommer son sacrifice au Golgotha.

Au retour, j'entrai dans l'établissement de Ste-Anne, dirigé par les missionnaires d'Afrique. J'y saluai le P. Roger qui fut le deuxième supérieur du petit séminaire arabe de St-Laurent-d'Olt, après le P. Charbonnier. Là aussi, je trouvai le frère Amans, de la même compagnie, originaire de la paroisse d'Estaing.

Ste-Anne est la maison où, d'après l'opinion la plus commune, est née la Ste Vierge. Nous récitâmes une prière dans la grotte qui faisait partie de la maison de St Joachim et de Ste Anne et nous baisâmes ce sol, où avait été accompli le mystère de l'Immaculée-Conception.

V

HISTOIRE SOMMAIRE DE JÉRUSALEM.

Avant d'entrer dans le récit et les détails de nos divers pèlerinages, je veux dire un mot de l'histoire de Jérusalem, et rappeler par le sommet les plus grands évènements dont a été le théâtre cette ville la plus célèbre qui soit au monde.

Jérusalem veut dire *vision de la paix*

Malgré cette dénomination, cette ville a été le champ de bataille de toutes les armées de l'univers; ses murs ont subi le choc effroyable des bataillons ennemis venus de tous les points du globe.

Derrière ses remparts, comme sur les ruines de

ses monuments et de ses maisons, la vie et la mort se sont livré des combats épouvantables, *vita et mors duello conflixere miranda*.

Dix-sept fois elle a été pillée, saccagée, brûlée, dépeuplée par des massacres inouïs.

Le frisson vous saisit au souvenir des flots de sang qui l'ont inondée dans la suite des siècles.

Les ruines s'y sont accumulées sur les ruines.

Les châtiments de la justice divine semblent s'y être épuisés.

Et cependant Jérusalem est sortie de ses décombres avec une persévérance invincible et quoique portant au front le signe indélébile d'un crime inexpiable, elle garde toute l'énergie d'une vitalité immortelle.

Toujours sort du divin sépulcre la même parole :

« O mort, tu n'auras pas la victoire ! »

Melchisedech, prêtre du Très-Haut, et une des plus belles figures prophétiques du Prêtre-éternel, en jeta les fondements sur le mont Acra, 1769 ans avant J.-C.

Les enfants de Juda, après leur entrée dans la terre promise, s'emparèrent de Jérusalem. Ils la prirent sur les Chananéens et en tuèrent tous les habitants pour anéantir l'idôlatrie en ce pays.

En 1045 avant J.-C. lorsque David eut affermi son trône sur des fondements inébranlables, il adressa cet hymne à Dieu :

« Vive Jéhova ! béni soit celui qui est le fondement de mon trône. Qu'il soit exalté le Dieu de mon salut !

» C'est le Dieu qui a mis la vengeance dans mes mains et les peuples à mes pieds.

» O mon libérateur ! vous m'élèverez au dessus de

ceux qui me résistent ; vous me délivrerez de l'homme méchant.

» C'est pourquoi, je vous rendrai grâces, ô Jéhova, parmi les nations et j'y chanterai votre nom.

» C'est votre nom qui a fait miséricorde à son Christ, à David et à sa race pour jamais. »

Et ensuite, Dieu lui désigna Jérusalem pour capitale, Jérusalem qui allait devenir la ville glorieuse entre toutes les villes, la figure mystérieuse de l'Eglise du Christ et l'image de la société triomphante, séjour des anges et des saints dans le paradis.

La ville inférieure faisait partie des États de David, mais la citadelle bâtie sur le mont Sion appartenait encore aux Jébuzéens.

Ceux-ci la disaient imprenable. Ils se riaient donc de l'armée de David qui l'assiégeait.

Avant de tenter l'assaut, le roi dit à ses soldats :

« Celui qui le premier frappera le Jébuzéen, qui le premier escaladera les remparts, qui en chassera ceux qui insultent à David, celui-là sera général et prince. »

Joab s'élança le premier, il entra dans la citadelle et reçut la récompense promise.

Dès ce jour, Jérusalem fut la capitale du royaume d'Israël.

L'Ecriture sainte nous a dit dans les formes du plus beau langage toute la gloire qui rayonne de la cité de David bâtie sur le mont Sion.

Mais le grand roi n'y fut pas plutôt établi qu'il voulut consacrer sa ville par un grand événement religieux et en faire la ville sainte par excellence.

Il consulta les grands et les puissants de son royaume. Il leur demanda de transporter l'Arche d'alliance sur la montagne de Sion.

Elle se trouvait à Cariatharim, ville de la tribu de Juda, dans la maison d'Aminadab. Elle y était depuis que les Philistins l'avaient rendue au peuple de Dieu, c'est-à-dire depuis 20 ans.

Les avis furent unanimes pour cette translation.

Le roi convoqua donc tout Israël, les prêtres, les lévites, les grands et tout le peuple.

Les fêtes de cette solennité se firent avec un éclat inouï.

David, les chefs des tribus, jouaient devant Jéhova, de la harpe, de la lyre, du psaltérion, des hautbois, de la cymbale et des trompettes.

L'arche était portée sur les épaules par les lévites.

Cet événement se célébra avec une magnificence pleine de splendeur. Tout Israël était présent.

Les anciens du peuple, les chefs de l'armée, firent retentir les airs des acclamations et des chants d'allégresse.

Tout le monde dansait devant l'arche. David dansait lui aussi, dépouillé de ses vêtements royaux en signe de soumission à Dieu.

Chaque fois que ceux qui portaient l'arche avaient fait six pas, le prince immolait un bœuf et un bélier.

Pour cette circonstance, le Roi-prophète composa et fit chanter des hymnes magnifiques.

A la vue de la citadelle et au moment où l'arche allait entrer dans la ville, il entonna ce beau cantique :

« A Jéhova est la terre et tout ce qu'elle renferme, le globe et tout ce qui l'habite.

» C'est lui qui l'a fondée au milieu des mers et affermie au dessus des fleuves.

» Ouvrez vos portes, ô princes, ouvrez-vous, portes éternelles, et le Roi de gloire entrera.

» Quel est-il ce roi de gloire ?

» Jéhova, c'est lui qui est le roi de gloire. »

L'arche arrivée au sommet de la montagne fut enfermée dans le tabernacle préparé par David.

C'est là qu'elle reçut les hommages de tout Israël, jusqu'à ce qu'elle fut enfermée au temple dans le Saint des Saints.

Je n'ai pas voulu passer sur cet évènement sans le raconter, car il est le principe et le point de départ de la gloire de Jérusalem.

A David succéda son fils Salomon.

Pendant ce règne, Jérusalem atteignit l'apogée de sa gloire.

Le temple et mille autres monuments, racontèrent sa gloire pendant mille siècles. Les ruines qui restent encore proclament la magnificence de ses œuvres.

Après la mort de ce roi qui devint prévaricateur, Jérusalem fut châtiée des crimes de Salomon.

Les Egyptiens, les Philistins, d'autres ennemis la prirent et la reprirent.

Nabuchodonosor, roi de Babylone, s'en empara en 606 avant Jésus-Christ.

Il emmena le peuple en captivité ; elle dura 70 ans.

Alexandre-le-Grand en devint aussi le maître. Après lui, cette ville infortunée eut à subir bien souvent toutes les horreurs de la guerre.

En 63 avant notre ère, les Romains s'en rendirent maîtres. La ville était libre et florissante depuis que les Macchabées l'avaient prise par des exploits que le St-Esprit a célébrés.

Pompée lui donna un gouverneur. Sous leur domination, les romains laissèrent subsister le royaume.

Hérode-Antipas en était roi à la mort de N.-S. Jésus-Christ.

L'univers entier parle encore avec effroi du siège de Jérusalem par Titus, l'an 70 de la Rédemption.

Ce siège est le plus terrible monument de la vengeance de Dieu.

« Que son sang retombe sur nous et sur nos enfants », avaient dit ces ingrats, lorsqu'ils demandèrent la mort du Christ.

Dieu les entendit.

Treize cent mille juifs périrent pendant le siège ou lorsque l'ennemi pénétra dans la ville. Cent mille autres furent faits prisonniers, vendus et dispersés dans tout l'univers. Du temple, il ne resta pas pierre sur pierre.

« O Rome, ô Europe, ô villes et nations, dit Louis Veuillot, à qui le Christ a envoyé des prophètes pour vous rassembler, qu'il vous en souvienne ! »

Jérusalem perdit jusqu'à son nom. En la relevant, Adrien l'appela Œlia-Capitolina.

Constantin-le-Grand lui rendit une partie de son éclat. La croix fut arborée dans les murs de la ville perfide.

Ste Hélène, mère de l'empereur la couvrit d'églises et de basiliques et établit des sanctuaires dans tous les lieux sanctifiés par le divin Maître.

Mais la justice de Dieu n'était pas satisfaite. Le sang du Christ pesait toujours sur la ville déicide.

Chosroès, roi de Perse fut choisi pour être l'instrument des vengeances du ciel.

En 614, il entra dans la ville, la remplit de ruines et l'inonda de sang.

Les juifs s'associèrent au vainqueur. Ils achetèrent 80,000 chrétiens et les massacrèrent ensuite.

En 636, le Khalife Omar, s'empara de Jérusalem sans la ruiner et laissa aux chrétiens la liberté de la Religion.

Charlemagne donna aux fidèles sa protection et ses largesses. Il laissa dans plusieurs établissements les marques de sa piété et de sa munificence.

Plus tard, l'Europe soulevée par la voix du pape et frissonnante d'enthousiasme pour la guerre sainte, se précipita sur l'Orient pour détruire la barbarie musulmane.

Le vendredi 15 juillet, fête de saint Henri, en l'année 1099, l'étendard de la Croix fut arboré sur les murailles de la Ville sainte.

Lisez avec quelle enthousiaste allégresse le Tasse célèbre dans la *Jérusalem délivrée* les tressaillements de la nature au moment où le signe de notre Rédemption fut exalté sur les tours de la ville déicide :

« L'étendard triomphant se déploie dans les airs ; les vents respectueux soufflent plus mollement ; le soleil plus serein le dore de ses rayons ; les traits et les flèches se détournent ou reculent à son aspect. Sion et la colline semblent s'incliner et lui offrir l'hommage de leur joie. »

Un héros français, Godefroy de Bouillon, fut proclamé roi de Jérusalem.

Ce royaume, on le sait, n'eût qu'une existence éphémère.

En 1187, la ville retomba sous le joug des fils du Koran. Et depuis cette époque, Jérusalem gémit dans la captivité et les inénarrables tristesses du châtiment divin. Son histoire, sans éclat et sans gloire, ne vit que de souvenirs.

Aujourd'hui Jérusalem et la terre-sainte jouissent d'une paix relative. Mais cette terre demeure la clef de voûte de la question d'Orient.

Bon gré malgré, la Palestine vient à bout de l'indifférence et de la haine ; et sans qu'ils sachent s'en rendre compte, les gouvernements européens s'agitent sans pouvoir s'y soustraire, autour de la question des lieux-saints.

Depuis 1517, Jérusalem fait partie de l'empire Turc. Elle forme une province qui relève de Constantinople. Un pacha l'administre au nom du Sultan.

Elle compte 25,000 âmes dont 1,600 catholiques environ, près de 4,000 Grecs schismatiques ou protestants de toutes les sectes, 7,560 musulmans et 12,000 juifs.

Au moment du siège de Titus, elle comptait 120,000 habitants.

Voilà les grandes lignes de l'histoire de cette ville.

En racontant les annales de ses églises, de ses sanctuaires et de ses monuments, je reviendrai plus d'une fois sur le passé, j'aurai occasion de rappeler des scènes qui feront revivre les temps bibliques, les temps de N.-S. J.-C. et les temps de l'ère chrétienne.

VI

L'INTÉRIEUR DE LA VILLE.

Jérusalem, telle que nous l'avons vue, réalise à la lettre les sombres tristesses prédites par le prophète :

« Les rues de Sion gémissent dans les larmes, *viæ Sion lugent.* »

Rien dans cette ville ne réjouit les yeux, ne soulage l'ennui. C'est comme une vaste prison dont les habitants portent au front la marque de leur crime et traînent péniblement leurs chaînes.

Les visiteurs sont envahis par ce sentiment de la douleur et sentent peser sur eux cette parole du poète : «.... *Sunt lacrymæ rerum,* il y a les pleurs des choses. »

Là, vous ne trouvez pas de places publiques ; pas de promenades ; pas de boulevards plantés d'arbres ; pas de réunion d'hommes pour se réjouir.

Les rues sont étroites, tortueuses, couvertes pour la plupart et ne recevant le jour que par de profondes lucarnes.

Les magasins sont petits, de quelques mètres seulement : ils sont sales ; le vendeur est couché ordinairement sur un banc.

Sauf la rue du bazar, où le commerce des denrées occasionne nécessairement du mouvement et de la vie, il n'y a pas de circulation dans la ville.

Ailleurs, quelques passants vont et viennent. Ils ne parlent pas entre eux.

Là, pas de bruit de voiture, ni de charrette.

De temps en temps, passent quelques chameaux. Le poids énorme dont ils sont chargés est suspendu de chaque côté de la bête et donne à celle-ci l'aspect d'une tour mouvante qui obstrue presque le passage.

Les pavés sont grands et glissants. En beaucoup d'endroits il y a des vides.

On ne voit presque pas de femmes dans la rue. En Orient, elles ne quittent guère leur demeure.

Si les femmes musulmanes sortent, elles s'enveloppent dans un large manteau et cachent leur visage sous un voile épais et de couleur. Elles marchent le long des maisons d'un pas rapide. On dirait des fantômes.

Les chrétiennes sortent plus fréquemment. Elles sont, elles aussi, enveloppées dans un large voile blanc, qui descend jusqu'aux pieds et les couvre entièrement. Elles ne cachent pas leur visage.

Si vous passez devant un café, et il y en a à Jérusalem, il est ordinaire de voir des hommes assis sur la porte et fumant le narguillé.

C'est la pipe des Orientaux. Une carafe remplie d'eau repose à terre. Au goulot est attachée une tige en métal, évasée dans sa partie supérieure et contenant de la braise et le tabac. Un tuyau de un ou deux mètres va jusqu'aux lèvres du fumeur.

C'est par ce moyen qu'il respire la fumée, que ce mécanisme rend, paraît-il, plus douce.

Ceux qui se livrent à cet exercice ont l'air hébété et semblent insensibles à ce qui se passe autour d'eux.

VII

LES QUARTIERS ET LES MAISONS DE LA VILLE.

De hautes murailles fortifient la ville. Sept portes en permettent l'entrée. Les deux principales sont la porte de Damas et celle de Jaffa.

Les divers quartiers de la ville sont habités par les différentes religions.

Les latins et les grecs habitent autour du St-Sépulcre.

Les musulmans peuplent le centre de la ville.

Les juifs se trouvent dans la vallée de Tyropéon, tout près des ruines de l'ancien temple. C'est le quartier le plus sombre et le plus repoussant de la ville. J'en parlerai plus tard.

Les arméniens sont groupés sur le Mont-Sion, à l'ombre de la tour de David.

Les maisons sont carrées. Les portes en sont basses. Il faut généralement se courber pour y pénétrer. On dit qu'elles sont ainsi construites pour en rendre l'entrée plus difficile à l'ennemi lorsqu'il l'envahit pour se venger de ses victimes.

Il n'y a presque pas d'ouvertures sur la rue. S'il y en a, elles sont grillées. Une terrasse ornée la plupart du temps d'un petit dôme, ou d'une légère coupole sert de toiture. Là, sont aménagés de petits canaux où se rendent les eaux de la pluie qui sont conduites dans une citerne.

On ne boit à Jérusalem que de l'eau de citerne. Cette eau est bonne et suffisamment fraîche.

Il n'y a pas une seule source dans la ville.

Autrefois elle était alimentée par l'eau venue des vasques ou bassins que fit construire Salomon à 4 ou 5 kilomètres de Bethléem et qui sont remplis par les eaux de la fontaine que l'Ecriture nomme *fons signatus*. Ces vasques existent encore avec toute la force de leur solidité primitive. Elles racontent après trois mille ans le génie et les splendeurs du règne du grand roi. Elles font l'objet d'une intéressante excursion. Nous aurons l'occasion d'en faire le récit.

Presque toutes les maisons ont une cour intérieure. C'est par là qu'elles prennent le jour, et c'est là aussi que les habitants se couchent sur la natte pendant de longues heures pour reposer leur nonchalante oisiveté.

VIII

ÉTAT INTELLECTUEL DE LA POPULATION.

Quant à la vie intellectuelle de cette population, je ne puis dire de moi-même ce qu'elle est, la conversation étant impossible avec des personnes dont on ne connait pas la langue.

On nous a dit que la domination turque a étouffé tout développement intellectuel et qu'elle le comprime de toutes ses forces.

Sans cela, il y aurait dans ce peuple de très grandes ressources.

Les Juifs ont conservé toute l'acuité de leur intelligence qui s'ouvre avec génie aux secrets de la ruse et de la perfidie.

Les arabes, s'ils étaient libres et chrétiens participeraient à presque toutes les quatités du français. Ils sont intelligents, actifs, souples. Leur physionomie est ouverte ; ils ont du feu dans les yeux.

Mais une main barbare pèse sur eux et éteint toute la flamme de leur intelligence et les élans de toute initiative.

Sauf une fois, je n'ai jamais vu de livre entre les mains de quelqu'un.

Aux pleurs des juifs, nous avons vu cependant que plusieurs lisaient dans la bible ainsi que des musulmans qui méditaient le koran dans les mosquées.

Pour des journaux, il ne saurait en être question. Cela vous vaut d'être délivré de ces cris aigus qui vous assourdissent dans nos villes modernes pour n'offrir le plus souvent aux esprits qu'une immonde pâture.

Des affiches, il y en a quelques-unes. Nous en avons aperçues plusieurs au coin des rues. Mais les murailles sont loin d'en être chargés. A l'avenue de Jaffa, l'administration Kook avait déployé en fait de placards invitant à des excursions toute l'industrie commerciale des anglais.

IX

LES NOUVELLES EN ORIENT.

On ne paraît guère s'y occuper des affaires politiques.

Dès le premier jour de l'arrivée, chacun désirait avoir des nouvelles de France et d'Europe, car nous en avions été sevrés depuis notre embarquement à Marseille le 27 avril et nous étions au samedi 13 mai.

C'est un long espace dans le temps qui court. Aussi quoiqu'on fut généralement heureux d'être sorti de cette atmosphère où une politique malsaine brouille tout, obscurcit toute lumière et égare toutes les générosités, la curiosité était impatiente et chacun cherchait des nouvelles.

On annonça donc et cela presque *officiellement* que l'empire russe était en pleine révolution. Il se répétait que ce vaste empire était bouleversé par la guerre civile, que le czar et sa famille avaient pris la fuite et qu'ils s'étaient réfugiés auprès de l'empereur d'Allemagne de qui ils attendaient secours.

On devine d'ici tous les commentaires qui se faisaient et les appréciations auxquelles on se laissait aller.

Je demandai à un indigène qui me parut intelligent et qui parlait quelque peu le Français, ce qu'il fallait penser de cette nouvelle. Il me dit qu'elle ne méritait aucun crédit. Il ajouta que c'était assez d'usage en Orient de répandre de ces bruits que chacun se donnait ensuite le droit de grossir et d'amplifier jusqu'aux dernières limites de l'invraisemblance.

Les indigènes sont ignorants de ce qui se passe en dehors de la ville. Ainsi, ils ne se doutent pas que la France est en République.

X

L'IDÉE QU'ILS ONT DE LA FRANCE.

Mais quant à l'estime et à l'amour qu'ils ont pour notre patrie, surtout les catholiques, c'est quelque chose d'incroyable.

Pour ceux-ci comme pour tous, la France est incomparablement au dessus des plus grands pays du monde.

C'est un idéal que l'imagination de ces peuples embellit des charmes les plus brillants et des illusions les plus séduisantes.

Il est vrai que la France qu'ils voient, ce n'est pas la Révolution, ce n'est pas le peuple impie et irréligieux, ce ne sont pas les bandits de la libre-pensée.

La France de leur amour, c'est la France très chrétienne, le pays de la charité, du dévouement, de la générosité ; c'est la France des croisades, non pas avec ses défauts, mais avec ses vertus, son esprit chevaleresque, son héroïsme légendaire.

Ces pauvres peuples voient toujours le type du français dans saint Louis, ce héros qui lorsqu'il était dans les fers forçait l'admiration des fils du Koran et dont la vertu était par l'exemple la plus magnifique prédication de l'Evangile.

Cette France chrétienne, chevaleresque, ils l'appellent par un secret pressentiment et ils l'attendent pour rendre sa lumière à Jérusalem et pour faire à la Croix le plus splendide de ses triomphes.

XI

LE CLIMAT DE JÉRUSALEM.

Je n'ai pas encore dit que Jérusalem est située à 780 mètres au-dessus de la Méditerranée et qu'elle est assise sur un plan montueux s'inclinant du Nord à l'Est.

Les chaleurs n'y sont pas trop fortes même en été. Elles ne sont pas intolérables puisque, sauf par exception, elles ne dépassent pas 30 degrés.

En hiver, la neige y est, paraît-il, assez fréquente.

Une chose qui étonne beaucoup les premiers jours c'est la rapidité avec laquelle vient la nuit. Aussitôt que le soleil disparaît à l'horizon, la nuit lui succède sans être précédée de crépuscule. A la fin du mois de mai, il était nuit à 7 heures.

Il me semble que lorsque cette ville et ce pays étaient bénis du ciel, ce devait être une terre de délices. On comprend la beauté et l'enthousiasme des fêtes religieuses, lorsqu'au lieu de cette désolation, florissaient toutes les splendeurs de la nature sous ce ciel si limpide, sous ce soleil si diaphane, éclairant un tableau où ne s'entendaient ni les bruits du torrent, ni les tumultes du commerce et de l'industrie et où les arbres, les gazons et les fleurs formaient des jardins enchanteurs.

Tout portait à Dieu, aux solennités de son culte, au chant de ses cantiques dont se comprennent mieux les sublimités lorsqu'on a vu les lieux qui les ont inspirés et les populations qui avaient pour mission de les interpréter.

Quoique la Religion catholique puisse se pratiquer aujourd'hui assez librement, elle n'a pas la solennité à laquelle elle aurait droit. C'est toujours la ville de Sion qui pleure son antique gloire.

XII

LE PATRIARCAT ET LES FRANCISCAINS

L'église de Jérusalem a été érigée de nouveau en patriarcat par le grand Pie IX en 1847 et a eu pour premier patriarche, son excellence Mgr Valerga qui occupa ce siège pendant 27 ans.

En 1873, Mgr Bracco lui succéda et gouverne encore pour le bonheur et la joie de son peuple.

Les franciscains montent la garde au St-Sépulcre et aux Lieux-Saints depuis que ceux-ci ont été ravis aux chrétiens.

Ils bâtirent un couvent sur le mont Sion en 1219, c'est-à-dire, 32 ans après la prise de Jérusalem par le sultan Saladin.

En 1230, Grégoire IX confia la garde des lieux-saints au fils de St-François. Cette charge leur fu confirmée à perpétuité par Clément VI en 1642.

Le supérieur a le titre de Révérendissime Père Custode. Il est toujours italien. Son vicaire est un français Le procureur général est espagnol.

Les franciscains ont trois couvents dans la ville sainte .:

Le couvent de *St-Sauveur*, où résident les Pères et où se trouve l'église paroissiale latine ; l'hospice des pèlerins appelé *casa-nova* et le couvent de la *flagellation*.

Si c'est un poste d'honneur que leur confie l'Eglise, c'est aussi et surtout un poste périlleux.

Avec quel invincible courage, les franciscains se sont montrés dignes de l'occuper, le sang de 6,000 martyrs qui ont arrosé ce sol maudit est là pour le proclamer.

De ces mille tombes sort une grande voix qui crie : Gloire à Dieu !

Tout franciscain désigné pour cet honneur accepte par là-même tous les sacrifices.

Il demeure debout à son poste ou il meurt. Jamais ni un lâche, ni un déserteur n'ont déshonoré le martyrologe des fils de saint François.

Si quelquefois, le poste est resté vacant, c'est que le cimeterre musulman avait tué jusqu'au dernier religieux. Mais aussitôt le vide a été comblé. Il a suffi du temps nécessaire pour que les nouvelles sentinelles pussent venir d'Europe.

Ce qui s'est fait il y a six siècles, se fait encore aujourd'hui.

Toujours le même mépris de la mort et le même élan pour le martyre en l'honneur du Dieu qui s'est immolé pour nous.

XIII

TRISTESSES ET ESPÉRANCES.

Ce que je viens de dire est l'histoire des tristesses

de Jérusalem, tristesses que le prophète a traduites par des gémissements incomparables et dont comprennent toute la vérité les témoins de cette désolation.

« Comment la ville si populeuse est-elle aujourd'hui solitaire et désolée ?

» O vous qui passez par le chemin arrêtez-vous et voyez s'il est une douleur semblable à la mienne !

» Le Seigneur a enfoncé ses portes ; il a banni son roi et ses princes ; il n'y a plus de loi.

» Mes yeux se sont affaiblis à force de verser des larmes.

» Le trouble a bouleversé mon cœur.

» A qui vous comparerai-je, ô Jérusalem ?

» Tous ceux qui sont passés par le chemin ont frappé des mains en vous voyant ; ils ont sifflé la fille de Sion ; ils ont branlé la tête et ils ont dit : Est-ce là cette ville d'une beauté si parfaite, cette ville qui était la joie de toute la terre ? »

Et après lui notre poète immortel a rendu ces accents :

> Pleure, Jérusalem, pleure, cité perfide
> ....
> De son amour pour toi, ton Dieu s'est dépouillé.
> Le Seigneur a détruit la Reine des cités ;
> Ses prêtres sont captifs, ses rois sont rejetés,
> Dieu ne veut plus qu'on vienne à ses solennités.
> Temple, renverse-toi ; cèdres, jetez des flammes.
> Jérusalem, objet de ma douleur,
> Quelle main en un jour t'a ravi tous tes charmes,
> Qui changera mes yeux en deux sources de larmes.
> Pour pleurer ton malheur ?

Mais nous allons maintenant commencer nos courses pieuses. Nous secouerons ce joug qui pèse sur l'âme comme un fardeau vengeur et allant jusqu'au cœur du divin maître, nous méditerons les richesses de son amour, la surabondance de ses miséricordes, la prodigalité infinie de ses bienfaits.

Après nos manifestations sur le mont des Oliviers, le jour de l'Ascension, après le triomphe décerné à la Croix, le vendredi 19 mai, après le saint Sacrifice offert aux pieds du Cénacle par 400 prêtres, le jour de la Pentecôte, la scène se transforme, la joie monte au cœur et il faut répéter le cri d'espérance du même poète et dire avec toute la force de notre invincible confiance :

> Quelle Jérusalem nouvelle
> Sort du fond du désert, brillante de clarté,
> Et porte sur le front une marque immortelle ?
> Peuples de la terre, chantez,
> Jérusalem renait plus charmante et plus belle :
> D'où lui viennent de tous côtés
> Ces enfants qu'en son sein elle n'a pas portés?
> Lève, Jérusalem, lève ta tête altière
> Regarde tous ces rois de ta gloire étonnés ;
> Les rois des nations, devant toi prosternés
> De tes pieds baisent la poussière.
> Les peuples à l'envi marchent à ta lumière.
> Heureux qui pour Sion d'une sainte ferveur
> Sentira son âme embrasée !

XIV

LA MESSE AU PATRIARCAT ET LA CROIX DU PÈLERIN.

Le dimanche 14 mai, une réunion générale eut lieu dans l'église patriarcale.

Le P. Picard dit la messe et donna la communion à une foule de pèlerins.

Le chant des cantiques, les sons de l'orgue retentirent sous les voûtes de l'édifice et donnèrent à l'âme des élans extraordinaires dans ces lieux mille fois bénis.

Le P. Picard parla avec une véhémente éloquence en s'inspirant des souvenirs de Jérusalem.

Entre autres choses, il recommanda instamment aux pèlerins de porter ostensiblement sur la poitrine la petite croix rouge du pèlerin.

Cette invitation, il la faisait officiellement au nom du gouverneur ottoman de la ville.

Le pacha tenait à faire savoir que la croix de pèlerin était notre meilleure sauvegarde au milieu de ces populations et un moyen certain d'obtenir le respect et de nous attirer des marques de sympathie.

Il avait raison. La croix imposa toujours le respect et nous valut souvent l'expression chaleureuse des sentiments les plus affectueux.

À l'ombre des principes de la liberté moderne, la croix du pèlerin expose le catholique de France à tous les outrages. En Orient et sous la loi du Croissant, elle est un palladium. Les infidèles ont plus le sens des choses que les rénégats.

On célébra ensuite la grand'messe à laquelle assista le patriarche.

Son excellence fit tous les honneurs aux pèlerins. Un prêtre français officia. L'orgue fut tenu par un pèlerin et le chant dirigé par un chœur de voix françaises.

Dans l'après-midi, j'allai visiter la mosquée d'Omar bâtie au sommet du Moriah sur l'emplacement du temple de Salomon.

Nous formions un petit groupe conduit par M. l'abbé Alaux, prêtre du diocèse de Tours.

Mais, je laisse pour le moment les impressions de cette visite et j'ai hâte de parler du Calvaire et du

St-Sépulcre, ces deux témoins des plus grandes scènes de notre Religion.

XV

LE CALVAIRE.

Le Calvaire ou Golgotha était une petite éminence au nord de Jérusalem. Il était en dehors de l'enceinte de la ville à environ 100 mètres de la porte judiciaire par laquelle on y arrivait.

Ce n'était pas une montagne, comme on pourrait le croire. C'était une simple élévation.

C'est là que les juifs crucifiaient les malfaiteurs parmi lesquels ces perfides comptèrent le Fils de Dieu.

Aussitôt que leur crime eut été consommé, se réalisa cette parole de N.-S J.-C :

« Lorsque j'aurai été exalté de terre, j'attirerai tout à moi. »

Ces paroles s'entendent du monde entier qui devait adorer sa divinité et acclamer sa royauté universelle.

Mais on peut aussi l'appliquer au Calvaire et au St-Sépulcre.

Aussitôt que les premiers disciples eurent été formés à l'amour du divin Maître, ils accoururent en pèlerinage aux lieux de la Passion et de la Résurrection.

Les évêques du monde entier encouragèrent ce concours. On y vint non seulement de tous les points de la Judée mais encore des contrées les plus éloignées.

Le paganisme voulut arrêter ces pieuses pérégrinations en profanant ce sol arrosé du sang divin.

Lorsque l'empereur Adrien eut enfermé le calvaire

dans l'enceinte de la ville, il y fit construire un temple.

Sur le Calvaire, il plaça la statue de Vénus ! sur le St-Sépulcre celle de Jupiter !

Il pensait que les Chrétiens oublieraient peu à peu le vrai Dieu et qu'ils arrêteraient leurs adorations à ces deux idoles.

Mais les fidèles ne se laissèrent jamais tromper. Ils se plaçaient à distance et de là ils priaient et adoraient le Dieu mort pour eux.

XVI

NOTIONS HISTORIQUES SUR LA BASILIQUE DU SAINT SÉPULCRE.

Vinrent enfin les temps nouveaux. Constantin reconnut à l'Eglise son existence sociale. Jérusalem, la première, ressentit les bienfaits de la foi du grand empereur.

Elle tressaillit entre toutes les villes du monde et vit s'accomplir cet oracle divin :

« Moi le seigneur, j'élèverai mon étendard vers les peuples; et les rois et les reines viendront pour t'orner. Ils t'adoreront et baiseront la poussière de tes pieds. »

Ste Hélène, mère de l'empereur Constantin, vérifia cette prophétie. Malgré ses quatre-vingts ans, elle vint visiter la Terre-Sainte, et combla de sa munificence les lieux sanctifiés par la vie de N.-S. J.-C.

Entre tous, le Calvaire et le St-Sépulcre attirèrent sa piété.

Son premier soin fut de détruire le temple païen qui les souillaient.

Elle fit dégager le Calvaire et le St-Sépulcre qui

avaient été couverts de terre, aplanis et pavés avec de grandes dalles.

Le Golgotha n'était pas séparé du St-Sépulcre auquel on arrivait par une pente douce.

Elle ordonna qu'on taillât le rocher de manière à isoler complètement le divin Tombeau.

Ensuite, elle ordonna la construction d'une magnifique basilique pour embrasser dans son enceinte tous les lieux de la Passion et de la Résurrection.

Constantin favorisa ce projet avec toute l'ardeur de sa piété. Il ouvrit sans calculer le trésor de ses richesses et demanda que le nouveau temple surpassât en beauté et en magnificence les plus beaux monuments de l'univers.

« Mandez-moi, écrivit-il au gouverneur de la province, quels marbres précieux et quelles colonnes vous désirez afin que je les y fasse porter. Si la voûte est ornée de lambris, mettez-y de l'or. »

Le grand empereur voulait que le nouveau temple surpassât ou au moins égalât le temple de Salomon

Six ans furent nécessaires pour la construction de cette basilique

La dédicace se fit en l'année 335, le 13 septembre. Les mémoires du temps ont conservé le souvenir des fêtes qui furent célébrées.

Constantin ordonna que tout fut fait avec la plus royale magnificence. Il se souvenait des fêtes de Salomon pour la consécration du temple, il voulut que les fêtes de la dédicace de la nouvelle basilique eussent autant de splendeurs.

Il y fit venir beaucoup d'évêques, auxquels il distribua les plus grandes largesses. Une foule immense accourut de partout.

La solennité dura huit jours. On en profita

pour instruire le peuple, pour prêcher, pour enseigner la doctrine chrétienne, pour sanctifier et convertir les multitudes.

En 614, Chosroès, roi de Perse, s'empara de Jérusalem et détruisit la basilique de Ste-Hélène.

Mais, l'évêque Modeste releva une partie de ces ruines. Au lieu d'une seule basilique, il construisit quatre sanctuaires séparés, à savoir : le St-Sépulcre, le Calvaire, l'Invention de la Ste-Croix, l'Eglise de la Ste-Vierge.

En 1010, le kalife Hakem détruisit ces monuments, mais il en permit la reconstruction dans la même année.

En 1048 la restauration était terminée. C'est à cette époque que se forma ce concours prodigieux de peuple qui amena le mouvement des Croisades.

L'histoire de l'Eglise nous apprend dans des pages inspirées par l'enthousiasme et la piété quel souffle surnaturel passa alors dans l'âme de la chrétienté et avec quel élan les fidèles allèrent visiter les saints-lieux.

« Au commencement du XIe siècle, dit le bénédictin Glaber dans sa *Chronique de France*, une multitude innombrable commença à se diriger vers le tombeau du Sauveur, à Jérusalem. Jamais on n'eut pu espérer voir un si grand nombre de pèlerins. Petit peuple, gens de moyenne condition, rois, comtes, prélats, nobles dames mêlées aux femmes pauvres, tous s'y rendaient en foule. »

Entre mille, je prends un exemple de cette affluence. Il est rapporté par Pierre Lambécius, savant allemand.

Dans l'automne de l'année 1064 sept mille pèlerins partirent d'Allemagne, sous la conduite de Sigeffroi, archevêque de Mayence.

Ils arrivèrent à Jérusalem après des fatigues inouïes, des privations de toute nature et des dangers sans nombre.

A leur entrée dans la Ville Sainte, le patriarche Sophrone alla au-devant d'eux et les accompagna à l'église du St-Sépulcre, au bruit des cymbales, des instruments de musique et au milieu d'un peuple immense.

Quoique le pèlerinage fut bien moins important, Jérusalem a donné le même spectacle au monde, huit siècles après.

Puissent les mille pèlerins de 1882, reçus avec les mêmes honneurs et le même empressement, avoir mérité, comme le méritèrent leurs devanciers, de rendre dans un avenir prochain la liberté à Jérusalem et à la Terre-Sainte.

En 1130, les sanctuaires reconstruits n'étaient pas encore réunis dans une même enceinte. Les croisés commencèrent ce travail cette année-là même.

Après l'expulsion des chrétiens, l'église fut pillée, dévastée, saccagée plusieurs fois, mais elle ne fut pas démolie.

C'est dans les mêmes murs que nous adorons le Christ mort et ressuscité pour nous.

En 1808, les grecs mirent le feu à la coupole afin de pouvoir la reconstruire et d'en être les seuls propriétaires. Ils réédifièrent aussi l'édicule du Saint-Sépulcre sous prétexte qu'il avait été dégradé par la chûte des décombres.

La coupole menaçant ruines, elle fut relevée en 1869 aux frais de la France, de la Russie et de la Turquie. Celle-ci n'ayant pas pu payer sa quote-part, la France acquitta sa dette.

Telle est l'histoire de cette basilique. Nous allons y

pénétrer maintenant, non pas pour en faire la description, mais pour signaler les sanctuaires principaux et en donner quelques notions historiques.

On aurait tort de croire que la basilique du Saint-Sépulcre est un bâtiment régulier comme le sont ordinairement nos cathédrales et qu'elle se présente au regard du visiteur, comme par exemple Saint-Pierre de Rome, avec la majesté de ses proportions et l'imposante beauté de son architecture.

La basilique du Saint-Sépulcre est plutôt une vaste enceinte, où l'on pénètre par une seule porte et qui couvre sous son toit inégal, plusieurs chapelles, plusieurs sanctuaires, plusieurs lieux vénérables et même plusieurs couvents, notamment celui des franciscains.

Donc, ce qui saisit surtout sous ces voûtes antiques, c'est la grandeur des souvenirs, c'est le mémorial vivant des scènes sublimes qui sanctifient cette enceinte depuis XIX siècles.

XVII

LE PARVIS — LES GARDES — LA PIERRE DE L'ONCTION.

On arrive au parvis par deux portes. L'une est située à l'Ouest et l'autre à l'Est. Il forme une petite place de 20 mètres de long sur tout autant de large et pavée avec de grandes dalles.

Des vendeurs y étendent des objets de piété sur des tapis. A droite et à gauche sont bâtis des établissements appartenant aux schismatiques grecs et arméniens et comprenant quelques sanctuaires remarquables surtout par les souvenirs qu'ils rappellent.

La façade de la basilique a un caractère assez imposant. Elle est irrégulière, son architecture est grecque ; quelques bas-reliefs, quelques colonnes, quelques chapiteaux l'ornent et ne manquent pas de mérite archéologique.

La basilique a une seule porte d'entrée. Il y en a bien une seconde, mais elle est murée.

A gauche en entrant est un divan sur lequel sont assis ou couchés deux turcs.

Au nom du gouvernement de Constantinople, ils ouvrent et ils ferment la porte de la basilique et ils prélèvent l'impôt que les chrétiens sont obligés de payer pour avoir le droit d'aller prier dans les sanctuaires.

La porte est fermée à certaines heures du jour. Le P. Custode a le droit de la faire ouvrir, mais dans ce cas, il est obligé de payer une surtaxe.

Les deux gardes sont à leur poste toute la journée. Là, ils prennent du café, fument la pipe, jouent, font la conversation, dorment, mangent, etc.

Le premier monument qui vous frappe en entrant, c'est la pierre de l'onction.

Le pieux pèlerin va vite s'y agenouiller et récite une prière pour gagner l'indulgence qui y est attachée. Il la baise ensuite.

Cette pierre est une pierre rouge ornée aux quatre angles d'une pomme dorée.

Au-dessus, dix lampes suspendues, appartenant aux différents rits brûlent nuit et jour. On y fait aussi brûler des cierges.

Cette pierre recouvre la pierre sur laquelle le corps de N.-S. J.-C. fut déposé après qu'il eut été descendu de la croix.

Joseph d'Arimathie l'ayant obtenu de Pilate, le porta en cet endroit et l'enveloppa avec les parfums que fournit Nicodême.

Au jour des solennités, le clergé des divers cultes s'arrête devant cette pierre en allant faire les offices et offre de l'encens en souvenir des parfums dont fut enveloppé le corps du Verbe incarné.

A quelques mètres de là, sur la gauche est une pierre ronde ; elle est surmontée d'une sorte de cage en fer.

J'appris que ce monument bizarre marquait l'emplacement où étaient les trois Maries et les saintes femmes pendant que le divin Maître subissait le supplice de la croix.

« Les amis de Jésus et les femmes qui l'avaient suivi de la Galilée étaient là, nous dit l'évangéliste, et regardaient de loin ce qui se passait. »

La distance est d'environ 30 mètres du lieu où était plantée la croix.

XVIII

LA CHAPELLE D'ADAM.

Avant de franchir la colonade et de pénétrer dans la rotonde pour aller au St-Sépulcre, nous prenons à droite, et nous visitons la chapelle d'Adam placée immédiatement sous le pied de la Croix.

C'était autrefois une grotte.

La tradition rapporte que Noë recueillit dans l'arche les ossements de notre premier père et qu'il les distribua ensuite à ses enfants.

Melchisédech eut la tête. Lorsqu'il eut fondé Salem (Jérusalem), il la déposa dans une excavation de la grotte. Elle y était encore à la mort de N.-S.-J.-C.

Lorsque le rocher se déchira à la suite du tremblement de terre qui secoua l'univers au moment de la mort du Dieu fait homme, la fente alla jusqu'à l'endroit où était le chef d'Adam, qui se trouva arrosé du sang du Rédempteur.

Cette pieuse et consolante tradition a pour elle Origène, St Augustin, St Ambroise, St Basile, St-Epiphane. Le Calvaire a pris son nom de cette circonstance : *kranion*, crâne, lieu du *crâne*, d'où *Calvaire*.

Une lampe éclaire l'emplacement occupé par la tête d'Adam. Par ce moyen, on voit très bien la fente du rocher. La lampe appartient aux grecs, qui l'entretiennent à leurs frais et la protègent par une grille en fer.

Un jour, un père franciscain faisait visiter cet emplacement à un certain nombre de pèlerins. Un grec les vit venir et aussitôt il éteignit furtivement la lampe. Les visiteurs se trouvèrent ainsi en face des ténèbres.

Je me souviens que le père franciscain qualifia ce procédé de la manière la plus énergique, et qu'il le fit de manière à être entendu de l'auteur de cette niche puérile, qui était un prêtre schismatique.

Dans cette même chapelle, se trouvait le tombeau des deux premiers rois de Jérusalem, Godefroy de Bouillon et Baudouin 1er.

Leurs cendres furent jetées au vent par les grecs. Ils détruisirent les deux tombeaux et mirent à leur place deux bancs en pierre.

Tout près est encore l'emplacement du tombeau de Melchisédech qui, d'après la tradition, n'est pas autre que Sem, fils de Noé, fondateur de Jérusalem.

Nous gravissons ensuite les 18 marches qui conduisent au Calvaire.

XIX

ÉTAT ACTUEL DU CALVAIRE—LE TROU DE LA VRAIE CROIX.

Si l'on veut se faire une idée du Calvaire, il faut se représenter la tribune d'une de nos vieilles églises.

Il est à 4 mètres 70 centimètres au-dessus du sol. L'escalier par lequel on y monte est étroit, rapide, glissant et obscur.

Le calvaire forme une église irrégulière. Elle a 15 mètres dans sa plus grande largeur. Le sol est en partie sur le rocher, en partie sur une voûte artificielle.

Des lampes nombreuses suspendues au plafond y répandent une mystérieuse lumière et sont les témoins de la foi des différents cultes qui les entretiennent.

L'autel principal est dressé sur l'emplacement occupé par la vraie croix. Quatre colonnettes le soutiennent. Un grand Christ en croix est placé derrière la table.

Cet autel appartient exclusivement aux grecs schismatiques. Les latins ne peuvent jamais y dire la messe.

Le dessous est vide. Ce vide permet de voir le trou creusé dans le rocher et dans lequel fut plantée la croix sur laquelle expira N.-S. J.-C.

Il a une profondeur de 25 à 30 centimètres. Le reste de la profondeur était creusé dans la terre qui était au-dessus.

Il est couvert d'une plaque d'argent à forme cylindrique. Cette plaque est percée au milieu et permet ainsi d'y introduire la main.

C'est en cet endroit que mourut le Sauveur du monde ayant la tête tournée du côté de l'Occident et les bras ouverts pour l'embrasser dans son infinie miséricorde.

Deux mètres en arrière étaient plantées les croix des deux larrons.

Une dalle noire marque la place de chacune. Celle du bon larron était à droite, l'autre était à gauche.

Outre cet autel qui est l'autel principal, il y a l'autel du *Stabat* ou de la *Compassion*. C'est là qu'était la sainte Vierge, lorsqu'après la descente de la croix, elle reçut le corps de son divin fils. Cet autel appartient aux latins et repose sur le vrai rocher du Calvaire.

Tout près est la chapelle du crucifiement. L'autel est établi sur la voute artificielle.

Une mosaïque marque l'endroit précis où le divin Maître fut cloué à la Croix.

Une autre mosaïque placée près de l'escalier indique l'endroit où il fut dépouillé de ses vêtements.

Il y a enfin la chapelle de *N.-D. des sept douleurs*. A cette place était debout la Vierge Marie avec St-Jean, le disciple de la prédilection.

La Mère de Dieu y soutint les dernières luttes de de son martyre et c'est là qu'elle éprouva cette douleur qui fut grande comme l'Océan, nous dit le prophète.

XX

LA FENTE DU ROCHER.

On ne descend pas du calvaire sans soulever une plaque mobile d'argent et sans examiner la fente du rocher qui se déchira lorsque N.-S. J.-C. rendit le dernier soupir.

Ce qui se voit de cette fente miraculeuse mesure 1

mètre 60 centimètres de long et a 15 centimètres de large.

« Les angles saillants de cette fissure, dit le frère Liévin, correspondent aux angles rentrants, de sorte que s'il était possible de rapprocher les deux parties séparées, ces angles se rejoindraient en s'adaptant parfaitement les uns dans les autres. »

Les savants se sont épuisés pour expliquer la manière dont a pu se produire cette fente. Tous sont forcés d'avouer qu'elle n'a pu être faite par un déchirement naturel.

Lorsque ce phénomène se produisit Denys l'Aréopagite qui fut plus tard le premier évêque de Paris vivait à Athènes et était un des plus grands savants de son époque.

Voyant l'éclipse de soleil qui couvrit la terre, et ayant ressenti les secousses de ce tremblement qui secoua les profondeurs des abîmes, il dit :

« Ou le Dieu de la nature souffre, ou le monde se dissout. »

XXI

ÉMOTION DE L'AME SUR LE CALVAIRE.

Tel est le Calvaire. Il est facile de comprendre les émotions que l'âme ressent, sur le théâtre même de la passion.

Ce drame divin se présente à votre esprit avec toutes ses douleurs.

Le Dieu fait homme suspendu au gibet domine la scène de toute la hauteur de sa divinité.

A ses côtés, s'agitent les deux compagnons de son supplice. Le mauvais larron blasphème ; le bon larron se repent et prie.

Tout près, la Vierge Marie verse les larmes inénarrables de son martyre. St-Jean, l'apôtre de l'amour soutient la Mère de Dieu et contemple son Maître.

La populace, affolée remplit l'air de cris tumultueux, de blasphèmes, d'insultes, de menaces. Ses vociférations sont une image du désordre de l'enfer.

Au-dessus de cette agitation de la terre, les éléments se troublent, le soleil se cache. Depuis midi jusqu'à trois heures les ténèbres enveloppent toute la création, le sol tremble, les tombeaux s'entr'ouvrent, les morts ressuscitent.

Cependant, quelques traits de lumière percent cette nuit lugubre. N.-S. J.-C. prononce des paroles que tous les siècles répèteront et qui donneront la vie aux âmes.

Comme toujours se trouvent là des cœurs droits, des caractères francs. Parmi eux est le centurion qui, au nom de César, maintient l'ordre dans cette foule délirante. Il ne peut contenir son émotion. Soudain, il rend hommage à la vérité et s'écrie avec la loyauté spontanée de son cœur de soldat :

« Je vous le dis, celui-là est vraiment le fils de Dieu. »

Lorsque tout est consommé, la foule se retire bouleversée se frappant la poitrine et portant déjà gravée sur le front la tache de sang qui ne s'effacera plus.

La sainte Vierge demeure à son poste. Elle reçoit entre ses bras le corps inanimé de son fils divin.

XXII

LA ROTONDE. — L'ÉDICULE DU SAINT SÉPULCRE. — LA BASILIQUE DES GRECS.

Comme je l'ai dit, Joseph d'Arimathie l'enveloppa

de parfums et le fit déposer dans un tombeau qu'il avait fait creuser pour lui-même et qui était placé dans son jardin situé entre la ville et le calvaire.

Autrefois comme aujourd'hui, les juifs se réservaient leur tombeau dans une de leur propriété.

Transportons-nous à ce tombeau. Il est à environ quarante mètres du calvaire.

Après en avoir descendu l'escalier, on passe à travers la colonade et on se trouve dans la rotonde au milieu de laquelle est le St-Sépulcre.

Cette rotonde a 19 mètres de diamètre. Elle est entourée de 18 piliers qui soutiennent deux galeries superposées et composées chacune de 18 arcades.

La propriété des galeries et des arcades est disputée par les différents cultes. Il y a une partie sur laquelle on ne s'est pas encore entendu.

Un dôme qui se voit au loin et que le pèlerin salue avec amour couvre ce tombeau d'où est sortie la vie.

Le St-Sépulcre est au centre. Il est revêtu d'un édicule en marbre qui appartient aux grecs.

Je l'ai déjà dit, du calvaire on arrivait à ce tombeau par une pente douce. Pour aplanir le sol, Ste Hélène fit tailler le rocher et enlever la terre. Elle ne toucha pas à l'intérieur des chambres. Mais à l'extérieur, elle fit réduire le rocher le plus possible.

Lorsqu'on y entre, on pénètre d'abord dans la chapelle de l'ange. Elle sert de vestibule à la Chambre mortuaire. La longueur est de 3 mètres 45 centimètres et la largeur de 2 mètres 90 centimètres.

Au milieu s'élève une petite colonne revêtue de marbre. C'est une partie de la pierre qui fermait le St-Sépulcre.

C'est sur cette pierre qu'était placé l'ange lorsque les saintes femmes vinrent visiter le tombeau et qu'il leur dit du milieu de la splendeur lumineuse qui rayonnait de sa tunique éclatante comme la neige :

« Ne craignez pas. Vous cherchez Jésus de Nazareth. Il est ressuscité. Il n'est plus ici. Voilà l'endroit où Il avait été déposé. »

Quinze lampes éclairent ce petit vestibule.

De là, on pénètre dans la chambre mortuaire par une porte très basse.

La place où fut déposé N.-S. J.-C. a la forme d'un banc, un peu creusé et en saillie dans la petite chambre qui forme une chapelle ayant 2 mètres 7 centimètres de long et 1 mètre 93 de large. La chambre et le tombeau sont plaqués de marbre. Si on enlevait ces marbres on verrait le St-Sépulcre, tel qu'il était lorsque N.-S. J.-C. y reposa.

Les Pères franciscains ayant fait reconstruire le revêtement du St-Sépulcre en 1555 en firent la reconnaissance dont ils dressèrent procès-verbal.

« Le Sépulcre de N.-S., dit le P. de Raguse, custode à cette époque, s'offrit à découvert à nos yeux tel qu'il avait été taillé dans le roc. Nous vîmes à découvert ce lieu ineffable où N.-S. reposa pendant trois jours. On distinguait encore, dans tous ses contours, des traces du sang de notre Sauveur mêlé à l'onguent qui avait servi à l'embaumer. »

43 lampes brûlent nuit et jour dans ce saint lieu et comme toujours appartiennent aux diverses communions.

Trois ou quatre personnes le remplissent. C'est là surtout que les prières sont profondes et que l'on apprécie le mieux les bienfaits de la Résurrection et les mystères de la Rédemption qui ont rendu à nos âmes les lumières surnaturelles obscurcies par le péché d'origine.

C'est là qu'on aime à aller s'agenouiller de préférence pendant le pèlerinage de la Ville Sainte et que le cœur aime à entendre les leçons du divin Sauveur.

Le rocher comprenant ces deux chambres en tout semblables aux tombeaux que font même aujourd'hui creuser les juifs est enfermé dans un édicule qui ressemble à un catafalque isolé au milieu de la rotonde.

Il a été reconstruit en 1808 par les grecs. Ils achetèrent au gouvernement turc le droit de cette reconstruction afin de devenir propriétaires du St-Sépulcre au détriment des latins qui l'avaient été jusque-là.

L'édicule est élevé au-dessus du sol de 40 centimètres. Il mesure 8 mètres 25 centimètres de long sur 5 mètres 55 centimètres de large. Il a 5 mètres 50 centimètres de haut.

Il se termine par un petit dôme. La façade est tournée du côté de l'Orient. Elle est ornée de quatre colonnes.

Cette construction est de mauvais goût. En nous la montrant le guide nous dit, de façon à être entendu : « Voilà la vilenie que les Grecs ont fait élever en 1808. »

En face se trouve la basilique des Grecs non unis. C'était au moyen âge le chœur des chanoines latins du St-Sépulcre.

Elle est couverte d'ornementations bruyantes où l'on a prodigué les peintures d'or et d'argent.

Un hémisphère placé non loin de la porte d'entrée frappe particulièrement l'attention. La légende veut que la place qu'il occupe soit le centre du monde en conformité de cette parole du prophète :

« Dieu qui est notre roi a opéré notre salut au milieu de la terre. »

XXIII

LE DIVIN MAITRE DANS LE TOMBEAU.

Avant de poursuivre l'indication des autres lieux célèbres vénérés sous la coupole du St-Sépulcre, je vais dire ce qui se passa depuis le moment où Notre-Seigneur Jésus-Christ rendit le dernier soupir jusqu'à sa résurrection glorieuse.

Sa mort arriva à trois heures le vendredi, et le sabbat commençait à six heures du même jour.

A partir de cette heure, toute œuvre servile étant absolument prohibée par la loi, on dut remettre l'embaumement de la sainte Victime au lendemain du sabbat.

Ce retard fut nécessité par les démarches de Joseph d'Arimathie auprès de Pilate et par les soins qu'exigeait cette délicate opération qu'il était impossible de terminer dans l'espace de trois heures.

On se borna donc à envelopper le corps dans les parfums au poids de cent livres apportés par Nicodème et à le lier dans un suaire placé autour de la tête et dans deux linceuls.

Après que le sabbat fut passé, c'est-à-dire à six heures du soir, les saintes femmes Marie-Madeleine, Marie, mère de Jacques, et Salomé, achetèrent des parfums afin d'embaumer Notre-Seigneur Jésus-Christ dès la première heure du jour, le lendemain qui correspond au dimanche chrétien.

Ni elles, ni les disciples ne pensaient à la prédiction par laquelle il avait annoncé sa résurrection. Les juifs cependant ne l'avaient pas oubliée, puisqu'ils demandèrent au gouverneur romain de désigner une garde pour veiller sur le sépulcre. Ce qui fut accordé.

Les saintes femmes s'y rendirent donc au lever du soleil et l'on sait que pendant la route, elles étaient soucieuses comment elles rouleraient la pierre qui fermait le tombeau. Car cette pierre était très grande, nous dit l'Évangile. De plus, elle portait les sceaux de l'empire.

XXIV

RÉSURRECTION ET PREMIÈRE APPARITION DE N.-S. J.-C.

Mais déjà, le fils de Dieu était sorti vivant et glorieux des étreintes de la mort.

Un tremblement de terre s'était fait sentir ; les gardes avaient été renversés et terrifiés ; un ange était descendu du ciel et avait roulé la pierre.

Lorsque ces pieuses femmes arrivèrent, elles furent saisies de frayeur et de tremblement. Mais l'ange les rassura. Elles allèrent avertir les disciples.

Pierre, le disciple de la foi, et Jean, le disciple de l'amour accoururent.

Jean arriva le premier, mais n'entra pas dans le sépulcre. Pierre venant après y pénétra. Il vit le tombeau vide, le suaire d'un côté et les linceuls de l'autre.

Ils s'en retournèrent croyant que le corps avait été enlevé.

Pendant ce temps, le divin Maître apparut à sa sainte Mère. Marie n'avait pas voulu quitter le jardin d'Arimathie et se tenait aussi près que possible du tombeau pour prier et pour attendre la résurrection, car seule, elle était persuadée que cet événement aurait lieu.

XXV

CHAPELLE DE LA SAINTE VIERGE. — L'ÉPÉE DE GODEFROY DE BOUILLON.

A la place de cette apparition est bâtie une petite chapelle appartenant exclusivement aux franciscains. C'est là qu'ils célèbrent leurs offices et qu'ils conservent le St-Sacrement.

Il y a trois autels juxtaposés, le premier est dédié à la Ste Vierge. Celui du côté de l'Evangile est l'autel des reliques. On y vénérait autrefois un morceau de la vraie croix. Ce précieux dépôt a été ravi aux franciscains.

L'autel du côté de l'Epître est l'autel de la colonne de la flagellation. Là se trouve derrière deux grilles de fer une partie de la colonne à laquelle N.-S. J.-C. fut attaché au prétoire et puis flagellé.

Il y a sur l'autel un petit bâton avec lequel on atteint la colonne. On baise le bout et on gagne une indulgence partielle.

En quittant cette chapelle, on descend quatre degrés. Sous une voûte où plafond bas servant de passage se trouve à droite l'orgue des latins.

A gauche est la porte de la sacristie. L'épée de Godefroy de Bouillon y est religieusement conservée. Le pèlerin français la salue avec fierté. Car elle est près du tombeau divin le témoin de la vaillance et de l'honneur de la fille aînée de l'Eglise. Elle semble frémir dans le fourreau et attendre avec impatience que retentisse de nouveau notre vieux cri de guerre : « Vive le Christ qui aime les Francs ! »

XXVI

AUTEL DE SAINTE MARIE-MADELEINE.

En sortant et à quelques pas est le modeste autel dédié à Ste Marie-Madeleine.

Quelques mètres plus loin, près de la colonade de la coupole se voit une mosaïque. Elle désigne la pierre où N.-S. J.-C. apparut à Marie-Madeleine.

Après être retournée avec les disciples à qui elle était allée annoncer l'enlèvement du divin Maître, elle revint avec eux.

Mais elle resta, lorsque ceux-ci furent partis.

Madeleine pleurait et se lamentait. Elle avança plus près du Sépulcre et vit deux anges vêtus de blancs, l'un se tenant à la tête et l'autre aux pieds de l'endroit où avait été mis le divin Jésus.

Ayant détourné la tête, elle vit quelqu'un qu'elle prit tout d'abord pour le jardinier.

Jésus lui dit :

« Femme pourquoi pleurez-vous ? »

« Je pleure, répondit Madeleine, parce qu'on a enlevé mon Maître ; si c'est vous, dites-moi où vous l'avez mis. »

Jésus lui dit : « Marie ! »

Madeleine reconnut son Maître et s'écria : « Maître ! Maître ! »

Le Maître lui dit : « Allez à mes frères et dites-leur : « Je monte vers mon père et votre père, vers » mon Dieu et votre Dieu. »

Marie-Madeleine s'en alla toute joyeuse en disant partout : « J'ai vu le Seigneur. »

XXVII

LA PRISON DE N.-S. J.-C. — CHAPELLE DE SAINT-LONGIN.
DE LA DIVISION DES VÊTEMENTS.

En quittant cette place dont la scène qu'elle rappelle réveille toutes les joies de la Résurrection et en suivant à l'extérieur le chœur des grecs, on arrive par deux degrés dans une chapelle sombre.

C'est la prison de N.-S. J.-C. Là, il fut enfermé avec les deux larrons pendant qu'on faisait les apprêts du supplice. Cette chapelle ou plutôt cette grotte appartient aux grecs et a gardé tout l'air d'un cachot.

A quelques pas derrière une grille, et dans une profondeur éclairée par une lampe est une pierre appelée *pierre de la prison*. Jésus y a eu les deux pieds attachés.

Un peu plus loin, sous la voûte du chœur des grecs est la chapelle de saint Longin. Saint Longin est le soldat qui perça le cœur de Jésus et qui après avoir été guéri d'un mal d'yeux par le sang du Christ confessa sa divinité.

Au fond de l'abside et toujours en un endroit obscur est la chapelle de la *division des vêtements*. C'est là que le divin Maître fut dépouillé de ses vêtements.

XXVIII

CHAPELLE DE STE HÉLÈNE. — CHAPELLE DE L'INVENTION
DE LA SAINTE-CROIX.

A quelques pas, se trouve un escalier de 26 degrés qui conduit à la chapelle de Sainte-Hélène.

Elle est ainsi appelée parce que c'est là que la mère de Constantin se tenait en prière pendant qu'on cherchait la vraie Croix.

Cette pieuse impératrice la fit bâtir après l'Invention de la vraie Croix. Elle fut démolie, pendant le sac de la ville par Chosroës, reconstruite et modifiée par Modeste, évêque de Jérusalem. Une coupole la surmonte. Elle est bâtie en partie dans le roc et a la forme à peu près carrée.

En descendant un autre escalier qui part de cette chapelle et a 13 marches on pénètre dans la chapelle de l'Invention de la Sainte-Croix. Elle est au fond d'une vieille citerne taillée dans le roc du calvaire. Elle a environ 7 mètres de long et possède un autel. Elle appartient aux Franciscains.

C'est là, dans cette citerne abandonnée que la Croix du Rédempteur a passé plus de 300 ans.

Aussitôt après la mort du fils de Dieu, les juifs pour ne pas se rendre impurs durent rejeter au loin la Croix et les instruments de la passion. La loi le leur imposait. Ils les jetèrent en cet endroit et ils furent couverts de toute sorte de décombres.

Après que le Labarum eut paru dans le ciel et que Constantin vainqueur de ses ennemis eut reconnu à l'Eglise son existence sociale, sainte Hélène, sa mère, reçut en songe l'ordre de se rendre à Jérusalem pour chercher la vraie Croix.

Docile à cette voix venue d'en haut, Hélène entreprit le dangereux voyage malgré ses quatre-vingts ans et les innombrables difficultés des chemins.

Les témoignages des vieillards lui apprirent l'endroit où était la vraie croix avec celles des deux larrons et les instruments de la passion.

On trouva d'abord le titre séparé de la croix, et uis les trois croix.

Mais quelle était la croix du Sauveur ? Pour le savoir, on les appliqua séparément sur un malade. Au contact de la vraie croix, le malade fut rendu à la santé. Quelques jours après, on l'approcha sur d'une morte, elle fut ressuscitée.

Les deux chapelles que nous venons de visiter rappellent cet évènement.

A partir de ce jour, Constantin ordonna que la croix ne servirait plus au supplice des criminels.

La mort de Dieu l'avait transfigurée et au lieu d'être un signe de mort, elle était désormais le symbole de la vie, de l'honneur.

Et depuis l'Eglise se prosternant en adoration à ses pieds chante à toutes les heures du jour :

« Voilà la croix, c'est l'arbre le seul glorieux entre tous, c'est la croix toute brillante d'une surhumaine beauté, c'est en elle seule qu'est notre gloire, car en elle est notre noblesse, notre salut, notre résurrection. »

Chosroès, roi de Perse, saccagea Jérusalem en 614. Il s'empara de la vraie croix et l'emporta dans son royaume.

Quatorze ans après, Héraclius, empereur des romains, triompha du fils de Chosroès. Lorsqu'il conclut la paix, il mit pour première condition que la vraie Croix serait restituée.

Héraclius la rapporta à Rome en grande pompe.

Lui-même revêtu des insignes royaux l'apportait sur ses épaules. Mais arrivé aux portes de la ville, il fut arrêté par un obstacle surhumain et ne put avancer malgré ses efforts. L'étonnement et l'effroi saisirent la foule.

Zacharie, évêque de Jérusalem, devina les desseins de Dieu, il s'avança vers le prince et lui dit :

« O empereur, cet appareil royal ne convient pas à la pauvreté et à l'humilité de N.-S. J.-C. »

Héraclius, comprit et comme autrefois David en présence de l'arche, il ôta sa chaussure et se revêtit de vêtements modestes.

Il put dès lors avancer et apporter la croix jusqu'au Calvaire où le Roi immortel des siècles l'avait lui-même portée.

Jérusalem n'a pas conservé ce précieux trésor. Les tempêtes et les Révolutions l'ont dispersé aux quatre vents du ciel.

Rome possède la plus grande partie de ce qui reste Le pèlerin, lorsqu'il va visiter la Ville-Eternelle, se fait une joie et un devoir d'aller prier dans la basilique de Ste-Croix en Jérusalem.

Là, on vénère un morceau insigne de la vraie Croix, la majeure partie du titre portant l'inscription: J. N. R. J. que fit graver Pilate, deux épines de la Ste-Couronne, un des clous de la crucifixion et la traverse de la croix du bon larron.

La terre qui forme la première couche de cette chapelle a été portée du Calvaire par ordre de Ste Hélène.

Nous avons baisé ce sol sacré en 1877 et nous étions loin de penser alors que nous irions bientôt après adorer le Sauveur des hommes aux lieux mêmes où il a opéré la Rédemption.

XXXI

LA COLONNE DES OPPROBRES. — LA PROCESSION QUOTIDIENNE.

Après avoir remonté les 26 marches de cette chapelle on arrive à la colonne des Opprobres.

N.-S. J.-C. était assis sur cette colonne lorsqu'il fut couronné d'épines et couvert d'injures.

Ce qu'on vénère est un bloc de granit de 50 centimètres de haut. Il fut porté du palais de Pilate.

Nous bornons là l'indication des lieux les plus célèbres enfermés dans l'enceinte du St-Sépulcre.

Je ne parle pas des offices, des cérémonies et des fêtes que les latins célèbrent dans la basilique ou aux autres sanctuaires.

J'indiquerai seulement la procession que les franciscains font chaque jour.

La piété trouve à cet exercice un pieux aliment. Et ce n'est pas sans une grande émotion que l'on participe aux prières qui s'y chantent et qu'en repassant le mémorial des grands événements de la passion et de la résurrection on baise le sol au moment où se chantent ces paroles : « C'est Ici que s'est opéré le mystère. »

Outre l'avantage de relever la dévotion, cet exercice en a un autre qui pour être moins élevé a cependant une importance capitale. En visitant chaque jour ces lieux, chacun peut constater qu'ils n'ont pas subi d'altérations, ni de modifications qui pourraient furtivement être introduites par les différentes sectes.

Cette surveillance mutuelle perpétue la tradition et maintient l'exacte fidélité des lieux, où il ne peut être fait aucun changement, sans que les réclamations soient portées à qui de droit.

On se réunit à quatres heures du soir. Aussitôt qu'il vous aperçoit, le sacristain vous remet un petit cierge en bougie que vous tenez allumé pendant tout le temps de l'office et que vous prenez ensuite avec vous.

Le cortège se rend successivement en chantant à

la colonne de la flagellation, à la prison, au lieu de partage des vêtements, à la chapelle de l'Invention de la Sainte-Croix, à celle de sainte Hélène, à la colonne du couronnement et des impropères, au lieu de la crucifixion, à l'endroit où la Croix fut plantée.

A ce moment le chœur redouble ses chants :

« Ici, l'agneau est élevé sur la croix pour le sacrifice suprême ; Ici, la douce victime a été couverte de blessures. Le sang coule. Mais aussi, la terre, la mer, le ciel, le monde sont purifiés.

» O Christ, nous vous adorons et nous vous bénissons. » L'assistance baise la terre en disant ces dernières paroles.

On descend ensuite à la pierre de l'Onction où se prodiguent l'encens et les parfums et on se rend de là au St-Sépulcre.

Ici, ce ne sont plus ni les tristesses, ni les lamentations, ni les déchirements de la douleur, c'est le triomphe qui éclate par des hymnes d'allégresse : « Le Christ sort du tombeau ; il est revenu du fond des abîmes ; le prince des ténèbres est enchaîné. Le ciel est ouvert ; le Seigneur ressuscité s'est levé de ce sépulcre, réjouissons-nous, réjouissons-nous, *alleluia ! alleluia !* »

La station suivante est à la place où le divin Maître apparut à Marie-Madeleine.

Enfin la dernière halte se fait dans la chapelle de l'apparition.

Aussitôt qu'on y arrive, l'orgue raisonne et on entonne les litanies de la Ste-Vierge. Puis le chœur multiplie ses chants de joie et les acclamations de son amour dont chaque parole est suivie de ce cri de bonheur : « Il est ressuscité comme il l'a dit, *alleluia.* »

Le salut du St-Sacrement sert de couronnement à cette pieuse cérémonie l'une des plus belles et des plus touchantes parmi toutes celles qui se célèbrent sous la coupole.

Avec quel amour on s'incline sous l'ostensoir qui porte le Dieu qui bénit !

En présence du St-Sacrement c'est l'espérance, c'est la joie. c'est la résurrection.

C'est alors qu'on comprend que la vie se trouve sous ces voûtes; car partout ailleurs, on éprouve l'impression de la souffrance, de la douleur, de la mort.

XXXII

JOIES ET TRISTESSES AU ST-SÉPULCRE

Le St-Sépulcre est donc comme le cœur qui concentre à Jérusalem toutes les affections et tous les recueillements.

C'est là principalement que se puisent les forces, les consolations, la confiance.

Pour ma part, je n'ai pas laissé passer un seul jour sans aller y prier une fois ou deux. Et j'y ai trouvé chaque fois un renouvellement de vie, de jouissance, de paix.

Aussi le temps m'a paru court dans la Ville Sainte et je n'y ai pas connu les ennuis, les isolements qui en ont fatigué tant d'autres.

Mais, à côté de ces dilatations de l'âme, je l'ai répété plusieurs fois, il y a les inévitables tristesses. A Jérusalem, elles ne vous abandonnent jamais complètement. Partout, la justice, le châtiment réclament un tribut.

Au St-Sépulcre, c'est peut-être plus sensible qu'en aucun autre endroit de la cité déicide.

Là principalement se trouve le signe de la contradiction, *signum cui contradicetur*, prédit par le prophète.

Là, tous les cultes, toutes les sectes, tous les schismes prétendent à des droits. Tous en exigent l'exercice avec une intraitable rigueur. Ils ont sans cesse entre les mains le titre diplomatique qui les établit. Presque toujours de la part des dissidents, la ruse, l'astuce, l'argent sont les interprètes les mieux écoutés et souvent les plus officiels. Depuis l'apostasie de la France, les latins sont ordinairement les victimes.

Aussi que d'étonnements auprès de ces lieux sacrés !

Vous arrivez à la porte de la basilique. Deux geoliers, deux turcs en tiennent la clé. Elle ne s'ouvre que par leur volonté et moyennant finances.

Pour aller adorer sur le théâtre des plus grands mystères de notre Religion, il faut payer l'impôt à l'infidèle.

Vous pénétrez dans l'enceinte. Vous voyez, faisant successivement les offices sur les mêmes autels, le catholique, le grec, l'arménien, l'assyrien, le cophte. Ils se surveillent mutuellement, s'observent avec envie, se disputent aussitôt que la limite des droits parait outre-passée par l'un d'eux.

Le nombre d'heures est strictement déterminé pour chaque culte. Et si un écart de quelques minutes vient à être constaté, c'est une affaire diplomatique dans laquelle interviennent le consul respectif des nationalités et les autorités ottomanes.

Les offices se font plus d'une fois simultanément

aux divers autels de la basilique. C'est alors surtout que la confusion a quelque chose d'inouï.

Pendant que les latins chantent l'office dans leur chapelle, les grecs chantent au calvaire.

Lorsque votre attention est appelée vers ces divers endroits, vos oreilles sont frappées par des cris qui s'élèvent des profondeurs de l'édifice.

Ce sont les Abyssiniens ou autres qui font une procession à *l'invention de la Croix*.

Lorsque l'orgue des latins joue, il n'est pas rare que les grecs affectent de frapper sur une sorte d'instrument des plus désagréablement bruyant.

Il ne faut pas parler de l'harmonie du chant.

Le chant des latins est grave, digne, convenable.

Mais celui des grecs, celui des Abyssiniens, des Syriens et des autres, c'est inimaginable.

Ce sont des glapissements, des cris nazillards, des sons plaintifs, des gémissements, dont rien ne donne l'idée.

Mais ce que j'ai vu de plus extraordinaire, c'est un office fait par les Cophtes.

Je n'ai pas encore eu l'occasion de dire que cette secte possède une petite chapelle au nord de l'édicule.

Elle est ajoutée au monument comme une sorte de confessionnal. Elle est très simple et a un autel.

Des cris confus nous attirèrent un jour vers cet endroit.

Autour de cet autel, j'aperçus une couronne d'enfants de dix à treize ans peut-être. Ils lisaient dans un livre et s'égosillaient à répéter des prières dans leur langue.

Tantôt ils étaient tournés du côté de l'autel qu'un

de leurs prêtres encensa pendant un temps indéfini. Tantôt, ils se tournaient vers un autre dignitaire qui était placé devant un pupitre dans une espèce de niche pratiquée dans la colonnade.

Je crus de prime abord que c'était un maître d'école qui faisait épeler péniblement la leçon par ses élèves. Quelque peu sérieux qu'ils nous parussent, ils avaient cependant, eux, l'air tout pénétré de la fonction qu'ils remplissaient. Il faut ajouter que leur costume était tout en guenilles. Nous nous retirâmes avec pitié.

En dehors des divers offices, c'est à toutes les heures du jour un va-et-vient continuel qui amène auprès du tombeau divin les représentants du monde entier venant adorer Jésus-Christ.

Cette rencontre et cette lutte de la vérité et de l'erreur ont sans doute leur côté triste et désolant. Mais cependant ces affirmations et ces négations se résument dans un concert qui aboutit à ce chant d'unité : « Le Seigneur est vraiment ressuscité ici, *surrexit Dominus verè.* »

XXXIII

ÉGLISE DE LA FLAGELLATION. — ST-SAUVEUR.

Le lundi 15 mai, j'allai de grand matin à l'église de la Flagellation pour dire la messe.

Elle est tenue par les franciscains et on y pénètre par une porte très basse.

Ce modeste édifice reconstruit en 1838 n'a rien de remarquable. Il n'est quelque chose que par la grandeur des souvenirs.

C'est là que N.-S. J.-C. fut flagellé par ses bourreaux et que le sang coulant de son corps sacré arrosa le sol.

Cette église a traversé diverses vicissitudes. Mais en 1838, elle fut rendue aux franciscains qui la firent reconstruire. Elle a une demi obscurité et porte bien à la douleur. Elle est située à 40 mètres environ de l'endroit où était le prétoire.

Je passai le reste de la matinée au St-Sépulcre où je me joignis à un groupe de pèlerins conduits par un père franciscain qui faisait visiter la basilique. Plusieurs visites sont nécessaires pour avoir une idée exacte du plan et de la disposition de l'édifice.

Ce père était français et ses récits étaient semés de sel gaulois, surtout s'il racontait une anecdote où les grecs étaient mêlés.

Dans l'après-midi, je visitai le couvent de *St-Sauveur* appartenant aux franciscains depuis 1559. Il fut bâti au Ve siècle. Il a subi plusieurs modifications et peut loger 50 religieux.

C'est là que réside le Révérendissime père Custode dans un appartement très bien tenu.

Ce vénérable religieux, doué d'une belle intelligence vous fait un accueil gracieux, plein de cœur, de bonté, de sympathie. Il cause avec une parfaite connaissance de la question des lieux-saints.

Il voulut que chaque pèlerin en quittant la terre sainte eut un souvenir de lui. Il nous fit remettre une image à laquelle a été attaché un fragment de pierre de tous les endroits vénérés de Jérusalem. Il y a fait graver ce simple mot : « Souvenez-vous de Jérusalem, *memento Jerusalem*. »

Sous les voûtes sombres de cet établissement se trouve l'église paroissiale des latins. Elle est petite, écrasée, sans beaucoup de jour.

Elle possède cependant de précieux privilèges, car lorsque les franciscains perdirent le cénacle en 1551, les papes rapportèrent aux autels de cette église les indulgences attachées aux autels du cénacle.

Là, se trouvent une école de garçons, une imprimerie, des ateliers pour de jeunes apprentis et un magasin d'objets de piété.

XXXIV

COUVENT DE ST-JOSEPH DE L'APPARITION.

Nous allâmes ensuite au couvent de St-Joseph de l'apparition.

La supérieure générale de cette congrégation est aveyronnaise. Elle est originaire de St-Affrique et s'appelle la sœur Euphrasie, née Maraval. Elle se trouvait à Jérusalem à cette époque.

La supérieure locale, la sœur Germaine, née Audouard, est aussi aveyronnaise, originaire de Réquista.

La communauté de Jérusalem est très intéressante. On y élève de petites filles, très intelligentes et très aptes pour les travaux auxquels on les destine.

Ces bonnes sœurs nous racontèrent leurs pieuses et saintes industries pour le bien de ces populations. Elles font la classe, soignent les malades en ville, visitent les pauvres. Lorsque la prudence le commande, elles font entendre les vérités du salut, elles peuvent quelquefois administrer le baptême à de petits enfants en danger de mort.

Avec l'amour de Dieu et de l'Eglise, ces saintes filles apprennent l'amour de la France. Les sœurs de St-Joseph furent appelées à ce poste par Mgr Valerga.

XXXV

STE-ANNE. — LE GOUVERNEMENT IMPÉRIAL.

Le pèlerinage se réunit le soir à Ste-Anne pour le mois de Marie qui fut prêché par le P. Mathieu. Dans son allocution, l'éloquent Dominicain laissa paraître tout son cœur, son amour, car il parlait à l'endroit même de la maison où a été conçue et où est née Marie, la Vierge Immaculée. Les chants eurent de l'entrain et de l'enthousiasme.

St-Anne est un établissement appelé à prendre de grands développements.

Depuis 1878, il est dirigé par les RR. PP. de Notre-Dame d'Afrique fondés par son Eminence le cardinal Lavigerie, archevêque d'Alger.

Sa Sainteté Léon XIII vient de convertir tout récemment cette maison en séminaire où sont élevés de jeunes enfants indigènes appartenant aux grecs-unis et destinés dans la pensée du saint-père à devenir les apôtres de leur pays.

Cette sollicitude du Pape est une preuve de son grand zèle pour diriger le mouvement qui porte les peuples de l'Orient vers l'unité catholique.

Ils étaient à l'époque du pèlerinage de 25 à 30. J'apprends à l'instant que ce nombre s'est élevé à 100. Il faut avoir été en contact avec ces enfants pour se faire une idée de leur physionomie ouverte, intelligente, expansive.

Voilà encore un foyer d'où rayonnera dans ces régions l'amour de la patrie française.

Cet édifice est le seul qui nous ait été donné à la suite de la guerre d'Orient.

Cette guerre entreprise par la France eût en partie pour prétexte la question des Lieux-Saints.

Après les éclatants succès de nos armées, un gounement soucieux des intérêts religieux aurait donné dans la Terre-Sainte la prépondérance aux catholiques. Les turcs nous devaient toute leur reconnaissance. Les russes étaient vaincus. La France aimée et respectée n'avait qu'à parler.

A sa voix le schisme et l'hérésie auraient été réduits au simple privilège de la tolérance.

Alors aurait cessé ce scandale qui afflige et attriste, et rend la piété témoin de ces spectacles sans nom dont j'ai parlé plus haut.

Au lieu de ces revendications si légitimes, on ouvrit le procès de la papauté au congrès de Paris. On insulta à qui mieux mieux le gouvernement si bienfaisant du pape, on le vilipenda alors qu'il n'était pas en cause.

Dès ce jour commença cette phase de la question romaine qui a eu pour résultat sacrilège de dépouiller le pape, de faire l'unité de l'Italie, l'unité de l'Allemagne pour finir par le démembrement de la France.

XXXVI

L'ÉGLISE DE STE-ANNE. — LA GROTTE DE L'IMMACULÉE CONCEPTION.

L'église de Sainte-Anne est bâtie sur l'emplacement de la maison qu'occupaient sainte Anne et saint Joachim, à Jérusalem, non loin du temple.

C'est là que fut conçue la Vierge Immaculée et c'est là qu'elle naquit.

Ce lieu de la naissance de la sainte Vierge est cependant disputé. Quelques uns la font naître à Séphoris, d'autres à Bethléem et un plus grand nombre à Nazareth dans la *Santa Casa* qui est aujourd'hui à Lorette.

Mais l'opinion la plus généralement admise veut que la sainte Vierge soit née à Jérusalem et cette opinion paraît reposer sur les témoignages les plus sérieux et les mieux établis.

L'Eglise et la grotte de l'Immaculée Conception font le principal mérite de cet établissement.

L'église remonte aux premiers jours du christianisme. Elle a subi des transformations successives. Elle est telle à peu près qu'elle était au moment où les Croisés furent chassés de Jérusalem.

A cette époque, elle fut convertie en école pour les docteurs musulmans et plus tard encore en mosquée.

Les latins étaient obligés d'acheter le droit d'y dire quelquefois la messe.

Devenue propriétaire de ce monument en 1856, la France l'a fait restaurer.

Lorsqu'on a franchi la porte d'entrée et qu'on a traversé une vaste cour, on se trouve en présence d'une belle façade, riche de sculptures et de décorations auxquelles les savants reconnaissent de vrais mérites.

C'est l'église de Jérusalem qui a la plus vaste enceinte.

Elle mesure 34 mètres de long sur 18 de large. Elle a trois nefs dont chacune se termine par une abside ayant un autel. Elle est extrêmement simple et n'a pas d'ornementation intérieure.

Plusieurs plaques de marbre gravées par ordre de Mgr Lavigerie, rappellent l'origine du sanctuaire, constatent la tradition de la naissance de la sainte Vierge et indiquent les privilèges accordés par les papes à cette église.

Au milieu de la nef se trouve un escalier d'une quinzaine de degrés qui conduit à la crypte qui faisait partie de la maison de sainte Anne.

C'est une grotte creusée dans le rocher et conservée dans sa forme primitive. Elle est irrégulière dans sa superficie qui ne dépasse pas 15 mètres. L'autel est dédié à la sainte Vierge.

On y fait remarquer une petite ouverture qui est celle d'une citerne existant du temps de la sainte Vierge et où se puise encore aujourd'hui de l'eau.

XXXVII

BÉNÉDICTION DE LA STATUE DE N.-D. DE LOURDES. — UN OFFICE DANS LA LITURGIE GRECQUE.

J'anticipe sur les dates et je vais au dimanche 21 mai.

Ce jour, eut lieu dans cette église la bénédiction de la statue de N.-D. de Lourdes qui est aujourd'hui le principal ornement de la grotte de l'Immaculée-Conception.

Tout le pèlerinage fut invité à s'y rendre. Le P. Picard dit la messe et parla ensuite.

Tout le monde sait les prodiges qu'opère N.-D. de Lourdes à Constantinople. Personne n'ignore que les miracles s'y multiplient et que toute l'attention de l'Orient se concentre sur ces merveilles.

On demanda avec ferveur à la Vierge immaculée

de manifester à Jérusalem la même puissance et la même bonté. On la supplia de dissiper les ténèbres qui couvrent la ville coupable et d'y ramener les clartés lumineuses de la vérité.

Le P. Bordedebat, missionnaire de l'Immaculée Conception à Lourdes, fit la bénédiction et prononça ensuite une belle allocution.

Le chant des cantiques suivit. On célébra l'Immaculée Conception avec le même enthousiasme que devant les roches Massabielle et avant de se retirer chacun alla baiser le pied béni de la statue qui reposera désormais à l'endroit même où fut conçue et où naquit la Mère de Dieu.

Un autre office eut lieu le jeudi 24 mai, en la fête de la sainte Vierge, secours des chrétiens.

Les grecs-unis célébrèrent devant le pèlerinage une messe solennelle dans leur rit. La solennité revêtit une grande pompe.

Outre que je n'étais pas trop à portée pour voir, il me fut impossible de suivre avec intelligence les multiples cérémonies de cette liturgie à laquelle nous ne sommes initiés en aucune manière.

Le chant fut exécuté avec dignité. On ne le trouva cependant pas harmonieux.

Mais si nous ne pûmes pas bien deviner le sens de cette liturgie, nous pûmes tressaillir sous la parole magistrale du P. Mathieu.

Il démontra avec une grande autorité la légitimité de la liturgie orientale, il montra comment les papes l'ont approuvée, il nomma les grands docteurs qui la formèrent et rappela admirablement comment cette diversité de cérémonies tend à manifester l'unité de l'Eglise.

XXXVIII.

LIEU DU MARTYRE DE SAINT ÉTIENNE.

Le mardi 16 mai sera une des journées dont je garderai le plus suave souvenir et qui m'a laissé les plus profondes émotions.

A 4 heures du matin, M. l'abbé Barascud, notre compatriote, vicaire à St-Martin de Périgueux, vint frapper à ma porte.

Il avait été convenu la veille que nous irions dire la messe dans la grotte de Gethsémani et que de là, nous monterions à Béthanie pour aller visiter les ruines de la maison de Marthe et de Marie et le tombeau de Lazare, le ressuscité.

Nous nous mîmes en marche, lorsque les premiers rayons du soleil commencèrent à chasser la fraîcheur humide du matin.

Nous passons par la porte St-Etienne déjà ouverte sans déranger les deux sentinelles turques qui étaient encore couchées sur un banc de pierre et enveloppées dans leur manteau.

Environ deux cent mètres plus bas, nous nous agenouillâmes devant un rocher pour gagner une indulgence partielle.

D'après la tradition, c'est l'endroit où fut lapidé saint Etienne.

Le rocher est nu et ne porte aucun signe qui marque cet événement. Autrefois cependant, un sanctuaire y avait été élevé. Les Croisés le détruisirent parce qu'il gênait les travaux de défense de la ville.

Ce n'est pas sans admiration que nous baisons la

pierre qui rappelle la vie et la mort de ce vaillant athlète.

Le diacre saint Etienne est le premier qui témoigna par le sang de la divinité du Christ.

Pendant qu'il prêchait la doctrine divine, les juifs, et les scribes le firent saisir. Il était accusé d'avoir blasphémé contre Dieu et contre Moïse et d'avoir prédit les malheurs de Jérusalem.

Ils débitaient avec perfidie leurs mensonges et leurs faux témoignages.

Saint Etienne se tenait debout et ferme devant ses juges. Tout à coup son visage s'illumina. Une lumière surnaturelle l'environna et levant les yeux au ciel, il dit : « Je vois les cieux ouverts et le fils de l'homme assis à la droite de Dieu. »

Les témoins de ce prodige furent de plus en plus exaspérés, ils le traînèrent hors de la ville et le lapidèrent.

Il expira en disant : « Seigneur Jésus, recevez mon âme. O Dieu ! ne leur imputez pas ce péché. »

Saul, qui devint plus tard Paul l'apôtre des nations, tenait les habits des bourreaux et était le complice de leur crime.

Le chemin est encombré de pierres.

XXXIX.

LA GROTTE DE GETHSÉMANI.

Nous descendîmes vers le Cédron qu'on traverse sur un pont.

Nous laissâmes à gauche l'église du *tombeau de la Ste-Vierge* et nous nous engageâmes dans une étroite impasse.

Au bout se trouve la grotte de Gethsémani, ou grotte de l'agonie.

La porte est basse et fermée par une forte grille en fer.

Vous descendez six marches et vous êtes dans une grotte d'une dizaine de mètres de long sur huit environ de large. Deux colonnes en pierre élevées au fond soutiennent la voûte. Le jour y arrive par une ouverture naturelle pratiquée dans le rocher.

Trois autels très modestes y ont été dressés. Les latins seuls en ont l'usage. Il n'y a pas d'ornementation. Quelques lampes suspendues brûlent nuit et jour.

C'est un des rares endroits de la Terre-Sainte qui ait été laissé tel qu'il se trouvait au temps de Notre-Seigneur Jésus-Christ.

Cette grotte est un des lieux du monde sur lequel le divin Maître a jeté le plus d'illustration et un de ceux qui parlent au cœur avec la plus émouvante éloquence.

Après avoir institué l'Eucharistie, la veille de sa mort, Jésus s'y retira.

C'est là qu'il souffrit les angoisses de l'agonie et que son humanité défaillante soutint pendant une nuit tout le poids de la justice et de la colère du Très-Haut irrité contre les crimes du monde.

C'est sous cette roche solitaire et nue que tombèrent de son cœur divin ces paroles :

« Mon âme est triste jusqu'à la mort. Père, si vous le voulez, éloignez de moi ce calice. Cependant que ma volonté ne soit pas faite, mais la vôtre. »

L'ange lui apparut pour le fortifier et lui présenta le calice du sacrifice. En ce moment une sueur de sang coula de son corps et arrosa la terre.

Etant arrivés des premiers à ce sanctuaire, nous pûmes dire aussitôt notre messe.

Derrière l'autel et au-dessus du tabernacle se trouve cette inscription :

« *HIC factus est sudor ejus, sicut guttæ sanguinis decurrentis in terram*, ICI il lui vînt une sueur comme des gouttes de sang découlant jusqu'à terre. »

On y dit tous les jours la messe de l'*Oraison de N.-S. J.-C.* dont l'Evangile tiré de St-Luc raconte avec sa divine simplicité toutes les circonstances de l'événement qui se passa en ce lieu même à l'heure où le divin Maître allait être livré.

XL

LE ROCHER DES APÔTRES. — LA COLONNE DE LA TRAHISON.

En sortant, nous visitâmes le rocher des apôtres situé à un jet de pierre de la grotte, c'est-à-dire à 60 mètres environ.

C'est sur ce rocher que N.-S. J.-C. laissa Pierre, Jean et Jacques, pendant que lui-même priait à Gethsémani.

Ceux-ci s'endormirent et étant retourné à eux, Jésus leur fit ce reproche :

« Eh ! quoi vous n'avez pas pu veiller une heure avec moi. Dormez maintenant et reposez-vous. »

Il avait à peine fini de parler qu'il vit arriver le traître Judas.

« Levez-vous, dit-il, car celui qui doit me trahir est proche. »

Le rocher n'a rien qui le distingue. Nous avons remarqué plusieurs fois les indigènes couchés sur des rochers un peu élevés pour éviter, nous a-t-on dit, l'humidité du sol, et nous avons eu ainsi une idée exacte de la scène du sommeil des apôtres. C'est aujourd'hui ce que c'était autrefois.

Non loin de là, et au fond d'une impasse se dresse un tronçon de colonne. C'est le lieu de la trahison de Judas.

Ce traître marchait en tête de la foule ameutée, composée des gens du Grand-Prêtre et des pharisiens, portant des flambeaux et des lanternes, des armes et des bâtons.

Iscariote s'avança vers Jésus et selon le signal convenu, il le baisa en disant : « Maître je vous salue. » « Quoi, Judas, lui dit le divin Maître, c'est par un baiser que tu trahis le fils de l'homme ! »

Cette parole déconcerta l'ingrat qui se jeta sans répondre dans les rangs de la foule.

S'avançant vers elle, Jésus dit :

« Qui cherchez-vous ? »

« Jésus de Nazareth, répondirent-ils. »

« C'est moi, vous ai-je dit. »

A ces mots les bourreaux reculèrent et tombèrent à terre.

C'est en se relevant qu'ils le saisirent et le chargèrent de chaînes.

XLI

JARDIN DE GETHSÉMANI. — LES HUIT OLIVIERS.

A une quinzaine de mètres de là, se trouve le

jardin de Gethsémani. On y entre par une petite porte en fer très basse. Les personnes de la plus petite taille sont obligées de se courber pour passer.

Il appartient aux franciscains. C'est ce jardin, dit l'Evangéliste, que Jésus était dans l'habitude de fréquenter pour prier.

Il est muré et planté de fleurs. C'est comme une délicieuse oasis dans ces terres desséchées.

Autour du mur de clôture, qu'on parcourt en suivant des allées délicieuses, sont sculptées sur pierre les 14 stations du chemin de la croix canoniquement érigées en 1873.

Au milieu, s'élèvent huit oliviers contemporains de N.-S. J.-C. C'est à leur ombre que le divin Maître s'est souvent reposé, qu'il a prié, qu'il a instruit ses disciples, qu'il a passé ses dernières heures de liberté.

Le plus gros a une circonférence de 8 mètres. Ces arbres sont loin d'être beaux à la vue. Leur tronc est absolument sec et sans écorce. On dirait des colonnes bâties avec des quartiers de roche grisâtre.

Ils sont protégés par une palissade en bois. Dans l'intervalle on a semé des fleurs.

De longues dissertations ont été écrites sur l'antiquité de ces arbres. La science confirme la tradition. Ils peuvent avoir une ancienneté de plus de 18 siècles.

Et si l'on veut que le tronc ait été coupé, ils ont repoussé sur leurs racines, car les racines des oliviers, dit Pline le naturaliste, ne meurent pas.

Je ne visitai pas ce jour-là ces endroits. Je les avais déjà visités comme je les visitai encore d'autres fois.

J'ai voulu les mentionner avec la grotte de Gethsémani afin de rappeler en même temps ces théâtres de la dernière phase de la vie de N.-S. J.-C.

XLII

DÉJEUNER. — ÉCOLIERS. — UNE ALSACIENNE.

Après la messe, nous allâmes prendre notre petit déjeuner à l'ombre d'un superbe olivier dont le feuillage touffu donnait un épais ombrage. Il était placé sur le bord du chemin.

Une gourde remplie de bon vin des côteaux du Liban, des dattes, du chocolat, du pain composaient nos provisions.

A peine installés, nous aperçûmes un groupe d'enfants qui descendaient d'un petit village bâti sur la montagne et qui allaient à l'école des frères.

Les enfants sont partout les mêmes. Ceux-ci gambadaient, chantaient, se donnaient des poussées, jetaient des pierres dans les branches des arbres.

Dès qu'ils nous aperçurent, ils s'approchèrent d'un air gracieux, et nous engageâmes la conversation, car ils parlaient assez-bien le français.

Ils portaient leurs livres et leurs provisions dans un petit havre-sac en carton cuir.

Leurs livres étaient écrits en arabe, sauf une histoire de France qui l'était dans notre langue.

Leurs provisions consistaient dans une galette de pain noir et du fromage de chamelle.

Ils nous dirent qu'ils appartenaient à la religion grecque.

Il ne nous demandèrent pas de *backchiche*, nous nous en étonnâmes.

Ils nous répondirent que les frères leur avaient

conseillé de ne pas le faire, que c'était une *vilaine chose* de demander lorsqu'on n'avait pas travaillé.

Nous les félicitâmes chaleureusement, car il faut répéter qu'en Palestine, vous êtes littéralement abasourdi par ce cri que tout répète et répercute : *Backchiche ! backchiche !* ce qui veut dire pourboire.

Il est si fréquent, si constamment répété que les plus patients parmi ceux qui entendent ce cri en prennent la fièvre.

Avant de les quitter nous leur donnâmes un petit souvenir et le reste de nos provisions.

Ils nous remercièrent avec effusion et exprimèrent les marques d'une joie sincère.

A ce moment aussi descendit du couvent des carmélites une jeune personne originaire de l'Alsace annexée.

Ne voulant pas vivre sous la domination prussienne elle a choisi la Terre-Sainte comme lieu de refuge et attend des jours meilleurs pour revoir la France.

Elle nous demanda quel était le sanctuaire où le pèlerinage faisait ce jour-là sa station et ajouta qu'elle le suivait avec le plus grand bonheur. Elle nous donna beaucoup de renseignements sur la manière de vivre et de prier dans ces lieux et ne dissimula pas son bonheur d'habiter le couvent du Carmel sur le mont des oliviers.

XLIII

BÉTHANIE.

Nous reprîmes notre marche pour monter au village de Béthanie, où le P. Marie-Antoine nous avait donné rendez-vous.

Accompagné d'autres pèlerins, il était allé dresser un autel au milieu des ruines de la maison de Lazare, de Marthe et de Marie.

On sait tous les souvenirs qui se rattachent à ce nom de Béthanie.

Situé à 3 ou 4 kilomètres de Jérusalem, N.-S. J.-C. s'y rendait tous les soirs. Car personne ne le recevait à Jérusalem, les uns à cause de leur haine et de leur jalousie, les autres par crainte et par timidité.

« Jésus, dit Lacordaire, avait à Béthanie une famille tout entière d'amis. C'était là qu'il se reposait des fatigues de sa prédication et des douloureuses perspectives de l'avenir. Là, étaient des cœurs purs, dévoués, amis. Là, ce bien incomparable d'une affection à l'épreuve de tout. »

Nous arrivâmes à ce village après une demi-heure de marche. On ne peut s'imaginer rien de plus pauvre que les masures qui le composent. Ce sont de simples huttes basses, couvertes de terre et habitées par une fourmilière de gens pauvres. Ils sont là trois cents et tous musulmans.

Mais au milieu de ces ruines, quelle grandeur de souvenirs !

C'est là que le Cœur de Jésus s'est laissé aller à toute l'effusion et à tous les épanchements de son amour pour les hommes, c'est là qu'a éclaté une des plus grandes merveilles de sa puissance.

Des pèlerins nous indiquèrent la maison de Lazare, de Marthe et de Marie-Madeleine. Ce n'est plus aujourd'hui qu'une ruine dont subsistent encore les quatre murs.

La porte était fermée. Elle s'entr'ouvrit lorsque nous eûmes frappé.

Nous vîmes tout d'abord une main qui se présentait, et derrière la porte, nous entendîmes une voix sourde qui disait *backchiche*.

Nous payâmes notre petit tribut, 25 centimes.

Au milieu des pierres et sur le sol inégal avait été fixé un autel portatif. Le P. Marie-Antoine disait la messe. Un assistant tenait sur sa tête un parasol pour le préserver des ardeurs du soleil. Une douzaine de pèlerins étaient groupés ici et là, à l'ombre autant que possible, et suivaient avec l'émotion que l'on comprend, les diverses parties de la messe.

Parmi eux se trouvaient des dominicains et quelques franciscains.

Des musulmans se tenaient sur une sorte de petite terrasse formée par les décombres et avaient une attitude toute pénétrée.

D'autres s'étaient hissés sur les pans des murs en ruine et paraissaient tout saisis et bouleversés par ce spectacle dont ils n'avaient plus été les témoins et dont ils semblaient deviner le mystère et subir la divine influence.

Lorsqu'il eut fini, le P. Marie-Antoine rappela d'une voix émue l'hospitalité qu'avait si souvent reçue le divin Maître dans cette maison dont il ne reste plus que des ruines, les paroles qu'il y avait prononcées, les manifestations de sa tendresse.

C'est dans cette demeure que se passa cette scène où Marthe s'adressant au Maître lui dit : « Ne voyez-vous pas que ma sœur Marie me laisse servir seule ? dites-lui de m'aider. »

Le Seigneur lui répondit :

« Marthe, Marthe, vous vous inquiétez et vous vous troublez en beaucoup de choses. Or une seule chose est nécessaire. Marie a choisi la meilleure part qui ne lui sera pas ôtée. »

Avant de nous retirer, on chanta un *Miserere*, en souvenir de Marie-Madeleine la pécheresse et en mémoire de la France coupable qui n'a qu'à faire un grand acte d'amour pour retrouver le pardon et avec lui la grandeur que Dieu donne à ceux qui aiment. Puis on répéta trois fois : *Cor Jesu sacratissimum, miserere nobis*.

Nous sortîmes mais non sans livrer un petit assaut au gardien de la porte qui réclamait encore le *backchiche* pour nous donner le droit de sortir.

XLIV

LA PIERRE DU COLLOQUE.

Avant d'aller au tombeau de Lazare dirigeons-nous vers *la pierre du colloque*.

De là, nous suivrons N.-S. J.-C. et la foule qui était accourue pour l'accompagner à l'endroit où il commanda à la mort.

Comme je l'ai déjà dit, Jésus était l'ami de la famille de Lazare.

Celui-ci étant frappé de la maladie dont il mourut, ses sœurs Marie et Marthe envoyèrent au divin Maître, qui évangélisait sur les bords du Jourdain, ce simple mot de familière tendresse : « Celui que vous aimez est malade. »

En apprenant cette nouvelle, Jésus dit :

« Cette maladie est pour la gloire de Dieu et pour que le Fils de Dieu soit glorifié. »

Il attendit encore deux jours avant de se rendre à l'invitation qui lui avait été faite.

Après ce temps il dit à ses disciples : « Retournons en Judée. Lazare est mort. »

Il suivit la route qui va de Jéricho à Jérusalem.

Il s'arrêta et s'assit sur une pierre à une distance d'environ dix minutes du village de Béthanie.

La tradition a conservé ce souvenir. La pierre ne porte aucun signe distinctif. C'est tout simplement un calcaire mêlé de silex.

Elle a gardé le nom de *pierre du colloque* à cause de la conversation qui eut lieu entre Jésus, Marthe et Marie.

Il était encore assis lorsque Marthe, avertie de son arrivée, vint en toute hâte et lui dit sur un ton mêlé de reproche :

« Maître, si vous aviez été ici, mon frère ne serait pas mort. »

Jésus lui répondit :

« Votre frère ressuscitera. »

« Oui, répondit Marthe, au dernier jour, au jour de la Résurrection. »

« C'est moi qui suis la Résurrection et la Vie, lui dit le divin Maître, celui qui croit en moi vivra, alors même qu'il serait mort. Le croyez-vous ? »

Marthe ajouta :

« Oui, Seigneur, je crois que vous êtes le Christ, le fils du Dieu vivant. »

Elle partit pour aller annoncer à sa sœur Marie la nouvelle de l'arrivée de l'hôte divin.

Celle-ci se leva et se rendit auprès du Maître avec un grand nombre de juifs qui étaient avec elle et étaient venus de Jérusalem pour lui faire une visite de doléances.

En arrivant auprès de Jésus qui avait gardé la même place, elle dit en tombant à ses pieds :

« Seigneur, si vous aviez été ici mon frère ne serait pas mort. »

La voyant pleurer et voyant aussi pleurer les juifs qui étaient avec elle, Jésus frémit, se trouble et pleure.

« Saints frémissements, heureux trouble, dit Lacordaire, larmes précieuses qui nous prouvaient que notre Dieu était sensible comme nous et qui nous permettaient de pleurer aussi un jour dans nos joies et dans nos amitiés. »

« Voyez, comme il l'aimait, se dirent les juifs. »

XLV

RÉSURRECTION DE LAZARE.

Se levant alors, Jésus alla au sépulcre suivi de Marthe, de Marie et de toute la foule qui était accourue à son devant.

Arrivés au monument funèbre et dans la chambre qui précédait la chambre mortuaire, Jésus dit :

« Otez la pierre. »

Marthe répliqua :

« Seigneur, il a déjà de l'odeur, car voilà quatre jours qu'il est mort. »

« Ne vous ai-je pas dit, reprit Jésus, que si vous croyiez vous verriez la gloire de Dieu ? »

On ôta donc la pierre, et Jésus les yeux levés au ciel :

« Mon père, je vous rends grâce, parce que vous m'avez écouté, je le dis pour ce peuple qui m'entoure afin qu'il croie que vous m'avez envoyé. »

Et il cria à haute voix :

« Lazare, sortez. »

On vit aussitôt paraître Lazare, les pieds et les mains liés de bandelettes et la figure couverte d'un suaire.

Jésus dit :

« Déliez-le et laissez-le aller. »

« Je ne sais ce qu'en pensent les autres, dit Lacordaire rapportant ce miracle ; pour moi, n'y aurait-il que cette page de l'Evangile, je croirais à la divinité de Jésus-Christ. J'ai beau me rappeler tout ce que j'ai lu, je ne connais rien où la vérité s'impose avec une aussi palpable puissance. »

Que n'aurait pas senti le grand orateur, s'il avait lu cette page de l'Evangile sur le théâtre même où s'accomplit cet événement !

Les Juifs, vaincus par l'évidence de ce prodige ne purent pas le nier. Mais craignant que le peuple n'acclamât la divinité de Jésus-Christ, ils voulurent le faire mourir.

Mais Jésus prit la fuite et se retira au village de Taïbeh que nous avons salué de loin dans notre voyage à travers la Samarie.

Ce prodige est un de ceux qui sont demeurés le plus profondément gravés dans la mémoire et dans le cœur des peuples.

XLVI

LE TOMBEAU DE LAZARE.

On comprend donc pourquoi ce tombeau est devenu un lieu de pèlerinage et pourquoi il a été toujours en vénération.

Dès les premiers temps du christianisme, il fut enfermé dans une belle chapelle et il fut lui-même doublé à l'intérieur de plaques de marbre. Aujourd'hui la chapelle n'existe plus, le marbre a été arraché du tombeau ce qui permet de voir la muraille nue.

Lorsque nous nous présentâmes, une femme était assise devant la porte et attendit avant de l'ouvrir qu'elle eut reçu l'indispensable *backchiche*.

En prenant la petite pièce, elle nous remit une bougie.

Nous descendîmes un large escalier de 23 marches.

Nous arrivâmes dans la première chambre, celle destinée aux parents et aux amis qui allaient visiter le tombeau.

C'est dans celle-ci que se trouvait N.-S. J.-C. lorsqu'il appela Lazare.

Nous nous mîmes à genoux pour prier avec d'autres pèlerins qui répétaient cette consolante parole de Jésus-Christ :

« Je suis la Résurrection et la Vie, celui qui croit en moi vivra, alors même qu'il serait mort. »

Cette chambre a une pierre d'autel où l'on peut dire la messe.

De là, on descend par trois degrés dans la chambre sépulcrale. Elle a à peu près trois mètres et est par conséquent un peu plus grande que celle du Saint-Sépulcre. Il y avait de la place pour plusieurs morts.

La voûte qui était primitivement formée par le rocher est aujourd'hui en maçonnerie. Le banc sur lequel devait reposer le défunt a disparu.

On venait d'y célébrer deux messes. Cette petite enceinte était encore toute pénétrée des parfums du sacrifice.

Comme au tombeau du Christ, l'espérance et la joie y fortifient l'âme. Au tombeau de Lazare comme au St-Sépulcre on croit à toutes les résurrections.

Avant de quitter ce village, nous jetâmes au loin un coup d'œil dans les abîmes profonds où la justice de Dieu a creusé les limites de la mer Morte, nous suivimes des yeux la vallée du Jourdain bordée de beaux arbres et nous rentrâmes à Jérusalem.

XLVII

LA RENTRÉE A JÉRUSALEM. — LES PAUVRES SUR LE CHEMIN. — UN CIMETIÈRE MUSULMAN.

Le sentier que nous prîmes était exposé en ce moment à tous les feux d'un soleil brûlant. Pas la plus petite ombre. A de rares distances quelque arbuste étiolé, quelques bouquets de buissons, pas de gazon, çà et là quelques plantes sauvages. Pas la moindre brise, pas le moindre bruit, ni le moindre gazouillement d'oiseaux. De temps en temps nous apercevons quelques gros lézards qui glissent sur les rochers embrasés.

Les conversations ne pouvaient même pas troubler

ce silence mystérieux de la nature, car la chaleur arrêtait même la parole.

Après avoir traversé le Cédron, je m'arrêtai quelques instants dans le chemin resserré en cet endroit entre deux murailles.

C'est la place qu'ont choisi un certain nombre de pauvres pour tendre la main aux passants et répéter l'inévitable *backchiche*.

C'est un spectacle curieux et en même temps lamentable.

Là étaient échelonnés quelquefois 10 et même 15 pauvres. C'étaient des hommes et des femmes en guenilles, estropiés et infirmes pour la plupart et s'agitant d'une manière extraordinaire pour obtenir la petite pièce.

Je me souviens d'un malheureux aveugle. Il était de grande taille. Sa tête était entourée d'un épais turban qui avait été rouge. Son teint était brûlé. Sa poitrine et ses bras étaient nus et noircis par le soleil. Il avait un timbre de voix extraordinairement vibrant. Aussi les cris qu'il poussait étaient aigus, perçants. A plus de 40 mètres de distance vous entendiez son unique cri : *Backchiche ! Monsieur ! Madame ! Madame ! Monsieur !*

Vous auriez cru voir une apparition de ces aveugles qui se pressaient sur les pas de Jésus et dépassaient les bruits de la foule par leurs cris de pitié.

Il faut ajouter que tous les pauvres avaient appris pour la circonstance un mot ou deux de français : *Monsieur, Madame ;* seulement ils se trompaient souvent dans l'application. Au monsieur ils disaient madame, et réciproquement.

Lorsque tous donnaient à la fois, c'était un concert des plus excentriques. Le mot de *backchiche* était porté dans les airs sur toutes les notes, sur tous les modes de musique, sur tous les faussets.

Au rocher du martyre de saint Etienne, le chemin se divise en deux sentiers, l'un plus raide, l'autre un peu plus long, mais moins rapide. C'est celui-ci que nous prîmes.

J'eus ainsi l'occasion de parcourir un cimetière musulman. Les cimetières musulmans n'ont pas de clôture, sont en pleine campagne et sur les bords des chemins.

La plupart des tombes sont marquées par des bancs de pierre superposés et allant en se rétrécissant. Quelques-uns sont surmontés d'une petite pyramide. Sur d'autres sont gravées quelques inscriptions arabes.

Ils sont blanchis à la chaux et on renouvelle généralement cette opération chaque année.

A leur vue, on a l'intelligence parfaite de cette parole de N.-S. J.-C. :

« Vous êtes des sépulcres blanchis. »

Quelques mètres plus loin, nous avions repassé la porte St-Etienne.

XLVIII

COUVENT DE NOTRE-DAME DE SION. — ARC DE L'ECCE-HOMO.

Avant de rentrer dans notre établissement, nous allâmes nous reposer dans le divan du couvent de N.-D. de Sion situé sur la voie douloureuse et puis nous en fîmes la visite.

Il a été bâti par le P. Marie-Alphonse Ratisbonne, juif converti. Les fondements furent jetés en 1859 et la construction achevée en 1868.

On y élève des jeunes filles, surtout les jeunes juives converties, et on y prie principalement pour la conversion du peuple déicide.

Cet établissement bâti à la moderne a été élevé dans de belles proportions.

Mais c'est la chapelle qui est surtout l'objet de la vénération des fidèles.

Elle est d'un style sévère. Elle ne reçoit qu'un demi jour par les ouvertures d'une coupole qui la surmonte. Elle a trois nefs.

Elle est édifiée en partie sur la place qui précédait l'arcade de l'*Ecce-Homo*.

Cette arcade ou arc de triomphe formait l'entrée d'honneur de la citadelle *Antonia*.

C'est dans cette citadelle que se trouvaient les casernes romaines, les tribunaux, les prisons et toute l'administration des gouverneurs.

Cet arc était précédé d'une vaste place pavée appelée *Lithostrotos*. Le peuple juif s'y réunissait pour traiter ses affaires avant de les soumettre aux magistrats romains.

Ces ingrats étaient tumultueusement réunis sur cette place, lorsqu'ils demandèrent à grands cris la mort du Juste.

Ils se refusèrent d'entrer dans le prétoire et forcèrent par leurs clameurs et leurs blasphèmes le lâche Pilate à amener Jésus sur un des piliers de cet arc.

Cet arc a été perdu et enseveli pendant de longs siècles sous les décombres.

Devenu providentiellement possesseur de cet emplacement qui ne portait plus aucune trace de l'incomparable trésor qu'il cachait, le P. Ratisbonne a découvert l'*arc latéral* en creusant les fondations de son couvent.

Cet arc était parfaitement conservé. On y a déchiffré en caractères antiques ces mots : *Tolle, Tolle. enlevez-le, enlevez-le.*

« Un sentiment peut-être présomptueux, dit le P. Ratisbonne, nous fait croire à nous, que cet *arc latéral,* si étonnamment préservé de la ruine générale, est celui-là même qui a servi de piédestal au *Roi des Juifs* précisément parce que la miséricorde divine en réservait la propriété à la congrégation de N.-D. de Sion, en vue de la grande œuvre expiatoire qui doit s'y accomplir. »

Cet arc latéral est aujourd'hui dans l'enceinte et à l'extrémité de la chapelle.

Il est surmonté d'une belle statue en magnifique marbre blanc représentant Notre-Seigneur dans l'état et l'attitude où il était lorsque Pilate le présenta à la foule en disant ces deux mots : « *Ecce Homo, voilà l'homme.* »

Un peu en avant a été fixé l'autel expiatoire dont la table est composée de fragments des dalles du lithostrotos.

Ainsi aujourd'hui, à la place même où retentirent ces paroles de blasphème :

« Enlevez-le ! enlevez-le ! qu'il soit crucifié ! »

A l'endroit même où les Juifs aveuglés par la haine criaient comme des insensés :

« Que son sang retombe sur nous, et sur nos enfants. »

A cet endroit même, le Dieu de miséricorde agrée chaque jour le sang de la Sainte Victime. Mais ce n'est pas pour frapper, ce n'est pas pour châtier et se venger que s'immole le Fils divin, c'est pour pardonner et porter à toutes les heures du jour cette prière aux pieds du trône du Père éternel : « Père, Père, pardonnez-leur, ils ne savent ce qu'ils font, *Pater, dimitte illis, non enim sciunt quid faciunt.* »

XLIX

LA CORRESPONDANCE. — LA POSTE ET LE TÉLÉGRAPHE A JÉRUSALEM.

En rentrant chez nous, on nous apprit que le courrier partirait le lendemain pour Jaffa et qu'un paquebot de passage dans ce port prendrait nos lettres en France.

Ce fut chez tous le même empressement de joie que nous avions manifesté à bord de la *Picardie*, lorsqu'en face de l'île de Malte on nous avait fait espérer que notre correspondance serait reçue.

Nous devions être plus heureux qu'alors. Cependant nos lettres subirent des vicissitudes diverses. On nous a dit qu'elles étaient allées tout d'abord à Constantinople, et de là avaient pris le chemin de la France.

Le fait est que les lettres ne mettent ordinairement que huit jours et les nôtres timbrées à Jérusalem le 17 mai n'arrivèrent à Rodez que le 6 juin.

A cette occasion, j'allai pour la première fois à la poste. Jamais depuis la fondation de cette ville, une telle quantité de lettres n'étaient parties à la fois.

Le bureau de la poste est situé dans la rue du Bazar.

Une enseigne en français avec ces mots : *poste, télégraphe,* indique l'entrée.

Vous suivez un petit corridor étroit, vous traversez une cour et vous entrez dans le bureau.

Deux petites salles le composent. L'une est destinée au télégraphe très primitivement installé et l'autre au bureau de la correspondance. Il y a deux employés.

Le premier employé fume sa pipe dans un fauteuil. Il vous reçoit poliment, tire son fez rouge et attend que vous lui exposiez votre demande.

Si vous réclamez des lettres, il vous en montre un tas exposé sur une table et vous laisse toute liberté pour trier et prendre celles qui sont à votre adresse.

A Jérusalem, les facteurs ne sont pas organisés. Si cependant l'adresse de la lettre qui vous est envoyée est bien mise on la fait porter à destination.

Les autrichiens ont un bureau particulier. Ceux-ci exposent les lettres à l'extérieur, les placent derrière un vitrage et les passants peuvent réclamer celles qui leur sont destinées.

L

HISTOIRE D'UN TÉLÉGRAMME.

Quant au télégraphe, l'histoire de ce qui m'est arrivé ne me fait guère croire à sa fidélité.

Ayant appris que dans notre diocèse, une foule de paroisses et de communautés s'étaient unies au pèlerinage de pénitence par des neuvaines, des communions, des chemins de croix, etc., etc., nous voulûmes leur faire savoir que nous portions leur souvenir à tous les sanctuaires, témoins glorieux de la vie de N.-S. J.-C.

Je me présentai donc le mercredi 24 mai au bureau du télégraphe.

L'employé me fit très bon accueil, je lui dictai une dépêche pour laquelle je lui donnai les plus minutieux détails qu'il me demanda du reste.

Lorsque tout fut fini, il me remit un reçu que je possède encore avec ce petit mot : Coût 9 fr. 50 c.

« Avec ça, me dit-il, votre dépêche arrivera à Rodez dans demi-heure. »

« Je vous donne, lui dis-je, une demi-journée, et je serai bien content si elle peut arriver à destination, ce soir à 9 heures. »

Il était 4 heures à Jérusalem. Comme les jours avancent de deux heures sur l'heure de France, il était seulement deux heures de l'après-midi chez nous.

Je le lui fis remarquer. Il me répondit : « Ici, nous avons du progrès, mais tenez-vous tranquille la dépêche va y être. »

Je ne sais ce qui s'est passé. Mais à Rodez, on n'a jamais eu des nouvelles de ce télégramme. J'appris au retour qu'on avait été fort impatient et qu'on était inquiet alors que nous comptions sur les bonnes nouvelles confiées au fil électrique.

LI

MORT ET FUNÉRAILLES DE M. L'ABBÉ CHAMBAUD.

Le 16 mai, Dieu se choisit une première victime parmi les pèlerins.

M. l'abbé Chambaud, curé dans le diocèse d'Angoulême, mourut à l'hôpital français de St-Louis.

Il souffrait d'une maladie de cœur qui se compliqua d'une blessure à la jambe dans une chûte de cheval.

C'était un prêtre distingué par la piété et l'intelligence.

Poète, il avait déjà chanté dans un beau volume les gloires de Notre-Dame-de-Lourdes. Sa muse devait s'inspirer aux saints-lieux et il se préparait à chanter aussi les merveilles de la nouvelle croisade.

L'enterrement eut lieu le mercredi 17, dans l'église de St-Sauveur. Le R. P. Vicaire dit la messe et fit l'absoute.

Nous nous dirigeâmes ensuite vers le cimetière. La croix marchait en tête.

Le défunt avait le visage découvert dans la bière et était revêtu des ornements sacerdotaux.

Les RR. PP. Picard et Bailly conduisaient le deuil composé de presque tout le pèlerinage.

Chacun portait à la main une petite bougie allumée.

Dans tout le parcours on récite à demi-voix le *Benedictus*, le *Miserere*, etc. Ce cortège et ce bruit de la prière avaient quelque chose d'indéfinissable dans ces rues étroites comme des défilés et au milieu de ces populations infidèles calmes cependant et recueillies.

Le cimetière latin est situé sous le mont Sion et à une distance relativement considérable de St-Sauveur.

Avant que la tombe se fermât sur cette pieuse et sainte victime, le P. Bailly qui l'avait assistée au moment suprême rappela en quelques paroles émues ce que cette mort avait eu de profondément édifiant.

« Il s'est sacrifié comme victime, dit le R. P. Il a souffert avec résignation, il a manifesté sa joie de souffrir et de mourir si près de l'endroit où N.-S. J.-C. a souffert et est mort. Le dernier cri de son cœur, a été : « Je meurs pour la France. »

Avant de dire la dernière prière, le P. Picard prit la parole.

« Félicitons-nous, dit-il, que Dieu ait choisi parmi nous une si belle victime et qu'il daigne accepter pour notre patrie de si saintes immolations. C'est un gage d'espérance et un sujet de joie : Vive la France ! »

Un monument funèbre élevé par les souscriptions du pèlerinage sera là-bas le témoin de cette piété patriotique et perpétuera le souvenir de ce saint prêtre.

LII

ÉCLIPSE DE SOLEIL. — VISITE LA MOSQUÉE D'OMAR.

A ce moment le soleil se voilait. L'éclipse totale qu'on avait annoncée entrait dans son plein et donnait une demi obscurité.

J'arrivai au couvent de St-Sauveur ; on m'invita à aller auprès d'une croisée pour voir de là le soleil à travers un verre fumé.

Il était presque entièrement couvert. L'obscurité était à peu près semblable à celle du crépuscule lorsque le dernier rayon vient de disparaître derrière l'horizon.

L'atmosphère se refroidit. Le ciel perdit son bleu et disparut dans une brume noirâtre. Il y eut comme un silence de mort.

Mais peu à peu la lumière et la chaleur reprirent

leur empire et nous donnèrent une grande journée d'Orient.

Une réunion générale assembla le pèlerinage dans l'église du patriarcat vers les trois heures.

La parole fut portée par le P. Bonaventure, religieux du tiers-ordre régulier de St-François, missionnaire de N.-D. de la Drêche, près d'Alby.

Nous avons gardé un excellent souvenir de sa belle instruction comme nous avons lu avec le plus vif intérêt les articles qu'il a écrits sur le pèlerinage dans la *Semaine religieuse* d'Alby.

Après cette réunion, je me rendis à *Casa-Nova* pour rejoindre le frère Liévin qui allait conduire un groupe de pèlerins à la mosquée d'Omar. Ce fut ma seconde visite de ce monument.

Je crois avoir dit que la mosquée d'Omar est bâtie sur l'emplacement du temple de Salomon au sommet du Moriah.

C'est le moment de rendre compte de cette excursion une des plus intéressantes de Jérusalem.

Lorsque vous avez passé la porte monumentale qui vous donne accès dans cette enceinte, vous vous trouvez devant une esplanade de 500 mètres de longueur sur 300 mètres de large.

C'est le seul endroit de la ville qui donne un horizon au regard, où la lumière vous éclaire de toute l'abondance de ses rayons, où le grand air dilate les poitrines.

Avant la guerre de Crimée, nul chrétien ne pouvait franchir ce seuil sans s'exposer à être frappé de la peine de mort.

Châteaubriand nous apprend dans son *Itinéraire* qu'il alla se mettre à une fenêtre d'une des maisons du voisinage pour mesurer du regard ce vaste terrassement.

Il fut même tenté, dit-il, d'affronter les risques de cette périlleuse visite, mais il fut arrêté dans la crainte de compromettre par sa témérité les franciscains et les catholiques de la ville.

Un des premiers qui ont pénétré dans la mosquée, est un français dont on donne le nom qui m'échappe et qui dut payer un droit de 500 fr.

Aujourd'hui le tarif a bien baissé. Si l'on forme un groupe de vingt à trente, il suffit de 1 fr. ou 1 fr. 50 par personne. Le consul de votre nationalité obtient la permission qui est toujours nécessaire et donne ses janissaires pour vous accompagner.

LIII

LE MONT MORIAH.

Lorsque le roi David choisit le mont Moriah pour servir d'emplacement au temple que construisit Salomon, son fils, ce mont était déjà célèbre dans le monde et surtout parmi le peuple de Dieu.

Depuis, il l'est devenu bien davantage.

« Le mont Moriah, dit M. de Vogüé dans l'*histoire du Temple de Jérusalem*, est certainement un des points les plus vénérables de la terre, un des plus dignes d'appeler l'étude et de provoquer la méditation.

» Non seulement, il a pendant dix siècles porté le temple de Jérusalem, c'est-à-dire le premier sanctuaire de l'ancien monde, l'autel du vrai Dieu, le seul point fixe qui s'offre à nos intelligences au milieu des obscurités des origines religieuses de l'humanité, mais encore aux époques anté-historiques, il paraît avoir été l'objet d'un culte qui nous reporte au premier âge du monde. Le souvenir de ce culte s'est déposé dans un cercle de traditions, groupé autour du sommet de la colline. »

C'est au sommet de ce rocher qu'Abraham conduisit son fils pour l'immoler. C'est là que l'ange de Dieu arrêta son bras prêt à frapper Isaac, 1800 ans avant J.-C.

C'est sur ce rocher encore que David dressa un autel pour fléchir la justice divine irritée par le recensement qu'il avait ordonné dans son royaume.

Le grand roi égaré par un sentiment de vanité fit dénombrer son peuple et les hommes de son royaume capables de porter les armes.

Les officiers chargés de ce soin comptèrent treize cent mille soldats.

Dieu fut mécontent de cet acte de vanité. Il punit David en frappant son peuple.

Soixante-dix mille de ses sujets périrent de la peste.

Accablé de douleur, David demanda grâce.

Dieu lui fit dire alors par le prophète Gad d'aller dresser un autel sur l'aire d'Ornan et d'y offrir un sacrifice.

Cette aire était située au sommet du Moriah.

Le saint roi obéit et sa prière fut exaucée.

LIV

PROMESSE DE LA CONSTRUCTION DU TEMPLE.

Comme témoignage de sa gratitude, David promit d'élever un temple au Seigneur.

Mais le prophète Nathan qui avait approuvé ce pieux dessein vint le trouver le lendemain et lui dit :

« Voici ce que dit le Seigneur-Dieu : Quand tes jours seront accomplis et que tu reposeras avec tes pères, je susciterai ton fils. C'est lui qui bâtira un temple à mon nom. Ce n'est pas toi, parce que tu es un homme de guerre et que tu as versé le sang. »

Le pieux monarque se soumit à cette décision du ciel.

Lorsqu'il fut près de descendre dans la tombe, il convoqua tout Israël. Son fils Salomon était à ses côtés. Il le proclama roi pour lui succéder et le fit acclamer par les grands, les officiers et le peuple.

Lorsque toute la nation lui eut ainsi rendu hommage, David s'adressa à ce fils en présence de la foule et lui dit :

« Salomon, mon fils, apprends à connaître Dieu et sers-le dans un cœur parfait et une âme de bonne volonté. Et puisque Jéhovah t'a choisi pour lui bâtir un temple et un sanctuaire, arme-toi de force et mets-toi à l'œuvre. Aie du courage et sois un homme. »

Ayant ainsi parlé, il lui donna le plan du temple qu'il avait dressé sur l'inspiration divine. Après lui en avoir montré les proportions et indiqué les dispositions, il lui désigna l'endroit où il avait entassé l'or, l'argent, le fer, l'airain, le marbre, les pierres précieuses qui devaient servir à l'édification du monument.

Le peuple lutta de générosité avec le roi et déposa à ses pieds des sommes immenses.

David s'adressa alors au Seigneur :

« Béni soyez-vous, ô Jéhovah, Dieu d'Israël, notre père. Béni soyez-vous de siècle en siècle. A vous la grandeur, la puissance, la gloire, la victoire et la louange.

» Je vous ai offert ces choses dans la droiture de mon cœur et avec joie, et votre peuple rassemblé ici vous a offert ses présents avec une grande allégresse.

» Donnez à mon fils Salomon un cœur parfait, afin qu'il garde vos commandements et qu'il bâtisse ce temple pour lequel j'ai fait ces préparatifs. »

Après cette prière, le roi et le peuple se prosternèrent en adoration devant Dieu. Il y eut ensuite de nombreux sacrifices, des fêtes, des réjouissances extraordinaires, et de nouveau Salomon fut acclamé roi d'Israël par un élan unanime d'enthousiasme et d'amour.

LV

TEMPLE DE SALOMON. — L'ARCHITECTE. — NOMBRE DES OUVRIERS EMPLOYÉS.

Aussitôt arrivé au trône, Salomon se mit à l'œuvre.

On me saura peut-être gré d'indiquer sommairement le nombre des ouvriers qui travaillèrent à ce monument, les sommes d'argent dépensées, les travaux exécutés, les efforts qui furent faits, les matériaux qui furent employés.

La science a constaté ces faits et les a établis d'une manière indiscutable.

Elle prouve que le génie de l'homme s'élevait alors à une hauteur que notre siècle des lumières peut à peine imaginer.

Comme je l'ai dit, le plan du temple fut inspiré à David par Dieu lui-même.

Le roi de Tyr, Hiram, l'allié et l'ami de Salomon, fournit l'architecte.

Cet architecte portait le même nom que le roi et s'appelait Hiram, comme lui.

Hiram était doué d'une intelligence prodigieuse. Il étudia et comprit merveilleusement les plans de David.

Il excellait, nous dit l'Ecriture, dans tous les arts. Il était habile dans la sculpture, la ciselure, la gravure, l'orfèvrerie, etc., etc.

Il eut à son service un nombre extraordinaire d'ouvriers. Ils étaient trois cent quarante mille six cents. Ils se divisaient ainsi : 30 mille Israélites qui se relevaient tous les mois par dix mille étaient occupés à couper les cèdres et les bois du Liban.

Soixante-dix mille hommes portaient des fardeaux, quatre-vingt mille étaient employés à extraire ou à tailler la pierre.

Cent cinquante mille Chananéens, asservis aux Hébreux, travaillaient dans les carrières ou faisaient les transports; trois mille trois cents surveillants commandaient et guidaient les ouvriers.

Ce nombre d'ouvriers fut employé pendant les sept ans que dura la construction du temple et pendant les treize autres qui furent nécessaires pour celle du palais.

LVI

DÉPENSES EN ARGENT. — LES CÈDRES DU LIBAN. — LES CARRIÈRES DE PIERRE.

Aussi bien que le nombre des ouvriers, on a calculé les sommes qu'ont coûtées la construction du temple et celle du palais royal, toutes dépenses comptées.

D'après les calculs faits avec les données les plus sérieuses de la science, Salomon a tiré de ses trésors une somme totale de douze milliards en or et en argent, somme qui représente la valeur de 4 fois le revenu annuel de la France.

Ce calcul n'a rien d'impossible. Rorhbacher résumant les travaux des savants sur cette dépense dit :
« La domination de David, qui s'étendait depuis le fleuve de l'Egypte, le Nil, jusqu'au delà de l'Euphrate comprenait un pays et plus grand et plus riche que n'est la France aujourd'hui. Il y avait des mines d'or ; David avait amassé d'immenses richesses dans ses nombreuses conquêtes ; les tributs qu'on lui payait durent les augmenter prodigieusement pendant les quarante années de son règne. Sous celui de son fils il est dit que l'argent était aussi commun à Jérusalem que les pierres et qu'on le comptait pour rien. Tout cela bien considéré, nous ne voyons rien d'incroyable à une valeur de 12 milliards en or et en argent. »

Les matériaux furent en partie fournis par le roi de Tyr, principalement les bois, car la Palestine a été toujours pauvre en forêts.

Les cèdres si renommés furent coupés dans les montagnes du Liban.

On sait comment ses cèdres sont devenus légendaires et ont excité la curiosité des peuples.

Les touristes vont tous les jours visiter les 12 qui restent encore.

Mgr Mislin dit que l'un d'eux mesure 58 pas de l'extrémité de l'une de ses branches à l'extrémité de la branche qui lui est opposée.

Le tronc du plus grand a 13 mètres 80 centimètres de circonférence.

On a dit que la pierre était extraite et taillée dans les carrières du Liban.

D'après des recherches récentes, il paraîtrait qu'elle aurait été extraite des carrières royales de Jérusalem que l'on a nouvellemment découvertes.

Lorsque les matériaux préparés dans le Liban

étaient terminés, on les transportait à Tyr et aux autres ports phéniciens et ils étaient embarqués pour Jaffa.

De là, on les portait à Jérusalem.

Il est à remarquer que tous les matériaux, les pierres, les bois, les métaux étaient préparés avant d'être portés sur place, si bien que pendant tout le temps de la construction, on n'entendit dans l'enceinte du temple ni bruit de marteau, ni bruit de cognée, ni bruit d'instrument d'aucune sorte. Les pierres ne furent liées entre elles par aucun ciment.

La préparation des matériaux dura trois ans. Lorsqu'ils furent tous ramassés sur le Moriah, on commença la construction.

LVII

DESCRIPTION DU TEMPLE DE SALOMON. — L'ARCHE D'ALLIANCE.

Salomon régnait depuis quatre ans et l'on était à l'année 1105 avant Jésus-Christ, lorsque les travaux de construction du temple furent commencés.

La cime du Moriah étant escarpée et se trouvant insuffisante pour soutenir les bâtiments projetés elle fut nivelée et agrandie par de gigantesques ouvrages de terrassement.

Tout fut terminé quatre ans après, lesquels joints aux trois années qui furent nécessaires pour ramasser les matériaux forment une période de sept ans.

Je n'ai pas à faire la description du temple de Salomon. Ce travail a excité la curiosité et l'admiration des savants de tous les pays et de toutes les époques principalement de nos jours.

Il formait comme une ville ; trois enceintes le composaient.

La première était réservée aux gentils et formait un carré dont chaque côté avait deux cent mètres.

La seconde enceinte était destinée aux Israélites. Chaque côté avait cent soixante-dix mètres environ.

La troisième était réservée aux prêtres et aux lévites et avait soixante-dix mètres en carré.

C'est au milieu de cette dernière enceinte que se trouvait le temple proprement dit. Je m'étends un peu plus sur cette partie de l'édifice.

Ainsi qu'on le croit communément, le temple proprement dit ne servait pas de lieu de réunion aux fidèles. Il était véritablement la maison de Dieu. Le peuple n'y pénétrait jamais.

Il ne faut donc pas se figurer qu'il était semblable à nos églises où l'on prie, où se donne l'instruction, où s'offre le sacrifice en présence de la foule.

Le peuple venait bien au temple pour prier, mais il le faisait en dehors de la nef. Les victimes étaient immolées à l'extérieur.

Voilà pourquoi le temple proprement dit fut bâti dans des proportions restreintes.

Il n'avait que trente mètres de longueur, dix de largeur et quinze de hauteur sur le Saint, et dix sur le Saint des Saints.

Il était divisé en deux parties. Le Saint avait environ 20 mètres de longueur, sur dix mètres de largeur et quinze de hauteur.

Dans cette partie étaient placés l'autel d'or pour les parfums, la table d'or pour les pains de proposition et dix chandeliers d'or, cinq à droite et cinq à gauche.

Les prêtres seuls avaient le droit d'y entrer.

Le Saint des Saints formait la seconde division. Il avait environ dix mètres de longueur, de largeur et de hauteur et formait par conséquent un carré.

Le grand prêtre seul y pénétrait une fois par an.

Il était séparé du Saint par un voile extrêmement riche brodé de chérubins.

C'est dans cette partie qu'était déposée l'arche d'alliance.

Lorsque Salomon l'y fit placer, elle contenait seulement les deux tables de pierre que Moïse y avait enfermées à Horeb au moment de l'alliance de Dieu avec les enfants d'Israël.

L'urne contenant la Manne, la Verge d'Aaron et le livre de la Loi furent mis à coté.

On se demande quelquefois quel a été le sort de l'arche d'alliance.

A la veille de la captivité de Babylone, Dieu avertit Jérémie de retirer l'arche du temple et de la transporter sur le mont Nébo d'où Moïse mourant contempla la terre promise.

Arrivé au sommet, le prophète fit écarter ceux qui l'avaient accompagné et quand il fut à l'abri de leur regard il l'enferma dans une caverne que personne n'a trouvée depuis.

Il annonça ensuite, au nom du Très-Haut qu'elle demeurerait cachée jusqu'au jour où Dieu rassemblera son peuple dispersé et lui fera miséricorde.

Cette prophétie ne s'est pas accomplie. L'arche est encore dans la caverne du Mont Nébo et introuvable comme l'est aussi le tombeau de Moïse.

Sans parler, ce qui serait infiniment trop long, des chefs-d'œuvre d'art et des innombrables ornementations qui furent entassées dans le temple, je me borne à mentionner les bois de cèdre et l'or que Salomon y cumula.

Le grand roi fit lambrisser de cèdre tout l'intérieur du monument, il couvrit ces lambris de lames d'or attachées avec des clous d'or. Dans le Saint des Saints le pavé était plaqué de lames d'or. Il n'y avait rien, nous dit l'écrivain sacré, qui ne fut couvert d'or.

On a estimé que la quantité d'or qui s'y trouvait au moment de la destruction du temple sous Titus peut être évaluée sans exagération à 200,000 kilogrammes. C'est Josèphe qui donne ce détail.

LVIII

DÉDICACE DU TEMPLE DE SALOMON.

Lorsque fut terminée cette merveille où se réunissaient toute la puissance et toute la variété du génie, Salomon voulut célébrer les fêtes de la dédicace et il convoqua Israël pour participer à ces solennités.

La fête des tabernacles fut choisie pour cette inauguration.

Cette fête se célébrait après les moissons et les vendanges et était ainsi appelée en mémoire des quarante années qu'Israël avait passées sous la tente dans le désert.

Le jubilé de l'année sainte coïncida avec cet événement.

Au jour indiqué, l'arche d'alliance fut retirée de la citadelle de Sion et portée au nouveau temple sur les épaules des prêtres et des lévites.

Le roi marchait en tête revêtu de ses ornements royaux et au milieu de la pompe orientale de sa cour.

Des chants puissants faisaient retentir les airs des louanges de Jéhovah.

Du milieu du son des cymbales, des psaltérions,

des cithares, de l'harmonie de cent vingt trompettes et de milliers d'autres instruments de musique, s'élevaient des voix innombrables qui portaient cet hymne au pied de l'Eternel :

« Louez le Seigneur parce qu'il est bon, bénissez-le parce que sa miséricorde est infinie. »

Lorsque le cortège fut arrivé au temple, Salomon s'avança vers l'autel du Très-Haut, monta sur une estrade, ploya ses deux genoux, tendit les mains vers le ciel, et tout le peuple s'étant prosterné jusqu'à terre, il consacra à Dieu sa personne, sa famille, son peuple.

Ayant fini, il se leva debout et laissant échapper de son cœur les effusions d'incomparables louanges en l'honneur du Très-Haut, il bénit toute l'assemblée d'Israël.

Au moment où il achevait, le feu tomba du ciel et consuma les holocaustes et les victimes.

Voyant descendre parmi eux la gloire de Dieu, les enfants d'Israël tombèrent la face contre terre et adorèrent Jéhovah en disant :

« Louons Dieu parce qu'il est bon, bénissons-le parce que sa miséricorde est infinie. »

Tout Israël était là. Il faut estimer à plusieurs millions le nombre des personnes présentes. Cela n'est pas étonnant lorsqu'on sait que la loi ordonnait à tous les hommes juifs d'assister aux solennités saintes. D'après des calculs on a évalué à trois millions d'hommes et d'adolescents, le nombre de ceux qui se sont trouvés réunis à la fois à Jérusalem, dans certaines circonstances, encore faut-il dire, que les vieillards et les enfants étaient exemptés. Les historiens admettent ce fait sans difficulté.

Telle fut la solennité de la dédicace pour la description de laquelle l'Esprit-Saint a épuisé dans le livre des rois toutes les richesses et les magnificences du langage.

LIX

LE CULTE DIVIN AU TEMPLE.

A partir de ce jour le service public du culte fut inauguré dans le temple.

Il était célébré par les prêtres de l'ancienne loi selon l'ordre indiqué par Dieu.

Sous l'autorité suprême du Grand-Prêtre, vingt-quatre familles sacerdotales se relevaient dans les cérémonies et l'oblation des sacrifices. Ces familles avaient pour les aider dans leurs fonctions vingt-quatre mille Lévites.

Quatre mille chantres et musiciens divisés en vingt-quatre classes avaient la mission d'entonner les louanges de Jéhovah.

Telle était l'organisation du service divin dans ce lieu que l'Eternel se choisit pour recevoir les hommages des hommes.

C'est de ce sanctuaire merveilleux que d'incessantes louanges s'élevèrent aux pieds du trône de Dieu, que des hymnes inspirés chantaient à Jéhovah, la vérité, la beauté, la gloire de ses perfections, les prodiges de sa Providence, les trésors infinis de ses miséricordes.

Jamais Athènes, jamais Rome, jamais aucun peuple de l'antiquité n'eurent ni des cantiques, ni des poèmes qui aient approché en beauté des accents sublimes de David et des prophètes.

C'est que ces chants étaient destinés à entretenir le flambeau de la vérité qui du fond de la Judée resplendissait sur le monde entier et conservait dans sa pureté la notion vraie de Dieu, la sainteté du culte qui lui est dû, la notion exacte de ses attributs.

C'est à ce centre qui projetait ses clartés comme un phare lumineux, que les philosophes, les poètes, les législateurs vinrent s'instruire et qu'ils puisèrent ces beautés, ces vérités, ces richesses que nous admirons et qu'ils auraient ignorées s'ils n'étaient pas venus les apprendre dans les livres saints.

Qu'on juge donc de l'effet produit sur l'imagination des peuples par ce temple dont les enseignements étaient pendant les âges de l'ancienne loi ce que sont les oracles du Vatican depuis la loi nouvelle.

Depuis le jour de la dédicace, l'histoire du peuple de Dieu est toute liée à l'histoire du temple.

Le temple brilla de toutes ses splendeurs, tant que la nation fut fidèle à observer la loi de Moïse, mais il se couvrait comme d'un voile de douleurs lorsqu'elle s'éloignait de son législateur divin.

Moïse le lui avait dit au nom de Dieu. La récompense ou le châtiment poursuivirent toujours ce peuple extraordinaire. S'il était fidèle, Dieu lui prodiguait la prospérité ; lorsqu'il prévariquait, les châtiments le frappaient avec une terrible inflexibilité.

Je ne puis pas suivre toutes ces vicissitudes de joie ou de malheur.

LX

DESTRUCTION DU TEMPLE SOUS NABUCHODONOSOR.
CAPTIVITÉ DE SOIXANTE-DIX ANS.

J'arrive à la destruction du temple sous Nabuchodonosor-le-grand, destruction qui fut suivie de la captivité de 70 ans à Babylone.

Le peuple de Dieu avait méconnu les droits du Très-Haut.

Jéhova lui fit dire par la voix d'Ezéchiel :

« L'iniquité de la maison d'Israël et de la maison de Juda est trop grande. C'est pourquoi mon œil n'épargnera point, et je n'aurai pas pitié et je ferai tomber sur leur tête leur iniquité. »

Et en effet, quelque temps après, l'armée de Nabuchodonosor, roi de Babylone mit le siège devant Jérusalem.

La ville fut prise, Sédécias, roi d'Israël fut fait prisonnier ; il eut les yeux crevés et il fut enfermé dans un cachot où il mourut.

Le temple fut pillé et ensuite incendié.

La ville fut réduite en un monceau de ruines.

Il y avait 406 ans que Salomon avait fait la dédicace du temple.

Non content d'avoir détruit et le temple et la ville, Nabuchodonosor emmena captif à Babylone tout le peuple d'Israël.

Alors commença la captivité qui a duré 70 ans.

Le prophète Jérémie avait été le hérault de Dieu pendant que le Ciel préparait ces châtiments à son peuple. Il fut le témoin désolé de la ruine de sa patrie. Mais plus heureux que ses frères qui durent aller pleurer sur la terre de l'exil, le prophète eut le droit de vivre près du temple.

C'est là que son âme fut abreuvée de toutes les amertumes de la douleur et que le St-Esprit lui dicta sur Jérusalem, la ville infortunée, ces lamentations qui égalèrent les calamités de sa patrie.

LXI

ÉDIT DE CYRUS. — RECONSTRUCTION DU TEMPLE. — SA RESTAURATION PAR HÉRODE-LE-GRAND.

Enfin la justice de Dieu se trouva satisfaite. Israël châtié avec toute la rigueur de la vengeance divine reconnut la main terrible qui le frappait ; il s'humilia et confessa ses crimes.

Le Très-Haut lui fit miséricorde. Cyrus, roi de Perse, entra victorieux dans Babylone. Il eut pitié du peuple captif. Il le rendit à sa patrie et il porta l'édit suivant :

« Ainsi parle Cyrus, roi de Perse : Jéhovah, Dieu du Ciel, m'a donné tous les royaumes de la terre, et il m'a commandé de lui bâtir une maison à Jérusalem qui est en Judée. Qui est parmi vous de tout son peuple ? Que son Dieu soit avec lui ! Qu'il monte à Jérusalem qui est en Judée, et qu'il édifie la maison de Jéhovah, Dieu d'Israël ; il est Dieu celui qui est à Jérusalem. Et quiconque reste dans tous les lieux où il séjourne comme étranger, les habitants de son endroit viendront à son aide avec de l'argent, de l'or, des biens et du bétail, outre ce qu'ils offriront volonlontairement à la maison de Dieu, laquelle est en Jérusalem. »

A la suite de cet édit qui fut publié dans tout l'empire, Zorobabel, prince de la tribu de Juda et le Grand-Prêtre Josué ramenèrent le peuple de Dieu à Jérusalem.

Ceux qui regagnèrent leur patrie furent au nombre de quarante deux mille trois cent soixante-dix. Les autres restèrent dans le lieu de leur transmigration.

Rentrés à Jérusalem, les Juifs se mirent aussitôt à l'œuvre pour réédifier le temple. Les difficultés furent grandes ; près de vingt années furent nécessaires pour achever cette glorieuse construction.

Enfin la dédicace put être faite au milieu des transports et des tressaillements de joie de toute la nation réunie.

Les prophètes Aggée et Zacharie chantèrent les magnificences du nouveau temple et les promesses du Très-Haut.

Ce temple devait dépasser les gloires du premier, car c'est lui qui était appelé à recevoir la visite du Sauveur des hommes.

Aussi le prophète en admiration devant ces destinés futures fit entendre cette parole de Dieu même :

« J'ébranlerai tous les peuples, et le Désiré de toutes les nations viendra et remplira de gloire cette maison. La gloire de cette dernière maison sera encore plus grande que celle de la première. »

Le temple fut pillé et saccagé plusieurs fois, mais il ne fut pas détruit.

Hérode-le-Grand le restaura 17 ans avant Jésus-Christ. Il y accumula d'immenses richesses et lui donna un éclat plus brillant que n'était le temple de Salomon.

C'est de ce temple non reconstruit mais restauré que Josèphe a écrit :

« Tout cet ensemble du temple extérieur, du temple intérieur, du sanctuaire, formant trois enceintes rectangulaires inscrites les unes dans les autres, était plein de splendeur et de dignité. Au lever du soleil, lorsque de loin sur la sainte montagne apparaissait le sanctuaire dominant de plus de cent coudées les deux rangées de portiques qui formaient sa double enceinte ; quand le jour versait ses premiers feux sur cette façade d'or et de marbre blanc ; quand scintillaient ces mille aiguilles dorées qui surmontaient le toit, il semblait que ce fut une montagne de neige, s'illuminant peu à peu et s'embrasant aux feux rougeâtres du matin. L'œil était ébloui, l'âme surprise, la piété éveillée. Le païen même se prosternait. »

LXII

LA VIERGE MARIE ET JÉSUS AU TEMPLE.

L'éclat de ces brillantes splendeurs et cette profusion d'or et d'argent devaient servir à rendre honneur à la Vierge Marie et à son Fils, le Verbe Eternel.

Marie s'y abrita après s'être consacrée à Dieu à l'âge de trois ans et y passa les années de son enfance.

L'enfant Jésus y fut porté huit jours après sa naissance.

Le vieillard Siméon le pressa sur son cœur et dit dans ses tressaillements inspirés :

« Je puis mourir en paix, car mes yeux ont vu le Sauveur qui est la lumière des nations et la gloire d'Israël. »

Nous l'y retrouvons à douze ans, au milieu des docteurs.

Puis, plus tard, lorsque commencèrent les prédications de sa vie publique, il vient tous les jours pour révéler les mystères du royaume des cieux. Pendant trois ans, il y multiplie les prodiges de sa puissance et les merveilles de sa parole.

Un jour les flots de peuple se pressaient plus nombreux autour de sa personne sacrée.

Il se promenait dans la galerie de Salomon à l'époque des fêtes de la Dédicace.

Les Juifs lui dirent :

« Si vous êtes le Christ, dites-le donc publiquement. »

Jésus répondit :

« Je vous l'ai dit et vous ne me croyez pas. Je suis le Fils de Dieu. Mon père et moi nous sommes Un. »

Après ce témoignage, les Juifs voulurent le saisir et le lapider. Mais Jésus prit la fuite.

Une autre fois, il sortait par la porte dorée, ses disciples lui dirent :

« Maître, voyez quelles pierres et quels édifices ! »

« Vous les voyez toutes ces constructions, repartit le divin Maître, eh ! bien, je vous l'affirme, elles seront tellement détruites qu'il n'y demeurera pas pierre sur pierre. »

Et un autre jour il s'arrêta sur le penchant de la montagne des Oliviers, ses yeux se remplirent de larmes à la vue de la ville qui s'étendait sous son regard avec la majesté d'une reine revêtue de magnificence.

« O Jérusalem, dit-il, si tu connaissais les trésors de paix qui te sont offerts !

» Mais tu es frappée d'aveuglement. Des jours sont prêts à tomber sur toi. Tes ennemis t'entoureront de tranchées ; ils t'environneront et te serreront de toutes parts.

» Ils te renverseront par terre, toi et tes enfants qui sont au milieu de toi, et ils ne laisseront pas en toi pierre sur pierre parce que tu n'as pas connu le temps où tu as été visitée. »

Ces temps arrivèrent. Les Juifs se révoltèrent contre la domination romaine.

LXIII

SIÈGE DE JÉRUSALEM. — INCENDIE DU TEMPLE.

Titus fut chargé par l'empereur Vespasien, son père, de conduire le siège de Jérusalem.

Le souvenir du siège de cette ville est gravé dans la mémoire des peuples en traits indélébiles.

Les annales du monde ne racontent pas de guerre qui ait eu des épisodes plus épouvantables et plus sanglants.

L'imagination frissonne au récit des châtiments dont la ville déicide fut frappée.

Les discordes, la famine, la peste, le fer, l'incendie firent plus de douze cent mille victimes qui périrent dans des tortures dont on peut à peine se faire une idée.

Titus fut malgré lui l'instrument des vengeances du ciel. Mille fois, il offrit la paix à ces malheureux, mille fois ses offres furent repoussées.

Lorsque ses soldats eurent renversé les murailles et eurent porté le carnage et l'incendie dans la ville, Titus voulut sauver le temple et donna des ordres terribles pour que nul soldat n'y approchât la torche incendiaire.

Mais le temple était condamné dans les décrets divins.

Les soldats enivrés par le sang et emportés par une fureur cruelle n'écoutèrent pas la volonté de leur général.

« Sans ordre de personne, sans remords d'un tel crime, mû par une *impulsion divine*, dit Josèphe, un soldat saisit un tison, le jette dans le sanctuaire et la flamme éclate. »

A ce moment fatal, les Juifs retrouvent les énergies de leurs forces éteintes et poussent un cri de désespoir.

« Il y eut une heure suprême, dit Franz de Champagny, où il parut à voir de loin cette flamme immense que toute la montagne de Moriah brûlait jusque dans ses racines. C'est alors qu'aux cris de fureur des soldats païens, aux hurlements des Juifs qui combattaient environnés de flammes, aux clameurs de cette multitude désarmée répondit de la montagne voisine de Sion une acclamation de douleur qui retentit, selon Josèphe, jusque de l'autre côté de la mer Morte, dans les montagnes de la Pérée. Alors des hommes agonisants de faim, et depuis longtemps muets trouvèrent dans leur poitrine un dernier cri lorsqu'ils surent que le temple périssait. »

LXIV

IL NE RESTERA PAR PIERRE SUR PIERRE.

Ainsi fut réalisée la prophétie. Du temple, il ne resta plus pierre sur pierre, selon la parole du Christ.

C'est vrai à la lettre. Mais cette prédiction doit s'entendre seulement du temple proprement dit, c'est-à-dire du Saint et du Saint des Saints.

De cette partie, il n'est rien, absolument rien resté, pas une seule pierre.

Il faut noter que cette partie était bâtie sur le rocher qui avait été aplani ; il n'avait pas été besoin de creuser des fondements. La construction se fit à fleur de rocher.

Avant la construction de la mosquée d'Omar dont nous parlerons bientôt, chacun put constater la vérité de la parole de l'Evangile.

Nous insistons sur ce point, parce qu'il en est qui se demandent s'il faut prendre à la lettre la parole de N.-S. J.-C. et qui hésitent lorsqu'on leur montre le mur oriental du temple, le mur des pleurs des Juifs et les substructions de l'édifice qui existent encore et qui font l'étonnement des visiteurs.

La prophétie doit s'entendre uniquement du temple proprement dit et dans ce sens elle est vraie à la lettre.

Le reste de la ville fut rasé et aplani de façon qu'on avait peine à croire qu'elle eut jamais été habitée.

C'est sur ces ruines tassées que Jérusalem a été reconstruite. Il est arrivé ainsi que le niveau actuel des rues est dans beaucoup de quartiers de 6 ou 7 mètres plus haut que le niveau primitif.

Les fouilles que l'on pratique journellement amènent les plus précieuses découvertes et servent à rétablir l'état ancien des lieux.

Lorsque Jérusalem possèdera un chercheur illustre comme Rome possède M. de Rossi, on sera émerveillé des inappréciables trésors cachés sous ces décombres.

LXV

ARC DE TITUS. — LE COLYSÉE.

Ce lugubre événement eut lieu la 37e année après que le Christ eût expiré sur la croix et la 70e de notre ère.

L'empire romain tout entier retentit du bruit de ce désastre sans précédents dans son histoire si féconde cependant en événements si extraordinaires.

En entrant dans la Ville-Éternelle, Titus reçut les honneurs du plus brillant triomphe qui ait jamais été décerné à un général victorieux.

Un arc de triomphe qui porte son nom lui fut élevé près du Forum et non loin du Capitole.

Il existe encore aujourd'hui et porte tous les caractères de la force et de la solidité romaines.

« Qui voudra voir et toucher le doigt de Dieu, dit Louis Veuillot, qu'il baise ces pierres, monument de l'accomplissement des prophéties. »

Il y eut plus encore. Parmi les cent mille Juifs qui furent menés en captivité, la puissance romaine en employa une multitude à construire le Colysée, cet indestructible monument que le sang des martyrs a inondé pendant trois siècles.

Lorsqu'il fut terminé en l'an 77, une inscription qu'on lit encore y fut gravée en l'honneur de Titus.

Elle est ainsi conçue :

« En mémoire de ce que sur l'ordre de son père, par ses conseils et sous ses auspices, Titus a dompté la nation des Juifs et a détruit la ville de Jérusalem, qu'avant lui, tous les généraux, rois, peuples avaient vainement attaquée ou n'avaient osé combattre. »

LXVI

LA PORTE DORÉE. — LE TRÔNE DE SALOMON ET LES EX-VOTO.

Je vais indiquer rapidement les monuments curieux renfermés dans cette enceinte.

Après y avoir pénétré et avant de visiter les deux mosquées nous nous dirigeâmes vers la *porte dorée*.

Cette porte est la plus célèbre de Jérusalem.

N-S. J.-C. y passa lorsqu'il fit son entrée triomphale dans la ville, acclamé par la multitude qui faisait retentir les airs de ces cris :

« Hosanna, honneur, gloire au fils de David ! »

C'est aussi par cette porte qu'Héraclius fit son entrée dans la ville, lorsque après avoir reconquis la vraie croix sur le fils de Chosroès, il la plaça lui-même sur ses épaules et alla l'exalter sur le calvaire.

Cette porte donne sur la vallée de Josaphat et a été construite par Salomon. Elle conserve encore les vestiges de cette date par les gros blocs qui forment ses premières assises.

Les musulmans l'ont murée. Ils ont ainsi agi parce qu'une tradition très vivante parmi eux rapporte que le roi de France entrera en triomphateur par cette porte et règnera sur Jérusalem.

Si cette croyance doit se réaliser, il faut croire que ce sera bientôt, car la situation de l'empire musulman fait pressentir un démembrement prochain.

Mais c'est aussi l'accomplissement de cette prophétie d'Ezéchiel :

« Le Seigneur me dit : Cette porte demeurera fermée. Elle ne sera point ouverte, et nul homme n'y passera, parce que le Seigneur, le Dieu d'Israël, est entré par elle, et elle demeurera fermée. »

Les infidèles inconscients servent ainsi d'instrument pour la réalisation des divines prophéties.

Tout près de cette porte, on montre le trône de Salomon. Il est enfermé dans une construction carrée. Les musulmans prétendent qu'il y fut trouvé mort.

A l'intérieur de cette pauvre masure est suspendu un voile vert qui cache le trône qui n'est pas autre chose qu'une maçonnerie en saillie.

La fenêtre a un treillage en fil de fer. Chaque anneau est garni de petits morceaux d'étoffe.

Ce sont des *ex-voto* noués à ces grilles par les plaideurs musulmans. Ils vont y prier le grand roi de leur donner gain de cause devant les juges. En signe de confiance à sa protection, ils coupent un peu de leur manteau et le laissent attaché à cette grille.

S'il faut en juger par le nombre de ces pièces, les procès doivent être bien nombreux et la confiance illimitée dans la puissance du grand roi.

LXVII

LA MOSQUÉE EL-AKSA.

On nous conduisit ensuite vers la mosquée El-Aksa, ou mosquée éloignée.

C'était autrefois l'église de la Présentation de la très sainte Vierge Marie.

L'empereur Justinien avait ordonné sa construction.

Le Khalife Omar la convertit en mosquée. Elle subit beaucoup de modifications.

En 1099, les croisés établirent dans ses dépendances le palais des rois de Jérusalem. En 1118, sous Baudouin Ier, les templiers s'établirent dans une de ses parties.

Après que les croisés eurent été chassés, elle fut convertie de nouveau en mosquée. Cet édifice a de vastes proportions. Il mesure 90 mètres de long sur 60 de large. Il a sept nefs séparées par de grosses colonnes. Il est d'un aspect vraiment imposant.

C'est à l'extrémité sud de la grande nef que la tradition place l'habitation de la sainte Vierge pendant son séjour au temple.

C'est en ce même endroit qu'elle offrit son divin fils, que le vieillard Siméon entonna le *Nunc dimittis* et que s'adressant à la Mère de Dieu il dit :

« Un glaive de douleur traversera votre âme. »

C'est la prophétie dont la réalisation a fait de Marie la Reine des Martyrs.

Cet emplacement est surmonté d'une coupole soutenue par de belles colonnes.

A quelques pas est un lieu de prière où les musulmans honorent Notre-Seigneur Jésus-Christ sous le nom de Issa. A cet endroit se trouve l'empreinte d'un pied gravée sur une pierre.

Il en est qui prétendent, mais c'est à tort, paraît-il, que c'est l'empreinte qui manque à l'endroit de l'Ascension.

A gauche de la nef du milieu se trouvent deux colonnes appelées par les musulmans Colonnes de l'Epreuve.

Elles sont très rapprochées l'une de l'autre tellement qu'un homme de grosseur ordinaire n'y passe que difficilement.

Celui qui fait heureusement cette épreuve et glisse à travers, celui-là est sûr d'aller au Ciel.

Les musulmans étaient fanatiques pour tenter cette expérience. Mais, il y a quelques années, deux hommes trop gros voulant passer quand même s'y étouffèrent.

Depuis ces deux accidents, le gouverneur a fait placer une forte tige entre les deux colonnes, de sorte qu'il n'est plus possible de tenter l'aventure.

A l'extrémité des nefs, on voit la salle d'armes des Templiers. C'est là qu'ils s'exerçaient à leur métier de soldat. Elle est à peu près ce qu'elle était autrefois.

L'ancienne église de la Présentation est placée au sud de l'esplanade.

LXVIII

LE KALIFE OMAR. — LA BIBLIOTHÈQUE D'ALEXANDRIE.
— CONQUÊTE DE JÉRUSALEM.

La mosquée d'Omar en occupe le centre. Ce lieu de prière, un des plus célèbres parmi les musulmans, puisqu'il vient après celui de la Mecque, a perpétué la renommée du mont Moriah.

Omar fut le deuxième successeur de Mahomet.

Par son génie, par ses conquêtes, il mit le dernier sceau à l'œuvre du faux prophète et affermit en Orient la religion du Koran.

En écrivant le nom du kalife Omar, je rappelle que c'est lui qui ordonna de brûler la bibliothèque d'Alexandrie.

Consulté par un de ses généraux pour savoir le sort qu'il fallait réserver à cette collection unique au monde, il répondit : « Si le contenu de ces livres s'accorde avec le livre de Dieu (l'alcoran), le livre de Dieu nous suffit ; s'ils contiennent quelque chose qui y soit contraire, nous n'en avons pas besoin. Ainsi, il faut s'en défaire. »

L'islamisme inaugurait ce travail de destruction que n'a cessé de poursuivre la Révolution dont il est une des formes les plus grossières. Les barbares de 93 furent leurs dignes imitateurs en détruisant avec la même sauvagerie les innombrables chefs-d'œuvre qui étaient la gloire et la richesse de nos monastères et de nos cathédrales. Le nihilisme actuel est fidèle à ces traditions.

La fameuse bibliothèque d'Alexandrie fut donc brûlée. Pour donner une idée de l'énorme quantité de livres qu'elle renfermait, il suffit de dire qu'on chauffa pendant six mois avec eux les quatre mille établissements de bains qui étaient ouverts dans la ville.

Jérusalem attira l'armée d'Omar qui vint en faire le siège en personne.

Cette ville, immortelle dans sa tombe, était sortie de ses décombres sous le nom d'Œlia-Capitolina et quoique dépouillée de ses anciennes splendeurs, elle était une menace permanente pour le cas où les Juifs, dont la ténacité est invincible, auraient rétabli leur royaume.

La ville fut assiégée, mais le Kalife ne put s'en rendre maître.

Enfin, au bout de deux ans, les assiégeants et les assiégés entrèrent en composition et un acte de capitulation fut rédigé.

Ce document déterminait les conditions d'existence faites aux chrétiens de Jérusalem et d'après lesquelles ceux-ci auraient la pleine liberté de leur culte, leurs églises seraient respectées avec défense toutefois de les surmonter de la Croix et de sonner les cloches à toutes volées.

Aujourd'hui cependant la Croix domine la coupole du St-Sépulcre et les cloches peuvent librement remplir les airs de leurs chants et de leur harmonie.

Ces capitulations et bien d'autres ayant été acceptées, le Kalife fit son entrée dans la Ville Sainte.

C'était en l'an 636 de notre ère.

En franchissant les portes de la Ville, le conquérant fut saisi malgré lui d'un sentiment religieux qui le remplit de crainte et de tremblement.

Il se couvrit en signe de Religion d'un manteau de poil de chameau.

— 225 —

Son entrevue avec le patriarche Saint-Sophrone fut respectueuse.

Il lui demanda où était l'emplacement de l'ancien temple de Salomon et il s'y rendit aussitôt pour faire sa prière.

LXIX

TENTATIVE DE JULIEN-L'APOSTAT POUR LA RECONSTRUCTION DU TEMPLE.

Je dis en deux mots ce qui s'était passé dans ce lieu sanctifié depuis l'incendie sous Titus.

Lorsque l'empereur Adrien fit rebâtir la ville en l'an 136, un temple païen fut construit sur l'emplacement du Saint des Saints et une statue de Jupiter érigée à l'endroit qu'occupait l'arche d'alliance.

Constantin la fit enlever.

Julien l'apostat, proclamé empereur de Rome en l'an 360, résolut de rebâtir l'ancien temple, de rétablir la religion juive et de restaurer le royaume d'Israël.

C'est un défi qu'il entendait opposer à la prophétie du Christ.

Il rappela donc les Juifs dispersés dans tout l'univers et leur promit sa protection. Ils accoururent en foule apportant de l'or, de l'argent, des objets du plus grand prix et s'offrant en grand nombre à faire eux-mêmes les travaux. L'empereur de son côté ouvrit les trésors de l'empire.

On se mit à l'œuvre. On déblaya le sol. Dieu leur donna juste le temps d'enlever les dernières pierres qui étaient restées après l'incendie ; et lorsqu'il fut démontré qu'il ne restait rien de l'ancienne construction, le ciel se mit de la partie et se chargea d'établir la vérité de la parole de N.-S. J.-C.

Voici ce que rapporte Ammien-Marcelin, historien grec qui écrivait à Rome en l'an 378 :

« Tandis qu'Alypius pressait vivement les travaux du temple, il sortit des fondements de terribles tourbillons de flamme qui dévorèrent à plusieurs reprises les ouvriers et rendirent ce lieu inaccessible. Obstinément combattue par cet élément, l'entreprise fut abandonnée. »

Ce témoignage est confirmé par celui de tous les contemporains qui rappellent en même temps d'autres prodiges sujet d'épouvante pour les uns et de conversion pour les autres.

LXX

LA MOSQUÉE D'OMAR. — SA DESCRIPTION.

Au moment de la conquête d'Omar, cet emplacement était le réceptacle des immondices d'une partie de la ville. Le Kalife s'y rendit, y fit sa prière et résolut d'y construire une superbe mosquée.

Cette place fut donc purifiée. Prenant le premier les immondices dans son manteau, il inaugura lui-le travail de déblaiement. Tous ses sujets l'imitèrent en montrant le même zèle.

Mais 55 ans après, le Kalife Abdel-Mélek remplaça cette mosquée par un monument et plus riche et plus splendide. C'est le même que nous admirons aujourd'hui sans que les diverses restaurations qu'il a subies l'aient sensiblement modifié.

En 1099, les Croisés y massacrèrent 10,000 musulmans qui s'y étaient refugiés et s'y défendirent avec le fanatisme du désespoir.

Godefroy de Bouillon la fit purifier et consacrer après l'avoir dépouillée de ses richesses immenses, mais profanes.

Convertie en basilique, elle fut desservie par les chanoines de l'ordre de Saint-Augustin.

Elle reçut le titre de *temple du Seigneur, templum Domini*. L'autel fut érigé sur la pierre même du sacrifice d'Abraham.

Après le départ des croisés, les musulmans firent de grandes cérémonies pour la purifier. Ils lavèrent les murs et les lambris à plusieurs eaux et enfin y passèrent de l'eau de rose.

Elle fut ensuite livrée de nouveau au culte de Mahomet.

Lorsque les infidèles firent tomber la croix qui la dominait, ceux-ci poussèrent un grand cri de joie, les chrétiens un grand cri de douleur. « Le bruit de ce cri fut tel, dit un chroniqueur arabe, qu'on crut que le monde allait s'abîmer. »

Depuis ce jour à jamais lugubre, la prière s'y est uniquement faite en l'honneur du faux prophète.

Mais aussi depuis ce jour, la mosquée n'a rien perdu auprès des musulmans de son respect ni de sa sainteté.

Ils croient que toute prière faite en ce lieu rend même au plus criminel l'innocence du jour de la naissance. Quiconque meurt dans son enceinte est heureux comme s'il mourait dans le paradis. Soixante dix mille anges y sont envoyés chaque nuit par Dieu pour y chanter : *Alleluia*.

Elle forme un octogone régulier ayant 55 mètres de diamètre. Elle reçoit le jour par 56 fenêtres dont 16 sont constamment fermées. Les murs extérieurs sont revêtus de placages en faïence. Une coupole la couronne. Un immense croissant doré la surmonte.

Vue de l'extérieur, cette mosquée produit un bel et grandiose effet.

Admis à la visiter nous dûmes remplir la formalité préliminaire absolument exigée toutes les fois qu'on pénètre dans un temple musulman.

Nous laissâmes nos souliers à la porte avec faculté de prendre des sandales qui nous étaient fournies moyennant *backchiche*. Par contre, on vous recommande expressément de garder le chapeau sur votre tête, comme aussi et surtout de ne pas rire lorsque vous entendrez raconter ces mille fables dont la légende a rempli ces lieux.

Quatre grandes portes en permettent l'entrée. C'est par la porte orientale que passent les visiteurs.

Aussitôt que le regard embrasse cette enceinte qui vous apparaît dans l'ensemble de ses belles et élégantes proportions, dans tout l'éclat de ses mosaïques resplendissantes d'or et d'argent, avec ses magnifiques colonnes de marbre aux chapiteaux savamment travaillés, avec ses grilles aux dessins les plus variés, l'âme se sent dominée par un indéfinissable sentiment où se mêlent au même degré l'admiration, le respect, la crainte, la religion.

Mais aussi quels inexprimables sentiments de tristesse! Dieu avait dit :

« Mon nom sera ici. »

Il remplit en effet ce sanctuaire pendant mille ans. Mais maintenant il y règne l'*abomination de la désolation*, à cause des crimes du peuple choisi !

La lumière y est répandue par un système de vitrerie coloriée qui produit le plus merveilleux et ravissant effet.

On disserte longuement et on en appelle à toutes les données de la science pour expliquer comment peut se réaliser cette merveille.

Le génie de l'homme peut y être pour beaucoup, mais nous croyons que la splendeur du soleil d'Orient a le principal mérite dans cette diffusion de la lumière et que la disposition des verres coloriés est secondaire.

Quoiqu'il en soit, c'est quelque chose dont nos verrières les plus célèbres donnent à peine l'idée.

La mosquée est composée de trois enceintes formées par des colonnes et des piliers en marbre et couverts de mosaïque. Une grille aux dessins variés occupe les espaces vides.

La coupole a 20 mètres de diamètre. Les ornementations y sont innombrables et leur description a rempli bien des volumes dont un des plus importants est celui de M. de Vogüé : *Histoire du Temple de Jérusalem.*

Je n'ai pas à les décrire, mais je dois répéter que nul visiteur ne peut se soustraire à la profonde émotion produite par les magnificences qui frappent les yeux.

LXXI

LE ROCHER OU SACKRA. — LES EX-VOTO. — LE PUITS DES AMES. — LES MUSULMANS EN PRIÈRE.

Je dis un mot du rocher du sacrifice d'Abraham qui est l'objet de toute la dévotion des musulmans et qui a donné lieu à la construction de la mosquée.

C'est sur ce rocher qu'Abraham voulut sacrifier son fils ; c'est là que David offrit le sacrifice, que le feu du ciel dévora et à la suite duquel Dieu pardonna le roi coupable. C'est là que reposa l'arche d'alliance pendant 406 ans.

Un moment cependant le sang de l'Agneau divin l'inonda de tous les trésors de la grâce de la Rédemption.

Pendant le règne des rois latins, l'autel principal de la basilique fut fixé sur ce rocher béni.

Ce rocher porte aujourd'hui le nom de Sackra.

Il occupe le centre de la mosquée et s'élève en saillie à la hauteur d'un mètre environ.

Il est protégé par une grille en bois contre la dévotion publique, qui voudrait en couper des morceaux et les prendre comme *ex-voto*.

Il est nu et sans aucune décoration. Sa forme est irrégulière. Plusieurs blocs en ont été détachés à diverses époques.

Les musulmans ont accumulé les fables et les légendes autour de ce rocher.

Un jour, il suivit Mahomet jusqu'aux portes du ciel. Mais l'archange Gabriel reçut l'ordre de Dieu de le remettre en place. Cet ordre fut exécuté. Le rocher cependant resta suspendu à une petite hauteur.

Les femmes, prises de peur dans la crainte qu'en tombant il ne fût la cause de mille catastrophes, obtinrent d'un kalife qu'on l'étayât sur des colonnes.

Cependant l'opinion vulgaire veut qu'il soit encore suspendu et que les colonnes ne servent qu'à calmer les imaginations.

A la voûte et comme formant une tente au-dessus du rocher, est suspendu une sorte de voile vert et rouge que Dieu aurait donné à Adam après qu'il eut retrouvé Eve perdue.

Deux poils de la barbe de Mahomet sont conservés dans une urne en argent.

L'étendard du prophète, le drapeau d'Omar s'y vénèrent aussi.

Au-dessous du rocher est une crypte. Les infidèles l'appellent le puits des âmes. Du dimanche au lundi et du jeudi au vendredi, les âmes des musulmans se réunissent pour y adorer Dieu.

Nous pourrions indiquer mille autres récits fabuleux.

Mais nous nous arrêtons. Ce que nous avons dit suffit pour montrer que l'esprit de l'homme une fois détaché de la vérité est capable de descendre à toutes les puérilités et à toutes les insanités.

J'ai dit que la mosquée d'Omar est un lieu de prière. On y vient seulement pour adorer.

Nous y avons vu plusieurs musulmans en adoration et comme toujours, lorsque nous les avons vu prier, nous avons été frappé de la profondeur de leur recueillement.

Les pèlerins passaient et repassaient et jamais ils n'ont surpris un mouvement de curiosité qui ait pu tirer ces infidèles de la méditation dans laquelle ils étaient abîmés. S'ils faisaient un mouvement, c'était pour la prostration et non pour regarder.

Après être sortis de la mosquée, on nous conduisit dans les substructions. Il existe encore des parties qui remontent à Salomon.

On demeure étonné par la grandeur des blocs qui forment les premières assises et qui sont le témoignage solennel du génie de l'homme et de la science de la mécanique à cette époque.

Les savants modernes qui se vantent tant eux-mêmes auraient bien de la peine à arriver à des œuvres si gigantesques.

Avant de sortir, le frère Liévin nous donna quelques explications sur la citadelle Antonia qui fut un des derniers boulevards de la résistance juive pendant le siège de Titus. Elle était bâtie sur le roc près du temple et elle garde encore quelques vestiges de son ancienne solidité.

LXXII

LA FÊTE DE L'ASCENSION AU MONT-DES-OLIVIERS. — RENCONTRE D'UN JÉROSOLIMITAIN.

C'est le jeudi 18 Mai, jour de l'Ascension.

En cette fête, l'Eglise tout entière retentit de ces chants de joie :

« *Alleluia*, le Christ est monté au ciel, venez et adorons-le, *alleluia*. »

Ce glorieux anniversaire, nous l'avons célébré sur le Mont-des-Oliviers. Nous avons adoré au lieu même de l'Ascension et nous avons baisé le saint vestige qu'y laissèrent les pieds du Sauveur.

Je partis à 5 heures du matin.

Déjà à cette heure, la ville n'a plus la solitude des temps ordinaires. Tout est vie et mouvement dans les rues de Jérusalem et dans le sentier qui conduit à la sainte montagne.

Des groupes de Turcs et d'Arabes sont confondus avec les catholiques, les schismatiques, les pèlerins.

Les Français ont leur blanc costume aux formes les plus bizarres. Les orientaux portent leurs habits de fête aux couleurs voyantes ; les larges plis de leur manteau flottent au vent. La foule marche à pied. Mais un grand nombre ont des montures. Les chameaux, les ânes, les mulets, les chevaux portent des pèlerins au sommet de la montagne.

C'est un rendez-vous général, car c'est la fête de tous les cultes, de toutes les sectes et même des fils de Mahomet.

L'Ascension de N.-S. J.-C. au ciel ouvre toutes les espérances, relève tous les courages et ranime la confiance universelle.

A côté de nous chemine un jérosolimitain. Un garçon de dix ans et une jeune fille de sept à huit ans le précèdent de quelques pas en sautillant de joie. Ce sont ses deux enfants.

Lui-même a la physionomie ouverte, le regard franc, le sourire gracieux. Il nous salue.

« Vous êtes donc catholique, lui disons-nous. »

« Oui, grâce à Dieu, nous dit-il ajoutant quelques mots en très bon français. »

« Mais vous parlez comme si vous étiez né en France. »

« Oh ! non, dit-il, c'est moi-même qui ai tout appris. En apprenant l'arrivée des français, j'ai demandé une grammaire aux frères, je me suis mis à étudier et voilà comment je connais votre langue. »

Il nous dit alors qu'il était ouvrier typographe chez les pères franciscains. C'est lui qui m'apprit que tout le monde se rendait au Mont-des-Oliviers pour célébrer cette fête et s'y livrer ensuite à des jeux et des amusements.

Tout en causant, il appela en arabe son petit garçon et sa petite fille.

Il gronda celle-ci en souriant.

« Imaginez-vous, nous dit-il, que je lui avais promis, si elle était sage, de la prendre au Mont-des-Oliviers. Hier, je lui annonçai que nous partirions de grand matin. A cette nouvelle, sa petite imagination a tellement travaillé qu'elle n'a pas dormi de toute la nuit,

et à chaque heure, elle nous a éveillé tous en criant :
Il est jour, partons. »

Pendant ce temps, la volage enfant sautait, battait des mains et prenait de nouveau les devants.

LXXIII

LE COUVENT DES CARMÉLITES A L'EMPLACEMENT DU PATER. — LES MESSES DANS LES ARCADES DU CLOITRE.

C'est en causant ainsi et mêlant de temps en temps notre conversation à celle des passants que nous arrivâmes au lieu dit du *Pater* où est bâti le couvent des Carmélites.

Dans l'impossibilité de dire un si grand nombre de messes dans l'enclos où est enfermée la mosquée de l'Ascension à cause de l'encombrement dont je parlerai tout à l'heure, la direction du pèlerinage obtint que les autels seraient dressés dans l'enceinte de cette pieuse demeure où les filles de Ste-Térèse remplissent le devoir de la prière perpétuelle.

Ce couvent fut fondé en 1869 par Mme la princesse de la Tour-d'Auvergne qui l'a offert en propriété à la France.

Comme dans toutes les maisons de cet ordre, il y a un cloître carré construit autour du préau.

Sur le mur intérieur ont été placés 32 grands tableaux en faïence sur lesquels le *Pater* est gravé en 32 langues.

Le tableau qui porte le *Pater* en latin est placé à l'endroit même où le divin Maître l'apprit à ses disciples.

Qui n'a pas été attendri en lisant le récit des épanchements du fils de Dieu avec ses disciples ignorants et grossiers ?

Un jour, ils étaient à mi-hauteur de la montagne des oliviers et jouissaient de toutes les beautés d'une nature splendide. Les disciples avaient vu prier le Maître et ils avaient dû deviner tous les ravissements de la prière.

Ils lui dirent donc :

« Maître, enseignez-nous à prier comme le faisait Jean pour ses disciples. »

C'est alors que Jésus laissa tomber de sa bouche cette adorable prière que des millions et des millions de cœurs répètent chaque jour avec amour et qui commence par ces mots : *Notre père qui êtes aux cieux*.

Et puis, il leur dit cette parole qui donne le secret de la puissance de l'homme appuyé sur Dieu :

« Frappez et l'on vous ouvrira. Quiconque demande, reçoit. Quiconque cherche, trouve. Croyez-vous que votre père céleste ne donnera pas un esprit bon à celui qui le lui demande ? »

A cette place même, s'élevait une belle et riche chapelle pour honorer le lieu où avait été enseigné le *Pater*.

Il n'en existe plus rien. On n'a pas même conservé l'emplacement dans son état naturel. Il est occupé par la partie du cloitre qui en forme l'angle sud-ouest. Le tableau qui la surmonte porte le *pater* en latin.

Une chambre mortuaire a été construite dans un des murs. Elle renferme le tombeau de Mme de la Tour-d'Auvergne. Une urne garde le cœur de son père. Sur la pierre est gravée une page d'histoire rapportant l'éloge de ce prince.

Un sarcophage en marbre orne le milieu. Sur un

lit de parade est une magnifique statue représentant la princesse. C'est là que cette généreuse femme reposera son dernier sommeil.

Du côté du préau et tout autour du cloître s'ouvrent des fenêtres ornées de colonnettes très élégantes et d'un gracieux effet.

C'est dans chacune de ces ouvertures que furent fixés les autels portatifs.

On peut à peine se faire une idée du spectacle solennel offert par cette couronne de prêtres célébrant en même temps, en un lieu si riche de souvenirs et en présence des pèlerins, des fidèles et même des infidèles venus de tous côtés.

En l'anniversaire de l'Ascension, après dix-huit siècles, cette montagne tressaillant encore de la présence du divin Maître fut, selon l'expression de M. de Belcastel, toute ruisselante du sang du Rédempteur.

Avec quel amour se répétaient les paroles qui se lisent à l'*introït* de la messe de cette fête !

« Que toutes les nations battent des mains ! Qu'elles célèbrent Dieu par les chants les plus beaux ! »

Lorsque chacun de nous avait dit sa messe, il pouvait passer dans une petite salle-à-manger, où une sœur Carmélite, éthiopienne d'origine, par conséquent noire, mais parlant très bien le français servait avec une grâce parfaite un très bon café, un lait excellent et des petits pains d'une blancheur de neige.

Je puisai largement à cette source abondante. Mais ce n'était pas tout. M. l'abbé Trémolet avait fait porter un panier garni de provisions arrivées de Rodez et de Périgueux jusqu'au Mont-des-Oliviers. Il va de soi que les pèlerins de ces deux diocèses et de bien d'autres encore vinrent y goûter jusqu'à épuisement complet et que tous passèrent quelques instants d'une douce gaité qui nous rappela toutes les joies de la patrie et ces frugales agapes qui se prennent sur le gazon dans nos lieux de pèlerinage.

LXXIV

LA MESSE SOLENNELLE AU LIEU DU CREDO.

L'heure solennelle de la messe sonna. L'autel avait été placé un peu plus bas du coté de l'Ouest au lieu appelé le *Credo*.

La tradition rapporte qu'avant de se séparer, les apôtres vinrent plusieurs fois en cet endroit pour prier et remémorer entre eux les enseignements du Maître. Il y avait là un enfoncement en forme de grotte ou de caverne, où ils pouvaient s'entretenir librement à l'abri des espionnages et des poursuites des juifs.

Un jour, chaque apôtre proposa une vérité révélée par Notre-Seigneur Jésus-Christ et ainsi fut formé le symbole composé de 12 articles.

Une petite chapelle érigée dans une citerne contiguë à cette grotte rappelle cet événement.

Châteaubriand traduit ainsi les émotions de sa visite en ce lieu :

« Tandis que le monde entier adorait à la face du soleil mille divinités honteuses, douze pêcheurs, cachés dans les entrailles de la terre, dressaient la profession de foi du genre humain, et reconnaissaient l'unité du Dieu créateur de ces astres à la lumière desquels on n'osait encore proclamer son existence. Si quelque romain de la cour d'Auguste, passant auprès de ce souterrain eut aperçu les douze juifs qui composaient cette œuvre sublime, quels mépris il eut témoigné pour cette troupe superstitieuse !

» Avec quel dédain, il eut parlé de ces premiers fidèles ! Et pourtant, ils allaient renverser les temples de ce romain, détruire la religion de ses pères, changer les lois, la politique, la morale, la raison et jusqu'aux pensées des hommes. Ne désespérons donc jamais du salut des peuples. »

L'autel fut dressé sur une terrasse qui offrait au premier plan la vue de la ville de Jérusalem.

Cet autel fut couvert de bouquets de fleurs cueillies au Carmel. De magnifiques draperies aux couleurs pontificales flottaient au vent.

On devine toute la grandeur de cet office célébré en plein air et l'éloquence de ces chants sacrés qui pour la première fois depuis des siècles résonnaient dans cette solitude désolée.

Avant la séparation, le P. Marie Antoine réunit un chœur composé d'une quarantaine de prêtres.

Il les avait déjà préparés pour le chant d'un cantique qu'il avait composé, et dont il avait lui-même trouvé la musique. Cette inspiration lui était venue un matin à bord de la *Picardie*. Ne pouvant pas trouver le sommeil, il était allé prendre sa place à l'arrière du bâteau et, là, quand l'aurore commença à blanchir l'horizon, sa muse lui dicta des couplets dont retentirent plus tard les échos de Jérusalem.

Il fut grand, l'effet produit, lorsque ces voix vaillantes et fortes remplirent l'air de ces paroles :

Jérusalem ! Lève-toi triomphante et plus belle.
La croix te rendra ta clarté.

Devant nous se dressait la mosquée d'Omar et au-dessus l'immense croissant doré étincelant aux rayons du soleil.

LXXV

LE LIEU DE L'ASCENSION. — VIRI GALILÆI.

De cet endroit la distance au lieu de l'Ascension n'est pas grande.

Nous nous y rendîmes pour baiser le St-Vestige du pied de N.-S. J.-C., pour assister à l'office des grecs et des arméniens, pour être le témoin des jeux et des amusements des gens du pays et pour contempler du haut du minaret un panorama unique au monde.

Pendant les 40 jours qui suivirent sa Résurrection, le divin Maître multiplia ses apparitions, développa et confirma ses enseignements.

Enfin, l'heure arriva de rejoindre son Père.

Accompagné de sa Mère, des onze apôtres, de quelques disciples formant un cortège d'environ 150 personnes, il se rendit sur le Mont-des-Oliviers, non loin de Béthanie.

Là, il fit ses adieux suprêmes; il dit ses dernières paroles et puis il étendit les mains, bénit ses disciples et s'élevant dans les cieux au milieu d'un nuage éclatant de lumière, il disparut à la vue laissant sur le rocher la trace de ses pieds.

Cette foule étonnée continuait à tenir les regards élevés vers le ciel, lorsque deux anges parurent au milieu d'elle en disant :

« Hommes de Galilée, pourquoi vous tenez-vous là et regardez-vous le ciel ?

» Ce Jésus qui vient de disparaître à votre vue est retourné vers son Père, il en reviendra un jour pour juger les vivants et les morts. »

Une petite plate-forme rappelle cette apparition;

elle est ornée d'une pierre sur laquelle est sculptée une croix.

Cet endroit porte le nom de *Viri Galilæi*. Il est situé à 400 mètres du lieu de l'Ascension. Il est probable qu'après avoir quitté la première place et s'être transportés à cet endroit où était une hôtellerie, ils regardaient encore cherchant à apercevoir dans les hauteurs des cieux Celui qui venait de les quitter.

LXXVI

MOSQUÉE DE L'ASCENSION. — VESTIGES DES PIEDS DE N.-S. J.-C. — L'OFFICE DES FRANCISCAINS.

Dès ce jour, les pèlerins vinrent en grand concours pour honorer le lieu vénérable de l'Ascension.

Saint Hélène y fit élever une magnifique basilique. Elle enfermait dans son enceinte le rocher sur lequel étaient empreints les vestiges des pieds de N.-S. J.-C.

Saint Jérôme nous apprend dans l'histoire des lieux hébraïques qu'il avait été impossible de fermer la coupole au-dessus de la trace des pieds.

Dans un pays tourmenté et châtié comme l'a été la Judée, cette basilique a subi les vicissitudes les plus diverses.

Plusieurs fois elle fut démolie et puis rebâtie.

Lorsque les croisés eurent abandonné la Terre-Sainte, les Mahométans y élevèrent la mosquée que nous voyons aujourd'hui.

Elle n'est pas grande puisqu'elle a à peine de six à sept mètres de diamètre.

Une petite coupole assez élégante la surmonte. A l'intérieur, elle n'a aucune ornementation. On ne voit que des noms gravés sur le mur par la foule des pèlerins.

Tout à fait au milieu est le rocher en calcaire sur lequel le divin Maître laissa l'empreinte de ses pieds.

Ce rocher à fleur de terre est encadré dans du marbre blanc, dont les rebords un peu élevés donnent au Saint Vestige une profondeur de 10 centimètres.

Que ce soit réellement l'empreinte des pieds de Notre-Seigneur Jésus-Christ, une tradition constante et ininterrompue l'établit et le prouve d'une manière péremptoire.

Les auteurs qui l'appuient de leur témoignage sont innombrables. Qu'il suffise de citer St Jérôme et St Augustin.

La piété catholique est unanime pour confesser cette pieuse croyance.

La mosquée est enfermée dans une sorte de cour. Celle-ci est limitée par les murs qui marquent les dimensions de l'église de Ste-Hélène.

Je franchis cette première enceinte et me dirigeai vers la porte de la mosquée. Elle était gardée par un turc qui exigeait l'inévitable *backchiche*.

Autour du St Rocher un musulman était assis sur ses pieds et tenait une bougie allumée.

Je me mis à genoux pour gagner l'indulgence plénière qu'y ont attachée les souverains pontifes et en baisant le St-Vestige, je répétai ces paroles de St-Léon-le-Grand dans l'office de l'Ascension :

« Réjouissons-nous par de saintes actions de grâces, car en ce jour de l'Ascension, nous n'avons pas été seulement confirmés dans l'espérance de la possession du ciel, mais nous avons pénétré en quelque sorte dans ses splendeurs avec le Christ, notre tête. »

On ne vénère plus aujourd'hui que l'empreinte du

pied gauche. Celle du pied droit a disparu. Les musulmans prétendent qu'elle a été portée dans la mosquée d'El-Aksa. Mais ce n'est rien moins que probable.

Cette partie a été simplement enlevée par morceaux par la piété des fidèles.

La trace du pied se distingue très bien. Mais elle a été usée par les baisers des pèlerins et par le frottement des objets de piété.

Est-ce étonnant lorsqu'on sait que la dévotion des fidèles a usé par ses baisers le pied de la statue en bronze de St-Pierre dans la basilique du Vatican, à Rome ?

La disposition du pied indique que N.-S. J.-C. était tourné du côté de l'Orient lorsqu'il monta au ciel, paraissant ainsi renier Jérusalem, dit St-Cyrille, et se tourner vers les peuples nouveaux.

A ce moment, il n'y avait pas d'office dans la mosquée.

Les franciscains avaient fini le leur depuis plusieurs heures.

Moyennant un tribut, ces religieux possèdent la mosquée la fête de l'Ascension depuis la veille jusqu'à l'aurore. Ils y placent deux autels portatifs.

Je n'assistai pas à cet office de nuit, mais il m'a été rapporté par tous ceux qui ont eu ce bonheur qu'il avait été magnifique, que les chants de l'office y avaient eu une éloquence extraordinaire. Et comme les latins y vont de tous les côtés, ils s'y rendent pendant la nuit en portant des flambeaux ce qui donne à la montagne un aspect tout à fait féerique.

Je ne restai pas longtemps devant ce dernier témoignage qu'a laissé le divin Maître sur cette terre. Je sortis pour faire place à d'autres pèlerins.

LXXVII

L'OFFICE DES ARMÉNIENS ET DES GRECS SCHISMATIQUES.

Ce qui se passait dans la cour à cette heure là, était extraordinaire.

Les Arméniens non-unis et les Grecs schismatiques célébraient leur office. Les Arméniens célébraient à gauche de la mosquée et les Grecs à droite.

J'allai d'abord vers les Arméniens. Il n'est pas possible de raconter les évolutions que firent les officiers pendant cette cérémonie. Je ne dis rien du chant qui était quelque chose d'inouï. Mais il y avait une telle multiplicité de tours et de retours, des croisements si nombreux qu'il fut impossible de rien comprendre à ces mouvements.

La tenue de ces prêtres schismatiques était loin d'être des plus édifiantes. Ils étaient tout yeux pour voir ce qui se passait autour d'eux et paraissaient disposés à tout sacrifier à la curiosité.

Le patriarche et plusieurs autres évêques qui l'entouraient étaient revêtus d'ornements somptueux, mais fanés et usés. La mître était chargée de pierreries en grande quantité et paraissait d'un grand prix.

Lorsqu'ils quittèrent la tente sous laquelle ils étaient, ils se transportèrent du côté de la mosquée et allèrent jusqu'à la porte sans y entrer.

Chacun tenait à la main une croix derrière laquelle brûlait une bougie qu'on y avait attachée.

Là, ils chantèrent, ils firent des prostrations, se tournèrent et se retournèrent en bénissant les quatre points cardinaux. Cette cérémonie fut longue et extrêmement curieuse.

De là, je passai du côté des Grecs. J'arrivai au moment, où le patriarche placé sur la porte de la tente distribuait aux fidèles la communion sous les deux espèces.

Le calice qui les contenait avait une coupe très grande, deux fois au moins comme nos calices les plus grands. Il donnait la communion avec une petite cueiller.

Il cherchait quelquefois assez longtemps au fond du calice afin d'avoir avec l'espèce du vin l'espèce du pain.

Tous la recevaient debout. Ils se heurtaient sans ordre, sans pourtant trop de confusion. Les enfants portés sur les bras de leur mère étaient communiés eux aussi.

Lorsque l'office fut terminé, le patriarche sortit suivi d'un nombreux cortège faisant une distribution sur son passage. Je ne compris pas si c'était le pain bénit ou tout autre matière consacrée.

Si on veut se faire une idée du spectacle offert dans cette cour pendant la célébration de ces deux offices de rits différents, il faut se transporter sur un champ de foire à l'endroit où les saltimbanques ont fixé leur tente et leur traiteau.

C'étaient les mêmes allées et venues, la même confusion auxquelles il faut ajouter une variété de costumes des plus pittoresques et des signes extérieurs de religion des plus démonstratifs.

LXXVIII

PANORAMA DU HAUT DU MINARET.

Tout près de là, est construit le minaret. Je reconnus quelques amis autour de la balustrade et j'y montai moi-même après avoir toutefois payé le *backchiche* au turc qui en défendait l'entrée.

Le lieu de l'Ascension est au sommet du mont des Oliviers. Celui-ci est à 830 mètres au-dessus du niveau de la Méditerranée.

Lorsque j'eus gravi l'escalier assez mauvais et que je fus parvenu à la plate-forme, le panorama qui s'offrit à mes yeux m'éblouit. C'est sans contredit un des plus beaux spectacles qu'il soit possible d'admirer.

Devant vous à l'ouest, se dresse Jérusalem. Vue de loin, la ville sainte semble avoir dépouillé ses misères et offre un bel aspect.

Avec ses maisons carrées et blanches, ses coupoles, ses minarets, ses dômes, ses murs crénelés, la citadelle de Sion, on dirait une ville prospère et florissante. Elle forme un étonnant contraste avec la campagne désolée sur laquelle elle est assise.

Au sud, est la route de Bethléem ; par delà, des montagnes dénudées et le mont des Francs qui domine le paysage de ce côté.

A l'est, s'étend la mer Morte avec le cours du Jourdain tracé par la fraîcheur de ses arbres.

Le bassin de la mer Morte a un effrayant aspect de lugubre tristesse. Cette mer créée par la colère de Dieu est bordée par des montagnes stériles, par des rochers secs à la structure des plus sauvages et ressemblant de loin à des pans de murailles, vieux restes de monuments en ruine. Le soleil qui, comme j'ai eu l'occasion de le dire, donne à la nature en Orient des couleurs particulières, répand sur ce paysage une teinte indéfinissable.

Dans la même direction vous voyez le mont Nébo, les montagnes de l'Arabie, celles de la Samarie, le Grand-Hermon.

Puisque nous venons de plonger le regard dans la mer Morte, je vais dire quelque chose de son histoire.

Je n'ai pas fait cette excursion, car elle ne fut pas conseillée à cause des fatigues et même des dangers qui peuvent se rencontrer.

Et en effet, son niveau est à 400 mètres au-dessous de la Méditerranée. La chaleur y est quelquefois excessive, puisque le thermomètre peut s'élever à 60 degrés centigrades. Il est donc facile d'y prendre mal.

Nul n'ignore qu'à la place occupée aujourd'hui par la mer Morte était une plaine des plus riantes et des plus fertiles, arrosée par de magnifiques cours d'eau.

Au centre de cette campagne, étaient bâties cinq villes, appelées la Pentapole et dont les deux principales étaient Sodome et Gomorrhe.

Qui ne connaît l'histoire de la ruine de ces villes ? Qui n'a pas lu dans la Bible le dialogue familier et sublime d'Abraham qui demandait grâce à Dieu ?

Dieu la lui eut accordée, si dans Sodome et dans Gomorrhe se fussent trouvés dix justes. Ils n'y furent pas.

Le Très-Haut donc laissa appesantir le bras de sa justice.

Le souffre et le feu du ciel, dit l'Ecriture, tombèrent sur Sodome et sur Gomorrhe et lorsque le lendemain Abraham, après son sommeil, se réveilla à l'endroit même où il avait conversé avec Dieu, une épaisse fumée s'élevant d'un étang de souffre couvrait la place où avaient été ces plaines magnifiques et ces villes somptueuses.

Le niveau s'était abaissé de près de 400 mètres et un lac qui a pris le nom de mer Morte ou lac asphaltite remplaçait ces villes, ces campagnes, ces plaines.

La longueur de la mer Morte est d'environ 25 lieues. Sa largeur est de 4 à 5, sa profondeur de 340 mètres aux endroits les plus bas.

Aucun être vivant ne peut respirer dans ses eaux. Il n'y a ni poisson, ni animal d'aucune espèce.

Plusieurs rivières l'alimentent. Mais la principale est le Jourdain.

Le Jourdain prend sa source au pied du Grand-Hermon ; il traverse le lac de Tibériade et après un parcours de trente lieues, il se jette dans la mer Morte. Le cours en est rendu très rapide par l'affaissement du sol primitif.

Les bords sont couverts de verdure et émaillés des fleurs les plus rares et les plus variées. Le chant des oiseaux s'y fait entendre. Tout cela fait que les rives du Jourdain forment une délicieuse oasis dans ce désert.

Le Jourdain est le fleuve le plus célèbre du monde. Il a été le témoin des plus grandes merveilles que la puissance et la bonté de Dieu aient opérées.

Je rappelle seulement le baptême qu'y reçut le fils de Dieu par le ministère de Saint Jean-Baptiste et la parole que fit entendre le Très-Haut :

« Celui-ci est mon fils bien-aimé ; en Lui j'ai mis toutes mes complaisances. Ecoutez-le. »

A l'endroit même où fut baptisé le divin Maître s'élevait autrefois une croix ; beaucoup de personnes y ont été baptisées et bien des pèlerins y ont renouvelé les vœux de leur baptême.

Il semblait que la mer Morte s'étendait sous nos pieds ; j'en vis les pesantes ondulations par le moyen d'une lunette.

En descendant du minaret, je parcourus les rangs de la foule des indigènes qui étaient venu célébrer la fête sur la montagne.

Là, tout était mêlé. Les costumes étaient des plus variés. On y vendait des provisions. On s'y livrait à mille jeux. Il y avait des jeux de tir, de balançoire, des danses, etc. On y débitait des boissons orientales, des fruits du pays. Tout ce ramas de gens, de races différentes, de costumes divers et aux couleurs les plus vives, les chevaux, les ânes, les chameaux formaient la scène la plus curieuse qu'il soit possible d'imaginer.

J'allai ensuite visiter de nouveau le monastère des carmélites, je récitai mon bréviaire dans la belle chapelle de l'établissement et je descendis la montagne.

Je m'arrêtai quelques instants devant la porte de la grotte de Gethsémani qui était fermée et j'allai faire la visite de la basilique du tombeau de la Ste-Vierge. Je parlerai plus tard de ce monument.

LXXIX

LONGUEUR DE LA VOIE DE LA CAPTIVITÉ ET DE LA VOIE DOULOUREUSE.

Le vendredi matin, 19 mai, j'allai dire ma messe dans la basilique du St-Sépulcre. C'était la meilleure préparation pour le chemin solennel de la croix auquel tout le pèlerinage fut convoqué à deux heures et demie.

A cette heure-là, nous parcourûmes en priant la *Via dolorosa* (la Voie douloureuse).

Nul n'ignore que c'est le chemin que suivit le divin Maître depuis le moment de sa condamnation par Pilate jusqu'à sa déposition dans le Saint-Sépulcre.

Il ne faut pas confondre la *Via dolorosa* avec le *Chemin de la captivité*.

Celui-ci commence au Jardin des Oliviers, à l'endroit où le fils de Dieu, trahi par Judas, fut saisi par la foule, et se termine au prétoire.

J'ai recueilli les distances des différentes stations de la *Voie de la captivité* et de la *Voie douloureuse* et je les indique dans la pensée qu'elles intéresseront le lecteur.

De la colonne de la trahison jusque chez Anne, à qui N.-S. J.-C. fut présenté tout d'abord, il y a 1,500 mètres ; de chez Anne à la maison de Caïphe, 200 mètres ; de chez Caïphe au palais de Pilate, 1,100 mètres ; du palais de Pilate à celui d'Hérode, 150 mètres. Ce dernier trajet fut parcouru deux fois.

Cela fait une somme de 3,100 mètres, qui forment le parcours de la *Voie de la captivité*.

La *Via dolorosa* a une longueur de 600 mètres. Elle va du prétoire au Calvaire.

Si on additionne les distances de ces deux chemins on arrive à un total de 3,700 mètres, soit 3 kilomètres 7 hectomètres.

LXXX

LE PÈLERINAGE DANS LA VIA DOLOROSA LE 19 MAI.

Nous allons suivre les étapes de la *Via dolorosa*, en compagnie du divin Maître.

Nous nous arrêterons à chaque station. Je la décrirai en deux mots, et je donnerai sur chacune d'elles une courte notice.

Mais, auparavant, je vais dire la physionomie générale de cette imposante manifestation.

Je ne pense pas que Jérusalem ait été souvent le

témoin d'un si grandiose spectacle. Pour trouver un exemple pareil, il faut remonter au jour de l'entrée triomphale du divin Maître dans le temple au milieu des acclamations enthousiastes du peuple juif, où bien à la date de ce jour où Héraclius porta la croix sur ses épaules royales et alla l'exalter au sommet du Calvaire.

Dans tous les cas, depuis que la Ville Sainte est sous le joug de l'infidèle, elle n'a pas eu de tressaillement pareil à celui du vendredi 19 mai, en la fête du pape saint Pierre-Célestin.

Le nombre des pèlerins étant trop grand pour que l'on pût organiser une seule procession, on se divisa en plusieurs groupes.

Chaque groupe avait ses chants, ses prières, son président qui expliquait le mystère.

Les chœurs étaient formés par la voix puissante des prêtres et des laïques. On chantait tour à tour ou en même temps les hymnes du triomphe et les hymnes de la pénitence.

Quelle majesté solennelle revêtaient ces chants de triomphe dans ces rues qui au jour de la Passion avaient retenti des sombres frémissements de la foule proférant des blasphèmes et des cris de mort !

Vexilla Regis prodeunt
Fulget crucis mysterium
. . . .
O crux, ave, spes unica
Mundi salus et gloria.

Quel charme ! quelle suavité ! quelle éloquence ! avaient en ces lieux ces couplets naïfs du cantique dont les échos de toutes nos églises répètent le pieux refrain :

> Vive Jésus ! Vive sa croix !
> N'est-il pas bien juste qu'on l'aime
> Puisqu'en expirant sur ce bois
> Il nous aima plus que lui-même ;
> Chrétiens, chantons à haute voix :
> Vive Jésus ! Vive sa croix !

Ces chants répétés par mille poitrines s'entendaient dans le lointain sous les voûtes de ces rues obscures et loin de produire de la confusion s'unissaient dans une harmonie des plus émouvantes.

Devant chaque station les pèlerins s'arrêtaient, se mettaient à genoux et baisaient le sol.

La population musulmane étonnée et recueillie était dominée par le respect.

Les janissaires du consulat et du patriarcat avec leur brillant uniforme suivaient le cortège, écartaient la foule et protégeaient la marche.

Les deux croix détachées de la *Picardie* et de la *Guadeloupe* étaient portées en triomphe sur les épaules des pèlerins.

Trente d'entre eux se remplaçant à chaque instant prenaient leur part du glorieux fardeau ; chacun revendiquait cet honneur, et là se voyaient mêlés, les religieux, les prêtres, les laïques de tout rang, de tout âge et de toute condition.

Ce fut par les fils de la France une des plus glorieuses exaltations qui aient été faites au Fils de Dieu à l'endroit où les crimes des hommes l'avaient le plus humilié.

LXXXI

LA PREMIÈRE STATION. — LA SCALA SANTA. — LA GARNISON TURQUE ET LA CASERNE. — LA CONDAMNATION DE JÉSUS.

La première station se trouve dans la cour de l'ancien prétoire dont les restes qui étaient une partie de la citadelle *Antonia* ont été convertis en caserne turque.

Il n'est pas ordinairement permis d'y pénétrer. Cependant, par une exception due à la bienveillance du gouverneur de la ville, il fut permis d'entrer dans la cour et d'aller y baiser le sol à l'endroit où la tradition rapporte qu'était placé le divin Maître lorsque Pilate prononça sa condamnation à mort.

On y arrive par une rampe à plan doucement incliné.

A côté, se remarque encore dans le mur l'enchâssement de l'ancien escalier (*scala santa*) qui est religieusement conservé à Rome près de la basilique de St-Jean-de-Latran où il fut transporté par les ordres de sainte Hélène. Il a 28 marches en marbre blanc. Aujourd'hui il est couvert d'un escalier de bois. Cependant sur trois degrés, le bois est remplacé en partie par du cristal à travers lequel on aperçoit les marques du sang du Fils de Dieu.

Nous le montâmes à genoux, le jour de l'Ascension en 1877. Les souverains pontifes ont attaché de nombreuses indulgences à cet acte de piété.

On sait que Pie IX le gravit une dernière fois le 20 septembre 1870, pendant que les piémontais, ces modernes barbares, violaient tous les droits des nations civilisées en ouvrant la brèche de la *porta pia*.

Au moment où les portes de la cour de la caserne allaient s'ouvrir pour nous laisser pénétrer, la garnison turque arrivait de la manœuvre qui se fait au *camp des assyriens*, tout près de la porte de Jaffa, sur l'emplacement d'un cimetière musulman converti en champ de Mars.

La musique joue pendant les exercices militaires. Nous l'avons entendue bien souvent, de l'établissement où nous étions. Elle est en tout semblable aux corps de musique militaire de France.

Le bataillon au défilé duquel nous assistâmes, ce jour là, était seulement précédé de quelques clairons. Les soldats sont de très beaux hommes. Ils portent un uniforme de toile blanche, svelte, élégant. Ils marchent d'un pas ferme et fier. On aurait dit un détachement des meilleures troupes françaises parmi les mieux exercées.

Nous entrâmes après eux. Nous allâmes nous agenouiller à l'emplacement du *Lithostrotos* et nous baisâmes tous ce sol détrempé, il y a dix huit siècles, par le sang de la divine Victime.

Pendant cet acte de piété, les soldats Turcs qui étaient on ne peut plus respectueux, parurent très émus.

Ils manifestèrent leur étonnement à haute voix.

« Les entendez-vous, fit remarquer alors un drogman. Ils affirment qu'on ne dit pas vrai, lorsqu'on prétend que les Français ne prient pas. Nous avons bien là, ajoutent-ils, une preuve du contraire. »

A travers les fenêtres du rez-de-chaussée, je jetai les yeux dans quelques unes de leurs salles. C'est absolument la même disposition et la même tenue que les casernes françaises.

Ce serait ici le cas de rapporter les phases du jugement inique par lequel le Fils de Dieu fut condamnée à la peine de mort.

Mais tout le monde connaît d'un côté la rage et la haine des Juifs et de l'autre la défaillance criminelle de Pilate qui par faiblesse et par peur sacrifia le sang du Juste.

Je me borne à rapporter le texte de la condamnation, tel qu'il se trouve dans le livre où M. le procureur-général Dupin démontra au point de vue juridique l'iniquité de la sentence du magistrat romain :

« Conduisez au lieu ordinaire du supplice Jésus de Nazareth, séducteur du peuple, qui a méprisé l'autorité de César, et s'est faussement donné pour le Messie, suivant qu'il est prouvé par le témoignage des anciens de sa nation. Crucifiez-le entre deux voleurs, avec le titre dérisoire de roi.

» Va, licteur, prépare la croix. »

C'est là qu'est marquée la première station.

LXXXII

LA IIe, LA IIIe, LA IVe STATION. — CHAPELLE DU SPASME.

La seconde station est au bas de l'escalier du prétoire. Jésus y fut chargé de la croix.

L'arbre dont elle fut formée par les ouvriers ayant ordre de remplir cet office, fut coupé dans un bois entre Jérusalem et St-Jean *in Montana*. Sur cet emplacement a été bâti le couvent de Ste-Croix qui appartient aux schismatiques grecs.

On attacha au sommet la tablette portant écrit le motif de la condamnation dans la langue grecque, latine et hébraïque.

Cette inscription portait ces mots : « *Jésus Nazarenus, rex Judæorum,* Jésus de Nazareth, roi des Juifs. » Les Juifs reconnaissaient malgré eux la royauté du fils de Dieu.

Il en est qui prétendent que cette tablette était attachée à la poitrine du divin condamné, selon un usage romain.

La troisième station est à 233 mètres de là, au bout de la rue et à l'angle de celle qui vient de la porte de Damas.

Une colonne brisée et fixée contre le mur indique le lieu de la station.

C'est là que le divin Maître fit sa première chute.

La quatrième station se fait à l'endroit où Jésus rencontra sa divine Mère. Elle est à 37 mètres de la précédente vis-à-vis une petite ruelle.

Aussitôt que Jésus fut traîné par la foule devant ses juges, Marie ne douta pas du sort qui était réservé à son fils.

Elle accourut pour être le témoin de la Passion du Dieu fait Homme.

Mais il paraît qu'elle ne put pas l'approcher tout d'abord.

Une pieuse tradition rapporte que les anges la conduisirent à travers une ruelle ouverte derrière le prétoire laquelle existe encore aujourd'hui et qu'elle se trouva à l'extrémité lorsque le divin Maître passa.

En voyant son fils dans ce lamentable état, la Ste Vierge ne put lui adresser aucune parole et elle tomba évanouie dans ses bras.

Autrefois, s'élevait à cette place une église avec le titre de *Notre-Dame des Douleurs,* ou du *spasme de la Ste-Vierge.*

Les ruines viennent d'en être achetées avec celles

du couvent qui y était attenant par les Arméniens-Unis.

Ils se préparent à réédifier cet établissement qui est à ce moment la seule station appartenant aux catholiques.

Le prêtre qui en a la garde m'appela un jour pour visiter ces ruines. On a fait des déblaiements considérables et on a découvert une partie de la mosaïque de la vieille église. Le sol est en contre-bas de 3 à 4 mètres du niveau de la rue actuelle.

Les propriétaires attendent pour commencer les travaux que la piété catholique et surtout la générosité française viennent à leur aide.

Déjà, ils ont obtenu de belles offrandes. Car beaucoup de fidèles ont compris, selon l'expression du P. Marie-Antoine, que lorsque la Mère tombe en défaillance, c'est à sa fille aînée qu'il appartient de la relever.

Cet excellent prêtre me raconta avec beaucoup de détails comment à l'époque du Concile, un bruyant personnage avait cherché à mettre la division parmi les arméniens catholiques, il insista beaucoup sur les dépenses d'argent auxquelles ils avaient été entraînés pour faire de l'opposition à la majorité.

Aujourd'hui, la paix est parfaite et le saint-siège n'a pas de fils plus soumis.

LXXXIII

LA Ve STATION. — SIMON DE CYRÈNE.

La cinquième station marque l'endroit où Simon le cyrénéen aida Jésus à porter sa croix. Elle est à 23 mètres de la précédente. Un petit trou presque imperceptible pratiqué dans une pierre du mur d'une maison perpétue ce souvenir. Au rez-de-chaussée se trouve l'échope d'un cordonnier.

Simon de Cyrène ou de Barca dans la Lybie africaine habitait Jérusalem. La tradition rapporte qu'il était noir de couleur et qu'il revenait des champs lorsqu'il se trouva sur le passage du divin Maître. Il ne put pas contenir son émotion et la manifesta hautement. Ce que voyant les Juifs le forcèrent à alléger Jésus d'une partie du poids de son fardeau, car il était exténué de fatigue par suite des mauvais traitements qu'il avait dû subir.

Non loin sur la gauche, se voit la maison du mauvais riche dont il est parlé dans l'Evangile.

En voyant la pauvreté de cette station où le divin Maître daigne nous associer dans la personne du Cyrénéen aux mérites de la croix, un pèlerin écrivait au XVIIe siècle :

« Quelle différence avec nos solennels chemins de croix qui ne sont cependant que la mémoire de celui-ci ! »

Mais aussi quelles émotions sur le théâtre de ces grands événements !

LXXXIV

VIe STATION. — LA SAINTE FACE. — VIIe, VIIIe, IXe STATIONS.

A 86 mètres de là est la maison de Ste Véronique et la sixième station.

Cette pieuse femme fut émue de compassion en voyant le divin Maître défiguré par la douleur et le sang qui ruisselait de sa tête couronnée d'épines.

Elle s'approcha avec un linge blanc et essuya le visage de Jésus.

Le divin Maître récompensa cet acte de charité en laissant imprimée son image sur ce voile.

Ce voile est pieusement conservé dans la basilique de St-Pierre, à Rome, où il est l'objet d'une grande vénération et où il a produit de grands prodiges.

Tout le monde sait que le saint homme de Tours, M. Dupont, a proposé à la France l'association de la Ste-Face. Cette confrérie fait des progrès merveilleux.

Jamais heure ne fut plus opportune pour une si pieuse dévotion.

Au moment où une meute enragée crache sur la face du divin Maître avec une haine si satanique, au moment, où on cherche à souiller par tous les sarcasmes son œuvre divine, n'était-il pas convenable de grouper l'armée des fidèles et de leur demander de faire une réparation solennelle contre tant d'outrages ?

Un tronçon de colonne enfoncé dans la rue et formant presque un pavé rappelle l'acte de Ste Véronique.

La septième station est à l'endroit où se trouvait la porte judiciaire. Elle est à soixante mètres de la 6ᵉ station. Elle désigne la place où Jésus tomba pour la deuxième fois.

La porte judiciaire est ainsi nommée parce qu'on y faisait passer les criminels. La ville finissait là. Depuis la mort de N.-S. J.-C., elle s'est prolongée du côté du Calvaire.

Tout près se voit encore l'extrémité de la colonne où fut affichée la sentence de mort que nous avons publiée plus haut. Elle indique la place où Jésus tomba pour la seconde fois.

Cette station est aujourd'hui à un croisement de chemin et placée sous une voûte sombre.

Il arrive assez souvent qu'on voit à cet endroit des musulmans couchés à côté de leur âne ou de leur chameau.

La rencontre des saintes femmes par le divin Maître a donné lieu à la huitième station.

En voyant Jésus dans un état si lamentable, ces pieuses filles fondaient en larmes.

Jésus se tourna vers elles et leur dit :

« Filles de Jérusalem, ne pleurez pas sur moi; pleurez sur vous et sur vos enfants. »

C'était l'annonce prophétique des catastrophes qui allaient fondre sur la ville et sur le peuple déicide.

Elle est située à 35 mètres de la porte judiciaire. Un trou fait dans une pierre du mur du couvent grec de St-Caralembos, bâti à gauche, est le signe de cette station.

Ici, la *Via dolorosa* est fermée par des constructions. Il faut donc revenir sur ses pas, près de l'ancienne porte judiciaire et faire un trajet de 96 mètres. Près de la porte d'entrée de l'évêché Cophte est un morceau de colonne. Il marque l'endroit de la neuvième station.

C'est là que Jésus tomba pour la troisième fois, et c'est là aussi que se trouvait le pied du Calvaire.

En cet endroit le divin Maître fut déchargé de la croix que les bourreaux prirent pour l'attacher avec des clous.

Pendant ce temps, Jésus fut jeté dans une sorte de grotte rocailleuse. En fermant la porte, les monstres lui dirent cette grossière injure :

« Roi des Juifs, nous allons préparer ton trône. »

Ils disaient vrai, car jamais trône ne fut plus glorieux que celui de la croix. A elle seule, la Croix résume bien tous les triomphes et toutes les grandeurs.

LXXXV

LES CINQ DERNIÈRES STATIONS. — CONCLUSION DE L'EXERCICE DU VIA CRUCIS.

Les cinq autres stations se trouvent dans la basilique du St-Sépulcre.

J'en ai parlé en décrivant les différents lieux de cette basilique. (Voir page 144 et suivantes.)

Je me borne donc à les indiquer. La dixième station est celle où Jésus fut dépouillé de ses vêtements; La onzième, celle où il fut cloué à la croix; la douzième, celle où il mourut; la treizième, celle où il fut descendu de la croix et remis à sa sainte Mère; enfin la quatorzième est celle où il fut déposé dans le St-Sépulcre.

Lorsque j'entrai dans la basilique avec le groupe auquel j'appartenais, je fus saisi par ce que je vis et j'entendis.

La foule des pèlerins était émue et recueillie. Les chants et les prières partaient de tous les points. Tout cela produisait simultanément un bruit, un murmure qui n'était pas la confusion, mais un hymne d'amour.

Les grecs faisaient à ce moment leur procession. Nous interrompîmes nos chants pour ne pas les déranger; les arméniens vinrent d'un autre coté également avec leurs chants et leurs encensements.

Enfin lorsque tous les groupes eurent suivi les quatorze stations, on se massa devant le St-Sépulcre et autour de l'édicule.

On appuya en même temps les deux croix contre le St-Sépulcre.

Le P. Marie-Antoine fut alors invité à prendre la parole.

Il commença, lorsque ces mille poitrines qui étaient en adoration eurent solennellement chanté le *Miserere mei* et trois fois le *Parce, Domine*.

C'est une des improvisations les plus vibrantes qu'ait prononcées l'éloquent capucin.

Il montra ces deux croix embrassant le St-Sépulcre et représentant l'une l'Eglise et l'autre la France, toutes les deux couchées sur la croix, mais toutes les deux attendant le triomphe de la Résurrection dont le St-Sépulcre est le glorieux et infaillible symbole.

On se sépara sous le coup de l'émotion de cette grande parole.

LXXXVI

MESSE AU SAINT-SÉPULCRE. — UN PHOTOGRAPHE. — LA GROTTE DE JÉRÉMIE. — LES CAVERNES ROYALES. — LA PORTE DE DAMAS.

Le samedi matin 20 mai, j'assistai à une réunion générale du pèlerinage dans la basilique du St-Sépulcre.

Du tombeau divin rayonnent toujours des joies et des consolations nouvelles. Les prières et les chants y ont des charmes et des parfums qui transportent dans une atmosphère qui ne se respire nulle autre part.

Après cette solennelle cérémonie, un groupe de compatriotes se rendit, pour se faire photographier, tout près de l'hôpital français de St-Louis, à l'ombre de deux oliviers séculaires.

Le groupe avec la barbe et le costume de voyage aurait été d'un pittoresque complet. Il ne réussit malheureusement pas à cause de l'impatience de plusieurs et à cause du mélange de l'ombre et de la lumière qui se reproduisaient dans l'image d'une manière disgracieuse.

J'appris au moment de l'opération que le photographe était un diacre arménien schismatique. Il parlait un peu le français et avait l'abord très avenant.

Dans le dernier numéro des *Annales de N.-D. de Sion* que je reçois à l'instant, le P. A. Ratisbonne raconte une belle aventure dont ce jeune artiste est le héros.

Il nous apprend que ce diacre schismatique vient d'épouser une diaconesse protestante. Il avait tiré la photographie de cette demoiselle et il profita de l'occasion pour la demander en mariage à la supérieure des diaconesses et il l'obtint sans difficulté.

« On en a beaucoup ri à Jérusalem, dit le P. Ratisbonne. Ç'a remis en mémoire l'union d'une carpe avec un lapin. »

Je mentionne ce fait pour donner une idée de l'abaissement où sont tombés le schisme et l'hérésie dans ces régions.

La grotte de Jérémie se trouvant tout près, nous nous y rendîmes pour la visiter.

Nous frappâmes à la porte d'une cour assez vaste qui la précède.

Un derviche nous ouvrit. Avec sa barbe blanche, sa longue robe de couleurs variées, le bâton qu'il tenait entre ses mains, on aurait dit un fantôme au milieu de ces ruines et de ce sol déchiré.

Il comprit le but de notre visite. Mais lorsqu'il

s'agit de s'entendre sur le *backchiche* à payer, il ne fut pas possible de tomber d'accord. Il demandait tantôt plus, tantôt moins ; aucune des pièces de monnaie que nous lui montrions ne lui allait.

De guerre lasse, nous partîmes. Lorsqu'il vit que notre retraite était sérieuse, il se mit à gesticuler, à crier pour nous faire revenir. Ce fut en vain.

Cette grotte n'a d'ailleurs de remarquable que les souvenirs. Elle est élevée de quelques mètres au dessus du sol. On y grimpe par une échelle, Dans le rocher se voit une cavité appelée le lit de Jérémie. D'après la légende, le rocher se serait amolli sous le corps du saint prophète.

C'est là, non loin des ruines du temple que Jérémie pleura les malheurs de sa patrie et qu'il écrivit ces lamentations dont les accents ont ému tant de cœurs.

Tout près, sont les cavernes royales. Ce sont d'immenses carrières d'où l'on a extrait, présume-t-on, la pierre qui a servi pour la construction du temple et une partie de la ville.

Nous rentrâmes par la porte de Damas. Elle est ainsi appelée du nom de cette ville reliée à Jérusalem par une voie romaine. Deux tours assez belles la fortifient et lui permettraient de repousser un assaut.

C'est en face de cette porte que les croisés avaient placé leur camp.

LXXXVII

SION. — TOUR DE DAVID. — SON ORATOIRE.

Vers les trois heures et demie, je me joignis à un groupe qui sous la conduite du frère Liévin allait faire la visite du mont Sion situé à l'ombre de la tour de David.

Il suffit de nommer le Mont Sion pour qu'aussitôt mille souvenirs, mille impressions se réveillent dans l'âme.

Sion est la figure de la Jérusalem céleste, l'image de l'Eglise triomphante, le symbole du paradis.

Sous l'ancienne loi, l'Esprit-Saint a dit de la cité de David :

« Le Seigneur aime Sion par-dessus toutes les demeures de Jacob.

» Des choses glorieuses ont été dites de toi, ô cité de David.

» C'est le Seigneur lui-même qui s'est chargé de raconter l'histoire de ses rois et de son peuple et de faire le récit des événements qui se sont passés en elle.

» Sion est la demeure de tous ceux qui sont dans la joie. »

Et jetant un regard sur l'avenir, tout rempli des événements qui devaient inaugurer en ce lieu la loi nouvelle, le même Esprit avait dit par la voix d'Isaïe :

« La loi sortira de Sion. »

Qui ne se rappelle à ce nom les mystères qu'accomplit au Cénacle le divin Maître, l'institution de l'Eucharistie, la descente du Saint-Esprit, le premier concile de Jérusalem, la dispersion des apôtres dans tout l'univers ?

Sion signifie ville haute, cette colline au sud de Jérusalem se termine par un plateau d'environ 800 mètres de long sur 600 mètres de large.

J'ai déjà dit comment David avait pris la citadelle sur les Jébuzéens et par quel brillant fait d'armes, Joab son général s'en empara.

Cette tour, appelée tour de David existe encore aujourd'hui ; mais elle est mal entretenue.

Ses premières assises remontent au temps des Jébuzéens. Elles sont formées de pierres frustes, dont plusieurs ont la dimension de plus de 4 mètres sur une hauteur de plus de 1 mètre 1/2.

David lui fit subir des modifications dans la partie supérieure. Hérode-le-Grand en fit autant.

Cette tour devant laquelle sont passés tant de siècles et d'événements sert aujourd'hui de magasin d'armes. Elle est gardée par un poste militaire. Le croissant flotte au-dessus de ses murs.

On montre une petite pièce appelée l'oratoire de David et grandement vénérée autrefois par les musulmans.

C'est dans cette étroite enceinte que David pleura son crime, qu'il fit pénitence et qu'il chanta les miséricordes infinies du Très-Haut.

C'est là que fut inspiré le *Miserere mei* dont les accents ont attendri le cœur de tant de coupables.

Ce monument domine cette partie de la ville avec une imposante majesté, et quoique en partie ruiné, il semble braver fièrement les assauts de l'ennemi.

Nous n'y entrâmes pas, quoique cela soit facile moyennant l'autorisation que vous obtient le consul.

LXXXVIII

LES DEUX ORATOIRES SUR L'EMPLACEMENT DE LA MAISON D'ANNE. — L'OLIVIER OÙ FUT ATTACHÉ N.-S. J.-C. — ÉGLISE DE SAINT-JACQUES-LE-MAJEUR. — COLONNE DE LA PROFANATION DU CERCUEIL DE LA SAINTE-VIERGE. — MAISON DE CAÏPHE. — PRISON DE N.-S. J.-C. — PIERRE DE L'ANGE.

Nous fûmes conduits vers la gauche, et on nous montra l'emplacement de la maison d'Anne, beau-père de Caiphe. C'est devant ce personnage que fut conduit N.-S. J.-C. lorsqu'il eut été saisi à Gethsémani.

Deux oratoires qui sont la propriété des sœurs arméniennes schismatiques occupent cet emplacement.

Dans un de ces oratoires se trouve une citerne où l'on peut facilement puiser de l'eau. Dans le second se trouve un très bel autel. Les murs sont tapissés de carreaux de faïence vernissée ce qui produit un bruyant effet.

C'est devant ce personnage que Jésus subit son premier interrogatoire, que St-Pierre le renia pour la première fois et que le Sauveur reçut un soufflet de la main d'un archer.

Pendant qu'on délibérait sur le sort de Jésus, on l'attacha à un olivier. Les racines de cet arbre ont poussé quelques rejetons que l'on conserve religieusement. Ils sont dans une petite cour près de l'oratoire.

Non loin de là, est l'Eglise de St-Jacques-le-Majeur.

Elle mérite d'être visitée à cause de ses grandes proportions. Elle est magnifiquement ornée et appartient aux Arméniens schismatiques qui en ont fait leur cathédrale.

Elle est bâtie sur l'emplacement du lieu où Hérode-Agrippa fit décapiter St-Jacques-le-Majeur à son retour d'Espagne. C'était en l'an 44 après J.-C.

On sait que son corps est vénéré à St-Jacques de Compostelle en Espagne. Il y a un concours extraordinaire de peuple auprès de son tombeau. Le pèlerinage de Compostelle est un des plus célèbres pèlerinages du monde.

On nous montra plus loin un fût de colonne. En cet

endroit était autrefois bâtie une chapelle détruite par Chosroès.

Elle occupait l'emplacement où fut arrêté le cortège funèbre qui portait le corps de la Ste Vierge dans le tombeau que les apôtres lui avaient creusé dans la vallée de Josaphat.

Quelques Juifs voulurent profaner le cercueil de la Mère de Dieu. Mais ils furent châtiés. Leur bras se dessécha. Mais s'étant repentis de leur crime, ils furent pardonnés et guéris par la prière des apôtres.

Un peu plus loin est l'emplacement de la maison de Caïphe sur lequel se trouve un oratoire où les franciscains célèbrent tous les ans les offices le lundi de la Pentecôte.

C'est dans la maison de Caïphe que Pierre renia le divin Maître pour la troisième fois, que le regard de Jésus tomba sur lui et qu'il commença sa vie de pénitence.

C'est là aussi que le Sauveur eut les yeux bandés et qu'il fut l'objet de la dérision de ses bourreaux qui le frappaient en le raillant et en blasphémant.

Les anciens du peuple, les princes des prêtres et les scribes rassemblés l'interrogèrent :

« Si tu es le Christ, dis-nous le. »

Et c'est alors que le Maître répondit :

« Vous le dites, je le suis. »

Il fut ensuite enfermé dans un étroit cachot où il passa le reste de la nuit.

Il existe encore et a été converti en oratoire. Deux personnes à peine peuvent y entrer.

Nous avons eu le bonheur de nous y agenouiller et d'y prier quelques instants.

Dans cette petite enceinte, nous avons vu une partie de la *pierre de l'ange*. Cette pierre fermait l'entrée du St-Sépulcre et sur elle se tenait l'ange, lorsqu'il apparut aux saintes femmes.

Cette pierre que l'on peut bien examiner est demi-circulaire et de couleur rougeâtre. On ne sait ni quand ni comment cette précieuse relique fut portée en cet endroit.

LXXXIX

MAISON DE LA SAINTE-VIERGE. — LE CÉNACLE. — LE TOMBEAU DE DAVID. — LA GROTTE DE SAINT-PIERRE.

En sortant de ce couvent des arméniens qui, comme on voit, enveloppe dans son enceinte de si riches souvenirs, on nous fit gravir un escalier de 7 marches et nous nous trouvâmes sur le plateau de Sion.

Après un parcours que je ne saurais décrire et qui a environ 70 mètres, nous nous trouvâmes sur l'emplacement de la *maison de la Ste-Vierge*. Un pan de mur en ruine est le seul témoin de cette habitation qui abrita les dernières années de la Mère de Dieu.

Elle y mourut à l'âge de 72 ans, 58 après J.-C. Ainsi l'établit une tradition constante et puissamment adoptée par les témoins les plus sérieux.

Ce n'est donc pas à Ephèse qu'est morte la Ste Vierge comme l'affirment quelques auteurs qui n'ont presque pas de preuve pour appuyer leur opinion.

A une petite distance est bâti le cénacle. Ce nom seul a pour le fidèle une éloquence qui lui rappelle des mystères aussi grands que ceux du calvaire, du St-Sépulcre, du mont des Oliviers.

En cette enceinte où le divin Maître célébra sa dernière pâque se sont opérées les œuvres les plus consolantes de notre Religion.

Le divin Maître y prononça ces adorables discours où il répandit tout son cœur, en révélant les splendeurs de la vie surnaturelle.

Là, il lava les pieds à ses disciples ; là, il institua la divine Eucharistie ; là, il apparut plusieurs fois après sa Résurrection ; là enfin, le St-Esprit descendit le jour de la Pentecôte sur la Ste-Vierge et sur les apôtres au milieu des éclairs et du bruit du tonnerre.

On pense que cette maison divisée en deux étages appartenait à St Joseph d'Arimathie.

Elle servit de lieu de réunion aux premiers fidèles et devint ainsi la première église chrétienne.

Ste Hélène y fit construire une église à deux étages. Dès le commencement, on y enferma de très précieuses reliques qui furent transportées ailleurs à différentes époques.

En 1187, les chanoines de St-Augustin qui desservaient cette église durent l'abandonner au moment de la ruine du royaume latin.

En 1219, les franciscains, sous la conduite de St François d'Assise lui-même vinrent s'établir sur le Mont-Sion et quelque temps après les Augustins leur cédèrent le cénacle dont ils avaient repris la possession.

Un bulle de 1342 publiée par Clément VI confirma ces pieux religieux dans cette possession.

Ils y construisirent alors la petite église qui existe encore aujourd'hui et un peu plus tard un grand établissement avec les largesses qui leur furent faites par la piétié d'une riche dame de Florence.

En 1551, les franciscains en furent chassés ou massacrés par les musulmans, qui convertiren l'église en mosquée, sous prétexte de vénérer le tombeau de David.

Un minaret très élevé domine aujourd'hui ce pieux sanctuaire.

Les catholiques ne peuvent y faire aucun office. Il n'est pas même permis aux pèlerins d'y faire entendre aucun chant.

A peine peuvent-ils se mettre à genoux sur ce sol sacré et prier entre ces murs dépouillés.

Pour y pénétrer, nous passâmes sous une porte très basse et nous traversâmes une écurie qui donne sur une cour.

On gravit un escalier, on arrive sur une terrasse, et on entre dans la salle divisée en deux parties ; la première est le cénacle ou salle de l'institution de l'Eucharistie ; la seconde celle du tombeau de David.

C'est dans le cénacle qu'eut lieu l'institution de l'Eucharistie et la première Cène. C'est là que pour la première fois la divine Victime se donna en nourriture à ses fidèles. Saint Luc et saint Jean dans l'Evangile, les actes des apôtres, rapportent avec leur divine simplicité les événements qui se passèrent dans cette enceinte.

Les sacrements de l'Eucharistie, de la Confirmation et de l'Ordre y furent institués.

Cette salle, divisée en deux nefs par des colonnes, a 14 mètres de long sur 9 de large. Elle a un aspect assez gracieux ; elle est très bien éclairée et très propre.

Si on monte de là un escalier de quelques marches on arrive à la salle où se trouve le tombeau de David. Il est placé contre le mur et couvert d'un vieux tapis. Il consiste tout simplement en une maçonnerie. Une petite coupole le surmonte.

On descend un escalier et on arrive à l'étage inférieur où est la salle du lavement des pieds. Il n'est pas possible d'y pénétrer.

C'est sous cette salle que se trouverait réellement le tombeau de David dont la construction que nous avons visitée dans l'étage supérieur ne serait que la représentation.

Des autorités sérieuses appuyent ce témoignage de leur opinion.

A 500 mètres environ se trouve la grotte du repentir de St-Pierre. Elle était autrefois renfermée dans une église appelée église de St-Pierre en *Gallicante*. Cette église est aujourd'hui détruite.

La grotte existe encore et n'offre rien de remarquable.

Lorsque cette excursion fut terminée, le soleil avait disparu et la nuit lui avait succédé. Nous rentrâmes au plus vite pour nous abriter contre l'air très vif du soir.

XC

BÉNÉDICTION DE LA STATUE DE N.-D.-DE-SALUT DANS LA CHAPELLE DES FRÈRES DES ÉCOLES CHRÉTIENNES.

J'ai déjà fait le récit de la cérémonie qui se célébra dans la matinée du dimanche 21 mai à l'établissement de Ste-Anne.

Le soir, vers les deux heures, eut lieu dans la chapelle des Frères des écoles chrétiennes la bénédiction de la statue de N.-D. de Salut, offerte par le comité du pèlerinage.

Un chanoine du patriarcat présida la cérémonie.

M. l'abbé Fossin, chanoine de Poitiers, porta la parole.

M. Fossin fut le disciple de prédilection de Mgr

de Ségur et de Son Eminence le cardinal Pie. Au premier mot sorti de son cœur, on comprit vite qu'il était demeuré fidèle à ces deux grandes mémoires ; et c'est, sans contredit, un de ses meilleurs titres à l'estime et à l'affection de ceux qui le connaissent.

Dans une allocution pleine de modestie et de simplicité, il montra l'opportunité du culte de N.-D. de Salut dans la chapelle des Frères, car c'est à N.-D. de Salut qu'il importe surtout, en ce moment, de confier les enfants exposés aux tyrannies de mille Hérodes qui cherchent à tuer leur âme.

De très beaux chants en l'honneur de la Ste-Vierge rehaussèrent cette belle fête, qui se termina par le salut du St-Sacrement.

XCI

LES ÉCOLES CHRÉTIENNES. — ESPIÈGLERIE D'UN JEUNE GREC. — N.-D.-DE-CEIGNAC.

L'établissement des Frères est construit tout près du patriarcat, sur l'emplacement de la tour *Pséphina* dont il reste encore quelques ruines.

Les fondements furent jetés en 1876 et l'école fut ouverte par son excellence le patriarche, le mardi 15 octobre 1878.

Près de trois cents enfants la fréquentent. Ils appartiennent à toutes les nationalités et à toutes les religions.

Il y a des catholiques, des grecs, des musulmans, des juifs, des protestants.

Ces enfants sont actifs, intelligents. Ils ont l'esprit vif et pénétrant et un zèle des plus ardents pour apprendre la langue française.

Grâce à cette école, la majeure partie de la population parlera français dans quelques années.

J'ai visité les classes. Elles sont tenues comme celles de France.

Mais il y a cette différence, que le Christ et l'image de la Ste-Vierge et des saints tiennent la place d'honneur.

Les enfants répondent à toutes les questions en français et le font avec assez de facilité. Ils mettent de l'amour-propre à bien répondre dans notre langue.

Là, se trouvait, le premier sur un banc, un jeune enfant tout pétillant et tout remuant. Il avait douze ans.

Le lendemain de notre arrivée, il s'était offert pour nous conduire à la grotte de Gethsémani et avait montré un empressement extraordinaire.

En allant, il nous fit l'histoire de toutes les pierres et de toutes les maisons. Jamais embarrassé, il baragouinait l'arabe, s'il ignorait ce qu'on lui demandait. C'était un vrai moulin à paroles.

Il me rencontra le lendemain dans une rue et me demanda une petite croix rouge de pèlerin.

Il courut vers sa mère et se fit coudre la croix sur son habit.

Il en était si heureux et si fier qu'il la montrait à tout le monde.

Lorsque j'entrai dans la salle, il n'eut rien de plus empressé que de mettre sa main sur sa poitrine et de me montrer sa décoration.

Je lui fis mes compliments et le félicitai de se montrer si bon catholique.

« Mais, il ne vous a pas dit qu'il était catholique, ajouta le frère.

— Parfaitement, lui répondis-je ; et de plus il

arrête tous les pèlerins pour leur faire sa profession de foi.

— Pas du tout, il est grec et grec bien obstiné. »

L'enfant parut confus comme on ne saurait dire. Je détournai la tête un instant. Une minute après, je veux revenir à lui. Il avait disparu. Il était allé se blottir dans un coin à l'extrémité de la salle et on aurait dit qu'il y avait été transporté par un tour de prestidigitation.

Je ne cherchai pas à accroître sa confusion.

Je me bornai à lui répéter tout doucement cette parole de St Paul : « Les grecs seront toujours menteurs, *Cretenses semper mendaces.* »

Avant de quitter l'école, je remis au frère Isidore qui a fait son noviciat à Rodez, un petit paquet d'images représentant N.-D. de Ceignac et portant une prière et une notice sur ce sanctuaire vénéré. Je le priai de les distribuer aux enfants.

C'étaient des exemplaires de l'image qui fut gravée en 1876 à l'époque du couronnement solennel de cette Madone que le Rouergue vénère depuis les temps apostoliques.

St Martial, disciple de Jésus, nous en enseigna le culte. Cet apôtre était originaire de Ramleh-d'Arimathie, à 30 kilomètres environ de Jérusalem. Il porta la foi à Rodez et établit, comme on sait, un oratoire à Ceignac en l'honneur de la Sainte Vierge.

Dix-huit siècles après, nous avons rapporté dans sa patrie des nouvelles de l'œuvre divine qu'il a fondée chez nous et la preuve que nous sommes demeurés fidèles à ses pieux enseignements.

XCII

PÈLERINAGE A BETHLÉEM. — LE PAYSAGE. — DEUX VICTOIRES DE DAVID.

A trois heures et demi, nous allâmes en pèlerinage à Bethléem.

J'étais en la bonne compagnie de M. l'abbé Lacoste, curé-doyen dans le diocèse de Périgueux, et de M. l'abbé Henri Cure, vicaire au Pont-de-Salars.

Une distance de 6 à 7 kilomètres sépare Jérusalem de cette petite ville.

Le chemin qui reliait les deux villes, nous racontent les historiens, était un chemin bordé d'arbres magnifiques, de prairies semées de fleurs, de champs couverts de fruits, de côteaux plantés de vignes.

Il ne reste plus aujourd'hui que le cadre d'un si beau et si riche paysage.

Mais ces plaines, aujourd'hui à peu près incultes, ces coteaux dépouillés laissent deviner que ce pays était un pays de délices et qu'il semble avoir été créé par la main de Dieu pour être digne des grands événements dont il devait être le théâtre, et des personnages qui devaient le rendre glorieux par leur présence. Que de souvenirs ! Que d'événements ! Comme y est vivante l'histoire du peuple de Dieu ! Comme le passage des Mages, de N.-S J.-C., de la sainte Famille y a laissé des empreintes ineffaçables !

On salue en passant la tour de David et l'on prend une route carrossable. Nous faisons le chemin à pied.

Bethléem est dans la direction du sud.

Nous traversons bientôt la plaine de *Raphaïm* ou des *géants*.

Elle est célèbre par deux victoires que David remporta sur les Philistins.

Lorsque David eut été sacré roi par Samuel, les Philistins prévoyant les grandeurs futures de son règne en prirent peur.

Ils se soulevèrent contre le jeune roi. David ne se dissimula pas l'imminence du danger. Mais son courage ne fut pas ébranlé.

Avant de combattre l'armée ennemie, il voulut procéder avec une sage prudence. Il se retira dans un lieu fortifié.

Là, il consulta le Seigneur.

« Dois-je marcher, dit-il, contre l'ennemi ? Le livrerez-vous entre mes mains ? »

« Allez, lui répondit le Seigneur, je vous le livrerai. »

La défaite des Philistins fut complète. Les idoles qu'ils adoraient leur furent enlevées. C'est pourquoi, la plaine fut appelée depuis *Baal-Pharasim*, plaine de la dispersion.

Une seconde fois, les Philistins marchèrent contre David. Une seconde fois aussi le Seigneur les livra entre les mains du roi. David les poursuivit depuis Zabaa jusqu'à Gezer.

XCIII

MAISON DE SIMÉON. — EMPLACEMENT D'UN TÉRÉBINTHE. — LE PUITS DES TROIS ROIS. — LE COUVENT ET LE LIT DE SAINT ÉLIE.

A une petite distance, vous apercevez quelques ruines.

Ce sont les ruines de la maison qu'habitait Siméon

le juste, ce saint personnage qui eut l'honneur de recevoir entre ses bras l'Enfant-Dieu et qui eut l'inspiration du cantique d'allégresse que chante l'Eglise : *Nunc dimittis*.

A un kilomètre plus loin, on indique la place qu'occupait autrefois un térébinthe.

Se rendant à Jérusalem, la sainte Famille se reposa à l'ombre de cet arbre.

Lorsque le divin enfant approcha, les branches s'inclinèrent comme pour rendre hommage à sa divinité.

La piété des fidèles entourait ce térébinthe de beaucoup de vénération. Mais en 1645, un musulman qui en était le propriétaire le fit arracher sous prétexte qu'en allant le visiter, les pèlerins endommageaient la récolte de son champ.

Un tas de pierres marque seul aujourd'hui ce pieux emplacement.

Lorsque vous êtes arrivé à moitié chemin de Jérusalem vous rencontrez à gauche un puits ou plutôt une citerne. C'est le puits *des Trois-Rois*, ou encore le puits de *l'Etoile*.

Un gobelet en fer battu fixé au mur par le moyen d'une chaînette vous permet de puiser dans la citerne et de boire de l'eau fraîche qu'elle contient en toute saison.

On connaît l'histoire des trois rois mages.

Ils furent avertis de la naissance de Jésus-Christ par une étoile miraculeuse.

Ils partirent aussitôt pour venir l'adorer dans la crèche de Bethléem.

Arrivés à Jérusalem, ils s'adressèrent au roi Hérode et lui dirent :

« Où est né le roi des Juifs ? Nous avons vu son étoile et nous sommes venus l'adorer ? »

Hérode et Jérusalem se troublèrent à cette nouvelle.

Le roi rassembla les princes des prêtres et les scribes du peuple. Il leur demanda où devait naître le Christ.

« C'est à Bethléem dans la tribu de Juda, dirent-ils, car c'est de cette ville que Michée le prophète a dit :

« Et toi Bethléem, terre de Juda, tu n'es pas la
» moindre entre les villes de Juda. C'est de toi
» que doit sortir le Chef qui conduira mon peuple
» d'Israël. »

Pendant que les mages demeurèrent dans la ville de Jérusalem, l'étoile disparut à leurs yeux.

Mais arrivés au puits où nous nous trouvons l'astre miraculeux brilla de nouveau dans les cieux et montra le chemin de la crèche où reposait l'Enfant-Dieu.

De l'autre côté du chemin, le rocher présente un léger enfoncement. La tradition veut qu'Elie fuyant la colère de Jézabel se soit reposé en cet endroit. Lorsqu'il se réveilla, l'empreinte de son corps demeura marquée sur le rocher.

C'est à cette place que Dieu le visita, qu'il le fortifia par une nourriture miraculeuse et qu'il lui ordonna, pour fuir la colère de ses ennemis, de marcher pendant 40 jours et 40 nuits jusqu'à ce qu'il arrivât au mont Horeb qui devait lui servir de retraite.

Tout près de là, sur un petit plateau est le couvent schismatique-grec de St-Elie. Je ne l'ai pas visité, mais vu du chemin, il ressemble à une prison. L'église a une assez jolie coupole.

XCIV

LA MAISON DU PROPHÈTE HABACUC. — LE TOMBEAU DE RACHEL.

En poursuivant la route, vous voyez quelques pans de muraille qui sont les ruines d'une vieille église.

C'est l'emplacement de la maison du prophète Habacuc.

Ce prophète préparait son diner, lorsque Dieu lui fit ordre de le porter à Daniel qui était enfermé dans la fosse aux lions à Babylone.

« Seigneur, dit le prophète, je n'ai jamais vu Babylone et je ne sais pas où est la fosse aux lions. »

L'ange du Seigneur prit alors Habacuc par les cheveux et le transporta à Babylone avec la rapidité de son esprit.

Daniel prit les mets que lui offrit le prophète et remercia Dieu en disant :

« Vous vous êtes souvenu de moi, Seigneur, et vous ne m'avez pas abandonné, moi qui vous aime. »

Le prophète fut aussitôt rapporté par l'ange à l'endroit d'où il était parti.

Le tombeau de Rachel n'est pas loin. Il est construit au milieu d'un cimetière musulman.

Une petite coupole blanchie le surmonte. Il forme un édifice carré de 7 à 8 mètres. Les musulmans et les juifs ont pour Rachel une grande vénération et viennent en pèlerinage à son tombeau.

Rachel mourut à cette place en donnant le jour à Benjamin, le fils de la droite de Jacob.

C'est le patriarche lui-même qui fit élever ce monument selon l'ordre qui lui fut donné par le Seigneur.

On le distingue facilement à travers les arbres, car il est d'une grande blancheur, les musulmans étant dans l'habitude de le passer tous les ans à la chaux.

On arrive bientôt après à Bethléem. Le voisinage de la ville nous fut indiqué par des groupes de Bethléémites qui venaient tout joyeux et gracieusement au devant de nous et nous saluaient avec le sourire de la véritable fraternité.

C'est qu'à Bethléem, on est catholique en majorité et les pèlerins y sont reçus comme des frères.

Nous étions à quelques pas de la ville, lorsque nous aperçumes deux religieuses de St-Joseph de l'Apparition.

Elles nous saluèrent, et nous apprimes de l'une d'elles qu'elle était de notre diocèse, originaire de la paroisse de Connac, tout près de Réquista.

XCV

L'ORPHELINAT DE DOM BELLONI. — PREMIÈRE VISITE A LA GROTTE DE LA NATIVITÉ.

Non loin de l'entrée de la ville, se présente avec les caractères des plus belles habitations orientales, l'orphelinat de la Ste-Famille dirigé par Dom Belloni, chanoine de Jérusalem.

Nous allons y demander l'hospitalité.

C'est avec un grand cœur et une franche générosité que les pèlerins sont reçus.

Le personnel de la maison se tient à la porte d'entrée ou dans la cour. Maîtres et orphelins s'empressent pour bien accueillir les nouveaux arrivés.

On nous conduit dans le grand dortoir, où nous choisissons les lits abandonnés par les enfants depuis le pèlerinage et laissés vides par les pèlerins déjà repartis pour Jérusalem.

Un de nos compatriotes, le frère Louis Mazars, de Luc, près de Rodez, employé dans l'orphelinat, se prodigue pour nous être agréable.

Ce bon religieux a quitté la France depuis plusieurs années et prête son concours à l'œuvre des jeunes orphelins. Il est tout heureux de vivre sous le soleil d'Orient et de servir l'Eglise auprès du berceau du Christ.

Il nous demande avec attendrissement des nouvelles de la patrie et surtout du village dont le blanc clocher se dessine à l'horizon, du côté de N.-D. de Ceignac.

L'établissement de Dom Belloni est bâti dans de belles conditions, de solidité, d'agrément et de dimensions.

De vastes terrasses couvertes de vitrages précèdent les salles à chaque étage.

Les directeurs de cette maison y élèvent des enfants appartenant à toutes les religions. Selon les aptitudes de chacun, on forme des agriculteurs et des ouvriers pour divers métiers.

Il en est, parmi les mieux doués des qualités du cœur et de l'esprit, qu'on prépare au sacerdoce.

Après une installation sommaire, nous eûmes hâte de nous rendre à la grotte de la Nativité pour adorer le mystère de Jésus-Enfant.

Nous traversâmes la grande basilique et nous descendîmes l'étroit escalier qui conduit à la grotte qu'éclaire seule la douce lumière des lampes.

Nous nous mîmes à genoux à l'endroit de la naissance, puis devant l'autel de la crèche et nous baisâmes en l'adorant ce sol sacré.

St Jérôme qui vécut à Bethléem, n'a pas pu trouver dans son génie, son éloquence et sa piété des accents capables d'exprimer les premières émotions de l'âme sous ces sombres voûtes qui virent naître le Dieu dont la parole a changé le monde.

« Il faut honorer, dit le grand docteur, bien plus par le silence que par les paroles, la Crèche, où, le petit enfant a fait entendre ses cris. »

Nous récitâmes le cantique des Anges et nous rentrâmes à l'établissement, car la nuit était venue.

Déjà, on prenait place au réfectoire, où le repas était servi avec une abondante frugalité. La joie et l'expansion furent universelles.

On se rendit ensuite dans la chapelle provisoire, où, fut donné le salut du St-Sacrement.

Le repos de la nuit fut ce qu'il put dans cette vaste salle, où les allants et venants ne se croyaient pas obligés au grand silence.

XCVI

LA MESSE A LA GROTTE DE LA NATIVITÉ. — BETHLÉEM. — SON ORIGINE. — SES GLOIRES. — SON ÉTAT ACTUEL. — SES HABITANTS.

A six heures, je me rendis à la grotte. L'autel de St-Eusèbe, situé à quelques mètres du Sanctuaire de la Crèche, se trouvant libre, je pus dire la messe sans avoir trop attendu.

Comme je l'ai dit, c'est par la douce lueur des lampes que la grotte est éclairée. C'est donc toujours en ce lieu, la nuit de Noël.

Par un privilège spécial, les prêtres qui célèbrent disent la messe de la Nativité du Sauveur.

« Un Enfant nous est né et un Fils nous a été donné. Il porte son empire sur ses épaules et il sera appelé l'Ange du grand Conseil.

» Le Seigneur a fait connaître ICI le Sauveur du Monde ; il a révélé ICI sa justice en face des peuples.

» Accourez, nations, adorez le Seigneur. Aujourd'hui est descendue sur la terre la grande Lumière. »

Ceux qui en ont été les témoins peuvent seuls se faire une idée des choses qui se passent dans l'âme pendant la célébration des saints mystères.

Ne serait-elle illustre que par la naissance du Verbe incarné, la ville de Béthléem serait la première ville du monde.

Mais outre le privilège d'avoir vu naître le fils de Dieu, elle a eu celui d'être le berceau d'une légion de grands et saints personnages.

A Bethléem sont nés Abesan, juge d'Israël pendant 7 ans, Booz l'aïeul de David, David, roi d'Israël qui fut sacré par Samuel dans cette ville, saint Joseph, l'époux de la Vierge immaculée, Ste Anne, la mère de Marie, et mille autres saints glorieux.

Les origines de Bethléem remontent très haut. Il est fait mention de cette ville, 1740 ans avant Jésus-Christ.

Elle se trouve gracieusement située sur une colline à 846 mètres au-dessus de la Méditerranée.

A ses pieds s'étendent des plaines et des vallées plantées d'arbres et de récoltes et encadrées de coteaux couverts de vignes.

On respire librement dans cette ville, car elle est ouverte et reçoit sans encombre, le soleil, la lumière et la fraîcheur.

Elle a néanmoins la physionomie de toutes les villes de la Palestine.

Ses rues sont étroites, mal pavées. Les maisons sont blanches, mais petites et pauvres.

Les catholiques y sont au nombre de 3,000 et la population totale est de 5,500 habitants. Le reste se partage entre les grecs et les arméniens schismatiques. Une centaine seulement sont musulmans.

Les pères franciscains desservent la paroisse et ont un établissement où ils donnent l'hospitalité et où ils tiennent une école. Dom Belloni y dirige l'orphelinat dont j'ai parlé.

Les carmélites possèdent un cloître et les sœurs de St-Joseph de l'apparition un couvent et une école.

Les habitants sont avenants, gracieux, ouverts, expansifs, de grande et belle taille. Ils sont intelligents, laborieux. Ils travaillent la nacre et font des objets de piété.

J'ai visité un atelier. On y travaille avec beaucoup d'activité et de gaîté.

Il est aisé de deviner quelles ressources offriraient ces populations si la civilisation chrétienne pouvait librement y faire dominer sa vivifiante influence.

XCVII

LA BASILIQUE DE LA NATIVITÉ. — LES USURPATIONS DES GRECS.

La basilique de la Nativité a été construite au-dessus de la grotte.

En l'année 100, on trouve un sanctuaire en cet endroit.

Mais en 135, l'empereur Adrien le convertit en un

temple païen et érige la statue de Vénus là où fut la crèche du Verbe éternel.

C'est St Jérome qui nous fait connaître ce détail.

Ste Hélène, on le comprend, se hâta de purifier ce lieu.

Les fondements d'une belle basilique furent jetés. Mais la princesse n'en vit pas l'achèvement. Cet honneur fut réservé à Constantin son fils qui la termina en 333.

Depuis le jour où les musulmans se sont emparés de cette région, la basilique a subi des vicissitudes diverses, mais il paraît que le culte divin y a été toujours plus ou moins librement exercé.

A l'arrivée des croisés, Godefroy de Bouillon chargea Tancrède de prendre la ville.

Le héros chrétien chassa les infidèles et planta le signe de la croix sur la basilique de la Nativité.

Sur la demande de Baudouin 1er, qui fut sacré roi de Jérusalem dans cette basilique, Bethléem fut érigée en évêché par le pape Pascal.

Après l'expulsion des croisés, le culte fut continué dans la grotte et la basilique.

De l'année 1447 à l'année 1474, les papes favorisèrent des travaux de restauration qui furent exécutés sous la direction des pères franciscains aux frais de Philippe-le-Bon, duc de Bourgogne, d'Edouard IV, roi d'Angleterre et des doges de la république de Venise.

Les latins ont été toujours les propriétaires de ce monument et ils possèdent les titres les plus péremptoires affirmant leurs droits.

Et cependant, l'astuce, la ruse, la fourberie, l'argent des grecs les ont dépouillés, non pas de leurs droits, mais de l'usage de la basilique.

Ces perfides ont trouvé les moyens d'embrouiller

si bien toutes choses que la grande nef de l'édifice a dû être retirée au culte pour devenir un marché, un lieu de promenade et de jeux.

Il est advenu par suite de ces audacieux empiètements que les franciscains n'ont eu pendant longtemps que le droit d'y entrer par une petite porte communiquant avec leur couvent.

Cependant, en 1852, le gouvernement français leur fit donner une clef qui leur permet maintenant d'ouvrir la grande porte et de pénétrer par elle dans la basilique. Ils ont également obtenu le droit de passage dans le chœur que se sont adjugé les grecs.

La raison de ces violations du droit vient de l'apostasie des Etats chrétiens qui dédaignent les Saints-Lieux.

Quelquefois, par souvenir et par respect du protectorat qu'ils exerçaient autrefois en Palestine, ils ont fait entendre des réclamations au Sultan.

Celui-ci a paru les écouter en signant tous les firmans qu'on lui a présentés.

Mais les grecs sont venus après, et ils ont annulé avec l'argent ce que les latins avaient stipulé par la diplomatie. Auprès des Turcs, l'or est plus puissant qu'aucun diplomate.

Cette basilique est magnifique. Elle a 5 nefs de 33 mètres de longueur. Celle du milieu a 20 mètres de large.

Ces nefs sont formées par des rangées de magnifiques colonnes monolithes, surmontées de beaux chapiteaux.

Elle n'a pas de voûte. Elle est recouverte d'un simple bois de charpente d'un effet artistique.

Depuis 1842, le chœur et le transept sont séparés des nefs par une cloison.

Le milieu du chœur est exhaussé de 70 centimètres au-dessus du reste du sol.

Sous cet exhaussement se trouve la grotte où est né le divin Enfant.

XCVIII

LA GROTTE DE LA NATIVITÉ.

A gauche du chœur, on descend un escalier de 16 marches et on se trouve dans la grotte.

Tout le monde connaît les circonstances qui attirèrent Joseph et Marie à Bethléem.

L'empereur Auguste, maître du monde entier, ordonna le recensement de son peuple.

Ses sujets durent se faire inscrire dans leur lieu d'origine. Joseph vint donc à Bethléem.

Arrivés dans leur patrie, Joseph et Marie ne trouvèrent pas de place dans l'hôtellerie. Ils furent obligés de se retirer dans cette grotte qui était un khan ou lieu de refuge.

Le Verbe Eternel y naquit. Après avoir été enveloppé de langes, comme le rapporte l'Evangile, il fut couché dans la crèche qui était en face du lieu de la naissance.

Cette grotte est naturelle et creusée dans le rocher. Elle a une longueur de 12 mètres et une largeur moyenne de 3 à 4 mètres.

Dès les commencements de notre ère, les parois furent plaquées de marbre. Les croisés y prodiguèrent leurs richesses.

Lorsqu'ils abandonnèrent la terre sainte, les prêtres latins purent y continuer l'exercice du culte.

Ici encore, il y aurait à faire la longue histoire des empiètements des grecs.

Mais cela n'entre pas dans mon sujet.

Qu'il suffise de rappeler qu'en 1873, les grecs soulevèrent une émeute à Bethléem pendant laquelle la grotte fut pillée et dévalisée.

Il va de soi que la diplomatie européenne s'occupa de cet acte de banditisme.

Si la fille aînée de l'Eglise avait eu repris alors sa mission, comme le demandaient les vœux et les espérances du pays, prompte et sévère justice eut été faite.

Mais dans l'état de faiblesse où nous sommes, il fallut se contenter d'une modeste réparation.

Le gouvernement du maréchal de Mac-Mahon fit remplacer aux frais de la France les tapisseries qui avaient été enlevées par les grecs.

C'est peu, mais on est fier cependant de trouver là-bas ce témoignage qui atteste notre vieille foi.

Le service divin s'y partage entre les catholiques, les grecs et les arméniens schismatiques.

Les franciscains ont le droit de dire tous les jours une messe basse et une messe chantée dans la grotte.

L'autel du lieu de la nativité leur est interdit. Il est exclusivement réservé aux grecs.

Deux sentinelles turques montent la garde à l'entrée de la grotte. Ce n'est certes pas pour rendre hommage au Dieu-Enfant, mais c'est pour empêcher le renouvellement des scènes scandaleuses de 1873.

La grotte n'a pas d'ouverture naturelle. La lumière n'y est distribuée que par des lampes.

31 sont suspendues à la voûte et appartiennent aux divers rits.

L'endroit précis où naquit le Roi immortel des siècles est au milieu d'une petite abside et recouvert d'une plaque de marbre blanc.

Au centre est une ouverture enchâssée dans une étoile d'argent portant cette inscription :

Hic de virgine Maria Jesus-Christus natus est.

Ici, Jésus-Christ est né de la Vierge Marie.

15 lampes, entretenues par les différents cultes, éclairent jour et nuit ce sanctuaire situé à l'est de la grotte.

A 3 mètres et presque en face de l'autre côté, on descend 3 marches et on est dans l'oratoire de la *Crèche*. Il a 3 mètres 50 centimètres de long sur 2 mètres 30 centimètres de large. Il est creusé dans le rocher.

Le divin Enfant y était couché, enveloppé de langes et réchauffé par l'haleine de deux animaux, lorsque les bergers avertis par les anges vinrent l'adorer.

Trois planches de la crèche où reposa N.-S. J.-C., sont conservées à Rome dans la basilique de Ste-Marie-Majeure, appelée aussi église de Ste-Marie *ad præsepe*.

Ces fragments sont enfermés dans un berceau en argent, lequel est surmonté d'un lit d'or où est couchée une statue du divin Enfant.

La crèche est entourée d'une grande vénération et solennellement montrée au peuple pendant la nuit de Noël.

XCIX

L'AUTEL DES MAGES.

A l'est de la grotte, c'est-à-dire à quelques pas de la crèche, est l'autel des Mages érigé à la place même où ils se tenaient lorsqu'ils vinrent offrir leurs présents au Roi du ciel et de la terre.

La tradition a conservé le nom des trois rois. Ils s'appelaient Gaspar, Melchior et Balthazar.

Leurs reliques sont honorées dans la cathédrale de Cologne, où elles furent portées en 1163 après avoir été conservées d'abord à Constantinople dans l'église de Sainte-Sophie et ensuite à Milan.

L'événement qui conduisit ces trois personnages à Bethléem est connu de tous.

Une étoile miraculeuse leur apparut dans les cieux. Ils virent dans ce signe un appel de Dieu.

Ils furent dociles à cet appel et ils accoururent pour offrir leur adoration au Verbe incarné.

L'Eglise honore l'anniversaire de ce jour d'un culte très solennel. C'est la fête de l'Epiphanie où le peuple chrétien proclame la royauté universelle de Jésus-Christ sur les empires, sur les royaumes, sur les républiques.

L'histoire ne détermine d'une manière précise ni l'époque où ils arrivèrent à Bethléem, ni le lieu d'où ils partirent, ni le rôle qu'ils jouaient en Orient.

Il est probable qu'ils appartenaient au royaume des Perses nouvellement rétabli sous le nom de royaume des Parthes.

Les mages tenaient le premier rang dans la hiérarchie du gouvernement.

Ils étaient princes, gouverneurs et même rois de quelques provinces.

Ils s'occupaient spécialement de l'étude des sciences. Ils avaient la connaissance de l'astronomie.

Ils possédaient aussi les prophéties annonçant l'arrivée du Messie, car du temple de Jérusalem partait la lumière qui rayonnait sur le monde entier et entretenait dans tous les esprits l'espérance du salut prochain.

L'étoile qui brilla dans les cieux fut donc pour eux une consolante révélation et ils partirent aussitôt.

En arrivant, ils offrirent des présents, selon l'usage des Orientaux qui ne se présentent jamais devant leur Souverain sans déposer des dons à ses pieds.

C

LA CHAPELLE DE SAINT-JOSEPH. — LA CHAPELLE DES SAINTS-INNOCENTS. — TOMBEAU DE SAINT EUSÈBE. — CHAPELLE DE SAINTE-PAULE ET DE SAINTE-EUSTOCHIE. — CHAPELLE ET ORATOIRE DE SAINT-JÉRÔME.

En prenant une petite porte à l'ouest, on pénètre dans une seconde grotte où est une chapelle de St-Joseph rappelant la fuite en Egypte.

Contre le rocher est appendu un tableau représentant la fuite en Egypte. Il est, dit-on, remarquable. Un treillis en fer le protège contre la dévotion publique.

En descendant 5 degrés vous arrivez à la chapelle des SS.-Innocents.

Ce sanctuaire creusé dans le rocher possède un tombeau placé sous l'autel. Un grand nombre de jeunes victimes du roi Hérode y furent inhumées. Ce tombeau est ouvert et visité tous les ans en la fête des SS.-Innocents.

Au nord de cette grotte est un étroit couloir auquel on pénètre par deux degrés. Il a une longueur de 8 mètres Un petit autel a été érigé au milieu sur le tombeau de St-Eusèbe, disciple de St-Jérôme et supérieur, après ce saint docteur, du monastère de Bethléem.

Ce couloir conduit dans une chapelle creusée dans le rocher et où sont les deux tombeaux de Ste Paule et de sa fille Ste Eustochie.

Ste Paule était une matrone romaine et appartenait à la famille des Gracques et des Scipion.

Elle vint à l'appel de St-Jérôme et fonda un monastère à Bethléem.

Elle en fut la première supérieure. Sa fille Eustochie lui succéda dans sa charge.

Dans la même grotte est un autel dédié à St-Jérôme et dressé sur le tombeau où fut enseveli ce grand docteur.

Il mourut à Bethléem à l'âge de 91 ans, en 420.

Le souvenir de St Jérôme est tout vivant à Bethléem.

Ce saint docteur y passa de longues années de sa vie, auprès de la crèche de l'Enfant qui fut la lumière du monde; il s'y livra aux plus étonnantes austérités de la pénitence, s'appliqua jour et nuit à l'étude des sciences sacrées, domina son siècle par sa doctrine et fit éclater sa sagesse dans les conseils qu'il donna aux plus grands personnages de son époque.

Ses reliques reposent aujourd'hui à Rome dans la basilique de Sainte-Marie-Majeure, auprès de cette même crèche qui avait attiré son cœur et concentré tout son amour.

Au nord de la grotte est un petit oratoire où la tradition rapporte qu'il composa ses œuvres sur l'Ecriture sainte et sur l'apologétique chrétienne.

CI

L'ORANGER DE SAINT JÉRÔME. — LA PROCESSION A LA GROTTE DE LA NATIVITÉ.

Après avoir fait mes dévotions dans la grotte, j'allai prendre le petit déjeûner chez les PP. Franciscains qui recevaient les pèlerins avec la plus gracieuse générosité.

Je vis ensuite dans leur jardin un oranger qu'on croit avoir été planté par saint Jérôme lui-même.

A midi, le repas se fit chez Dom Belloni. Toutes les places étaient occupées dans le vaste réfectoire.

Le café fut ensuite servi sur les grandes terrasses de l'établissement. La musique de l'orphelinat joua les airs harmonisés de tous les gracieux *Noëls* que le peuple chrétien chante dans nos églises pendant la nuit mystérieuse du 25 décembre.

Mais la fête fut troublée par un violent orage. Par suite d'un phénomène extraordinaire en Orient à cette époque de l'année, le ciel s'obscurcit et la pluie tomba avec abondance.

Cette ondée a été un grand bienfait pour le pays, car elle a assuré une abondante récolte.

Vers les 3 heures, je revins à la basilique. Je m'assis sur un des degrés qui conduisent de l'entrée de la grotte au petit exhaussement sur lequel est élevé le grand et riche autel dont les grecs se sont emparés. Les deux sentinelles turques tantôt s'asseyaient à côté de nous, tantôt se promenaient.

Après avoir récité mon bréviaire, j'assistai à l'office célébré successivement par les grecs et les arméniens schismatiques. Je n'ai rien à en dire sinon que l'absence de tenue y fut aussi grande que dans les autres lieux où j'avais assisté à une cérémonie schismatique.

Quand l'église fut libre, les Franciscains commencèrent la procession qui se fait tous les jours à la grotte de la Nativité.

Le défilé part de l'église Sainte-Catherine. Cette église appartient exclusivement aux Franciscains et sert d'église paroissiale.

Elle est très petite et très modeste. Mais bientôt on la quittera pour aller en occuper une autre qui est à peu près construite et qui sera digne de la petite ville où naquit le Sauveur des hommes.

Chaque assistant reçoit un petit cierge. Avant le départ, on salue le St-Sacrement par le chant de l'antienne : *O Sacrum convivium*.

Arrivé dans la grotte à la place où naquit le Verbe incarné, l'hymne de joie de la Nativité est entonné par le chœur :

« Jésus, Rédempteur des hommes, engendré par Dieu le Père avant que la lumière fut créée, ô vous, Eclat et Splendeur de Dieu, exaucez les prières de vos serviteurs. »

Et ensuite ces paroles empruntées aux œuvres de saint Jérôme :

« A Bethléem est né le Créateur du ciel.
» Ici, il fut couché dans la crèche.
» Ici, les bergers le virent.
» Ici, les mages l'adorèrent.
» Ici, les anges ont chanté le cantique : Gloire à Dieu au plus haut des cieux. »

A l'endroit de la crèche on chante : « Après avoir mis au monde son fils unique, Marie l'enveloppa de langes et le coucha dans cette crèche. »

A l'autel des Mages, tous se prosternent et baisent la terre en disant :

« Ici, les rois lui offrirent de l'or, de l'encens et de la myrrhe. »

On va prier ensuite, à l'autel de Saint-Joseph, à celui des Saints-Innocents, à l'Oratoire et au tombeau de Saint-Jérôme, à celui de Sainte-Paule, de Saint-Eusèbe, enfin dans l'église paroissiale de Sainte-Catherine.

C'est au pied de l'autel principal de cette église que se termine cette pieuse et touchante cérémonie.

On y chante en l'honneur de saint Antoine de Padoue, en l'honneur des saints Anges. Y sont ensuite recommandés à Dieu, le pape, père universel de tous les fidèles, les princes chrétiens, la Terre-Sainte, les religieux qui la sanctifient par leurs travaux et par leurs vertus, ceux qui sont exposés sur mer aux dangers de la tempête, les pèlerins et toute la chrétienté.

Pour tous et pour chacun, on demande l'abondance des biens spirituels et des biens temporels.

Et puis l'on se retire, l'âme tout embaumée du parfum des mystères qui viennent d'êtres médités.

CII

LA GROTTE DES PASTEURS.

Quoique le temps fut encore incertain, et l'heure n'étant pas trop avancée, j'entrepris avec M. l'abbé Cure, le pèlerinage de la *grotte des pasteurs* et de la *grotte du lait*.

La première est située à environ deux kilomètres de Bethléem.

Un petit enfant se chargea de nous conduire. Quoiqu'il nous ait été utile pour nous indiquer le chemin en nous précédant, il nous impatienta beaucoup, car il ne fut pas possible d'en tirer le moindre renseignement, sauf de grands gestes qu'il faisait avec ses petits bras.

Après avoir descendu un sentier assez rapide, nous entrâmes dans la plaine où fut le champ de Booz et où Ruth, la boamite, glâna les épis abandonnés par les moissonneurs.

Cette plaine d'une étendue de plusieurs kilomètres a gardé sa grâce et sa fraîcheur et conserve tous les charmes de ce beau paysage décrit par l'Esprit-Saint et où s'est passé une des scènes les plus émouvantes de la vie des patriarches.

En lisant aujourd'hui le livre de Ruth, on est émerveillé d'y retrouver une foule de traits de mœurs qui ont traversé les âges et les révolutions et subsistent dans leur primitive réalité.

C'est au centre de ce riant paysage qu'est la *Grotte des pasteurs*.

Les bergers faisaient paître leur troupeau pendant cette nuit divine de Noël.

Tout à coup, une lumière merveilleuse les inonda de ses rayons célestes.

« Ne craignez point, leur dit l'ange du Seigneur, car je vous apporte une nouvelle qui sera le sujet d'une grande joie pour tout le peuple.

» Dans la ville de David est né aujourd'hui un enfant; c'est le Sauveur, le Christ-Seigneur. Vous le trouverez enveloppé de langes et couché dans une crèche. »

Pendant qu'il parlait, une symphonie mélodieuse

se fit entendre dans les airs ; le chœur des Anges entonna ce cantique :

« Gloire à Dieu au plus haut des cieux ; paix sur la terre aux hommes de bonne volonté. »

Les bergers se rendirent aussitôt dans la grotte divine, et les premiers, ils adorèrent l'Enfant-Dieu. Ensuite ils s'en retournèrent en louant et en bénissant le Seigneur.

Un monastère et une église furent construits au-dessus de la Grotte des pasteurs. Aujourd'hui il n'en reste pas même les ruines.

Un bouquet d'oliviers marque l'entrée de la grotte, creusée à une profondeur de 21 marches. Elle est convertie en chapelle et appartient aux grecs schismatiques.

Un pope grec nous la fit visiter. Elle possède deux autels. L'un est au bas de l'escalier, l'autre au fond de la grotte. Tous les deux sont très simples et très modestes. Ce grec se montra gracieux et empressé. Il nous laissa tout visiter dans le plus petit détail, nous fit feuilleter les livres liturgiques écrits en grec, etc.

Nous nous agenouillâmes ensuite pour réciter le cantique des anges.

Pendant ce temps, le pope se baissa et se mit à à gratter la mosaïque de la chapelle. Il en détacha deux petits fragments.

Lorsque nous nous relevâmes, il nous les offrit et en même temps, il nous tendit sa main droite. Il ne la referma que lorsque nous lui eûmes donné une petite pièce. Cinquante centimes parurent le rendre très heureux.

CIII

L'ARC-EN-CIEL. — LA GROTTE DU LAIT.

Nous partîmes sans retard. A ce moment l'arc-en-ciel traçait dans les airs une ligne magnifique.

Il partait de la vallée du Jourdain et allait se reposer sur la basilique de la Nativité. Ses couleurs variées étaient merveilleusement brillantes.

Comme il pleut rarement dans cette saison, le frère Liévin me dit, que parmi les plus anciens de la ville, il ne s'en trouverait pas un qui eût souvenance d'avoir été le témoin d'un pareil phénomène à cette époque de l'année.

Les pèlerins saluèrent avec joie ce signe de l'alliance de la France avec l'Orient.

En retournant, nous montâmes un sentier très rapide et nous traversâmes sans nous y arrêter le village des pasteurs. Il a 600 habitants dont cent catholiques desservis par un curé.

Un autre sentier que nous fit suivre notre guide nous conduisit à la *Grotte du lait*. Elle est située presque aux portes de Bethléem.

Nous descendîmes les 16 marches qui y conduisent. Elle est irrégulière et soutenue au milieu par des colonnes en pierre. Convertie en chapelle, les franciscains qui en sont les propriétaires y disent la messe chaque jour.

Nous étions au 22 mai. L'autel était chargé de bouquets de fleurs et les murs festonnés de guirlandes.

Pendant que nous faisions notre prière, un certain nombre de personnes arrivèrent pour l'exercice du mois de Marie.

Ce fut d'abord le maître d'école, instituteur laïque, avec ses élèves. Ceux-ci prirent place devant l'autel et firent très respectueusement leur prière. Ils se tenaient à genoux ou étaient assis sur leurs talons.

Quelques instants après vint la sœur religieuse avec les petites filles. Quelques autres personnes restèrent sur les marches de l'escalier.

Lorsque l'heure de commencer fut venue, l'instituteur donna le signal. On chanta des cantiques en Arabe et puis nous comprimes qu'on récitait le chapelet.

La prononciation gutturale et rude des enfants n'ôtait rien au recueillement et à la ferveur de cette prière.

Rien ne saurait dire comme cet exercice était touchant de piété et comme il était éloquent sous ce rocher solitaire !

Cette grotte est appelée *Grotte du lait*, parce que la Ste Vierge en laissa tomber quelques gouttes en allaitant le divin Enfant C'était au moment où la Sainte Famille se préparait à fuir pour l'Egypte.

Au-dessus étaient bâtis autrefois une belle église et un couvent. Il n'en reste aujourd'hui que quelques ruines informes.

CIV

PROCESSION DU PÈLERINAGE A LA GROTTE DE BETHLÉEM. — LES COSTUMES DES INDIGÈNES. — ALLOCUTION DU P. MARIE-ANTOINE.

Le 23 mai avait été fixé pour une manifestation à Bethléem. Il était bien naturel que la France catholique affirmât sa joie et son bonheur au berceau même du Christ et que, comme les bergers et les rois, elle vint rendre hommage au Dieu-Enfant.

La majorité des pèlerins se réunirent à l'entrée de la ville auprès de l'établissement de dom Belloni.

La procession se forma et se dirigea vers l'église de la Nativité.

Les chants les plus gracieux sortirent de tous les cœurs. C'étaient des chants de joie, des hymnes, des Noëls.

L'Enfant-Jésus, la Ste Vierge, St Joseph étaient glorifiés par la France sous le même ciel où les anges avaient annoncé la grande nouvelle.

La fanfare de l'orphelinat jouait des airs de cantiques. Dans une cérémonie sacrée, il n'y a rien de beau et d'imposant comme les chants de l'Eglise harmonisés et traduits par les instruments de musique.

Il était ravissant d'entendre à Bethléem même :

> Il est né le divin Enfant
> Jouez, hautbois, raisonnez, musettes
> Chantons tous son avènement.

Ou bien :

> J'entends là-bas dans la plaine
> Les anges descendus des cieux
> Chanter à perte d'haleine
> Le cantique mélodieux :
> *Gloria in excelsis Deo*
>
> Bergers, quittez vos retraites,
> Unissez-vous à leurs concerts
> Et que vos tendres musettes
> Fassent retentir dans les airs :
> *Gloria in excelsis Deo !*

Le cortège avançait à travers les flots pressés de la population. Celle-ci offrait un magnifique spectacle.

J'ai déjà eu occasion de dire que le costume des orientaux donne à ceux qui le portent de grands airs de dignité et de noblesse. Ce caractère se manifeste chez les pauvres comme chez les riches.

Cette ampleur forme un contraste frappant avec les costumes guindés, étriqués, bizarres des européens.

Là-bas, les plus vulgaires paysans ou paysannes portent sur leur front et dans toute leur tenue un cachet de noble fierté, d'aisance qu'on ne remarque nulle part parmi nos populations.

Les femmes portent généralement un robe bleue, une tunique rouge, un voile blanc qui descend de la tête au bas du corps. Elles se drapent dans ce costume avec une irréprochable convenance.

Les hommes ont des sandales. Ils portent des pantalons larges et ondoyants, une ceinture souvent couverte de pierres plus ou moins précieuses, brodée d'or ou d'argent, un gilet colant brodé, et de couleurs diverses, un large manteau, ordinairement un fez rouge à la tête entourée d'un turban.

Ils se tenaient par groupe sur leurs portes ou bien sur les terrasses des maisons. Sur la place de la Nativité qui précède la basilique s'était réuni beaucoup de monde. Il n'y a pas dans nos pays de rassemblement de foule qui offre cette variété d'un coup d'œil si beau et si grandiose.

Ces populations, nous a-t-on assuré, ont le sentiment de leur valeur, sont habiles à découvrir les défauts et les travers des étrangers et sont implacables dans leurs railleries quoiqu'elles ne les manifestent guère devant les victimes de leurs coups de langue.

On remplit la petite église de Ste-Catherine.

Le fait saillant de cette cérémonie fut l'allocution

que prononça le P. Marie-Antoine après l'Evangile de la messe.

L'éloquent missionnaire traduisit les paroles du martyrologe au jour de la Noël :

« L'an de la création du monde cinq mille cinq cent quatre-vingt-dix-neuf ;

» Du déluge, deux mille neuf cent cinquante-sept ;

» De la naissance d'Abraham, deux mille quinze ;

» De Moïse et de la sortie du peuple d'Israël de l'Egypte, mille cent dix ;

» Du sacre de David comme roi, mille trente deux ;

» La soixante-dixième semaine de la prophétie de Daniel ;

» La cent quatre vingt quatorzième olympiade ;

» L'an sept cent cinquante deux de la fondation de Rome ;

» La quarante-deuxième année du règne d'Octave Auguste ;

» Le monde entier étant en paix ;

» Au sixième âge du monde ;

» Jésus-Christ, Dieu éternel, fils du Père éternel, voulant sanctifier le monde par son très miséricordieux avènement, conçu du Saint-Esprit, neuf mois s'étant écoulés depuis sa Conception, nait de la Vierge Marie, ICI, à Bethléem de Juda. »

Voilà, dit le Père, le prodigieux mystère que notre reconnaissance célèbre en ce moment sur le théâtre même où il s'est accompli.

Et commentant ensuite, une page des écrits de St-Jérôme invitant les grands et les puissants de Rome à venir méditer auprès de la Crèche les pensées de l'humilité, de la pauvreté et en même temps de la véritable grandeur, l'éloquent capucin chanta avec tous les charmes de son éloquence les enseignements et les leçons qui s'élèvent de la grotte mystérieuse et transfigurent les âmes avec une puissance toute divine.

CV

EXCURSION AUX VASQUES DE SALOMON. — LA ROUTE.

Au sortir de cet office, nous entreprîmes une excursion au Vasques de Salomon. C'est un des travaux les mieux conservés du génie du grand roi.

Nous étions trois. Nous choisissons trois ânes que nous trouvons au milieu de la place. Nous convenons du prix. Nous prononçons le nom de *Vasques* que comprennent nos deux jeunes guides et afin d'éviter du retard nous partons sans demander aucun renseignement.

Cette précipitation fut la cause d'une perplexité qui dura pendant à peu près tout le chemin, à l'aller.

Au lieu de nous faire prendre le sentier tracé au sommet de la colline qui domine l'*Hortus conclusus*, on nous conduisit par la route d'Hébron.

Ne pouvant obtenir aucune explication de la part des enfants, nous rencontrons, au sortir de la ville, une religieuse de saint Joseph qui faisait l'école dans un village voisin de Bethléem.

« Nous allons aux Vasques de Salomon, lui disons-nous, est-ce bien le chemin et arriverons-nous bientôt ?

— Oh ! c'est bien loin, dit-elle, il faut plus d'un jour pour cette excursion. »

Nous vimes bientôt qu'elle n'avait jamais fait cette promenade.

Nous continuâmes notre route. Le chemin est à peu près carrossable, mais pavé de grosses pierres. A droite et à gauche s'étendent des terrains pierreux avec quelques rares espaces où croît un peu d'herbe, et d'autres où nous apercevons quelques épis de blé.

Pas un pèlerin qui aille au bassin ou qui en retourne.

Des bédouins assez nombreux passent avec leurs chameaux ou leurs mulets.

Nous essayons de demander quelques indications. Ils vont avec une impassible indifférence.

Chemin faisant, nous apercevons à droite sur le revers de la colline un grand troupeau de bœufs composé de plus de deux cents bêtes qui semblent disputer aux rochers quelques brins d'herbe. Leur apparence maigre prouve la stérilité du terrain.

Cependant, nous ne remarquons aucun signe qui annonce que nous approchons du but.

En attendant, nos guides, deux enfants de 12 à 15 ans sont d'une gaîté folle. Ils chantent, ils sautent, rient aux éclats, vont, viennent, frappent des mains, poussent nos montures et ne peuvent nous donner aucune indication qui nous fasse même comprendre que nous suivons bien le chemin qu'il faut.

Enfin, ils se mettent à crier, à battre des mains et à nous indiquer en riant la direction d'une vaste gorge qui s'ouvrait devant nous.

A l'horizon, nous apercevons au sommet d'une colline, la route qui blanchit; nous pensons que les gestes des enfants montrent que c'est la voie à suivre.

Nous résolûmes alors d'atteindre cette distance et puis de retourner sur nos pas, si nous n'étions pas parvenus au terme de notre excursion.

Mais à ce moment et à notre grande joie, nous

distinguons quelques pèlerins avec leur parasol, deux minutes après nous étions arrivés à la *fontaine scellée* et nous nous trouvions en face des trois magnifiques bassins remplis des flots d'une eau limpide reenue dans des murs d'une prodigieuse solidité.

CVI

LES VASQUES DE SALOMON. — LA FONTAINE SCELLÉE.

Ces bassins ont été construits par Salomon, selon l'opinion commune. Ils sont enlacés l'un à la suite de l'autre. Le premier de ces trois bassins a 177 mètres de longueur sur 64 de largeur et 15 de profondeur.

Le second a 129 mètres de longueur, sur 70 de largeur et 12 de profondeur.

Le troisième a 116 mètres de long, 70 de large et 7 à 8 de profondeur.

Ces nappes d'eau produisent un grand contraste avec l'aridité du pays environnant.

Les trois bassins déversent leurs eaux l'un dans l'autre et alimentent la ville de Bethléem, en partie celle de Jérusalem et l'*hortus conclusus*.

Ils sont remplis par les eaux du ciel et par la fontaine scellée, *fons signatus*.

Cette fontaine est souterraine ; on y arrive par un escalier assez difficile et profond. Il a une quinzaine de marches. L'eau coule du rocher. Elle est abondante et limpide.

Tout le monde sait que cette fontaine a été chantée par Salomon dans le *cantique des cantiques* et que l'Eglise applique à cette figure le mystère de l'Immaculée Conception de la Ste Vierge.

Du temps du grand roi, elle était interdite au public et fermée au moyen d'une pierre portant l'empreinte du sceau royal. De là son nom, *fons signatus*.

CVII

HORTUS CONCLUSUS. — RENTRÉE A JÉRUSALEM.

Nous avions tout vu à cet endroit. Nous reprîmes nos montures et nous suivîmes le sentier qui domine l'*hortus conclusus* (le jardin fermé).

Ce jardin est planté au fond d'une vallée étroite enfermée entre deux collines d'une aridité complète.

Cette stérilité fait ressortir d'une manière merveilleuse l'éclat de la verdure des plantations du jardin.

A cette époque de l'année elle avait une teinte incomparable.

La tradition rapporte que Salomon quittait tous les jours Jérusalem et venait se reposer dans ces lieux.

« Escorté de ses gardes, armés et munis de leurs arcs, dit Josèphe, Salomon monté sur son char et couvert d'un manteau blanc, avait coutume de sortir de Jérusalem à la naissance du jour. Il y avait à deux schœnes de distance de la ville (environ 12 kilomètres) un endroit appelé éthans (les vasques). Ses jardins et l'abondance des eaux courantes en faisaient un lieu très fertile et un séjour délicieux. »

C'est de ces jardins qui donnent une idée du paradis terrestre que Salomon a dit dans le *Cantique des cantiques :*

« Mon épouse est comme un jardin délicieux, mais un jardin fermé.

» Ce jardin est plein de pommes, de grenades et de toutes sortes de fruits de Chypre et de nard.

» Le nard, le safran, la canne aromatique et le cinnamome, avec tous les arbres odoriférants s'y trouvent ainsi que la myrrhe, l'aloès et les parfums les plus exquis.

» Retirez-vous de ce lieu, froid aquilon ; venez, brise du Midi ; soufflez dans mon jardin et faites que la bonne odeur de ses parfums se répande dans tout l'univers. »

Ce jardin est l'image de l'Eglise qui couvre le monde entier des merveilles de la vertu de ses saints et de la richesse de ses bienfaits.

Lorsque nous rentrâmes à Bethléem, il était midi. Tout était vie et mouvement dans la maison de dom Belloni. Le nombre des convives était plus grand qu'à aucun autre jour. Et cependant la générosité put pourvoir à tout, suffire largement à toutes les exigences.

Il fallut enfin quitter ces lieux si grands de souvenirs et de beautés.

Nous allâmes nous agenouiller une dernière fois dans la grotte divine ; en sortant nous entrâmes dans la chapelle du couvent de St-Joseph de l'Apparition pour assister à un salut du St-Sacrement.

CVIII

LE RETOUR. — LE MONT DES FRANCS. — L'ORAGE.

Nous reprîmes la route que nous avions suivie l'avant-veille. Elle était tout animée. Les pèlerins retournaient à Jérusalem, les uns à pied, les autres en voiture, d'autres à cheval. Des indigènes allaient à Jérusalem ou en revenaient montés sur leurs chameaux.

Nous nous arrêtâmes au puits des mages près duquel se reposaient des arabes avec leurs montures. Nous puisâmes de l'eau de la citerne avec le gobelet qui y est attaché, nous nous assîmes quelques instants à l'ombre d'un olivier, sur le rocher où le prophète Elie laissa son empreinte.

Mais nous ne pûmes pas prolonger longtemps notre repos. Le temps devint menaçant comme la veille. Le ciel se couvrit de nuages.

Le mont des Francs s'élève au milieu du pays comme une imposante pyramide. L'arc-en-ciel formait comme une auréole à son sommet. Du côté de la mer Morte s'élevait une brume épaisse et noire.

Lorsque nous arrivâmes à Jérusalem, le mont Sion avait quelque chose de ce qui dut se passer le jour de la Pentecôte. Des nuages planaient au-dessus, des éclairs les traversaient, quelques coups de tonnerre se faisaient entendre.

A peine avions-nous repris possession de notre chambre que la pluie se mit à tomber avec une abondance encore plus grande que la veille. L'orage dura près de deux heures. Au bout de ce temps, le ciel reprit sa pureté.

Nous apprîmes le lendemain les péripéties par lesquelles étaient passés une foule de pèlerins qui avaient été surpris par la tempête dans les divers sentiers de Bethléem ou de St-Jean in Montana.

CIX

CONVERSION DU P. DE RATISBONNE. — L'ORPHELINAT ET L'ÉCOLE D'ARTS-ET-MÉTIERS DE SAINT-PIERRE. — BÉNÉDICTION DE LA STATUE DE SAINT AUGUSTIN.

Le mercredi 24 mai, en la fête de N.-D. Auxiliatrice, le pèlerinage fut convoqué pour 4 heures à l'orphelinat de St-Pierre fondé et dirigé par le P. Marie-Alphonse de Ratisbonne.

Autour du nom vénéré de ce saint prêtre se groupent de pieux souvenirs qui montrent que Dieu est toujours plein de sollicitude pour les juifs ingrats, autrefois son peuple de prédilection.

Le P. de Ratisbonne fut un juif obstiné. Comme saint Paul, il était enflammé de haine contre le nom chrétien.

Il fit le voyage de Rome pour dissiper des ennuis mondains. L'atmosphère si chrétienne de la Ville-Eternelle lui donnait des frémissements insupportables.

Il était au moment de repartir, lorsqu'un de ses amis lui offrit une médaille miraculeuse de l'Immaculée-Conception. Ratisbonne l'accepta par politesse, mais avec une répugnance non déguisée.

Quelques jours après, il visitait en touriste l'église de St-André *delle fratte*.

Dieu choisit cette heure pour opérer dans cette âme égarée, mais généreuse, une des plus consolantes merveilles de sa miséricorde.

« Quand je fus dans l'église (c'est lui-même qui parle) je regardai autour de moi. Tout à coup, toute l'église disparut à mes yeux, je ne vis plus que la chapelle de l'ange gardien, vers laquelle je marchai malgré moi, poussé d'une manière irrésistible. Quand j'y fus, je vis la Ste-Vierge telle qu'elle est représentée sur ma médaille ; elle me fit signe de me mettre à genoux et je fus obligé de m'y mettre ; elle ne me parla point, mais je compris tout cependant. Je ne puis vivre sans être baptisé. »

C'est en sortant de cette extase que Ratisbonne raconta ainsi ce miracle qui eut lieu dans le mois de janvier en 1842. Le jeune converti avait alors 26 ans.

De belles fresques peintes aux frais du prince Torlonia perpétuent la mémoire de cet événement dans l'église de St-André.

Depuis sa conversion, le P. de Ratisbonne est devenu prêtre, et il s'est consacré avec tout son cœur et tout son zèle à la conversion des juifs et principalement aux œuvres de Terre-Sainte.

L'établissement de St-Pierre est situé au nord de Jérusalem dans la désolation de la campagne.

Il est à peu près construit dans le même plan que celui de dom Belloni à Bethléem.

Large escalier, grandes salles, vastes terrasses, point de vue magnifique sur la ville sainte et sur toute la région au sud et à l'est.

Une statue de St-Augustin offerte par le comité du pèlerinage fut bénie par le P. Emmanuel de Bailly.

Avant de réciter les prières de la liturgie, ce bon père adressa la parole à l'auditoire.

Il dit avec l'accent d'une éloquence vraie et forte, le sens de l'offrande faite à l'établissement du P. de Ratisbonne. Il se réjouit dans les sentiments d'une pieuse espérance à la pensée que les juifs obstinés comme le fut un moment St Augustin, ouvriraient les yeux à la vérité, comme le fit ce grand docteur, consoleraient et réjouiraient l'Eglise comme l'a consolée et réjouie le P. de Ratisbonne.

Je fus frappé en arrivant à cet établissement par une grande bannière aux couleurs pontificales flottant sur la porte principale. Elle porte d'un côté une croix noire, de l'autre une couronne d'épines également noire. On lit en exergue cette parole du divin Maître : *Pasce agnos meos.*

Rien de plus légitime que ce vœu demandant à Dieu que le peuple juif prenne enfin sa place dans le troupeau unique qui a pour pasteur suprême le Vicaire de Celui qu'ils mirent à mort.

Le P. de Ratisbonne a une verte et vaillante vieillesse. Longtemps encore, il fera le bien en Palestine. Avec le concours de son frère, le P. Théodore de Ratisbonne, prêtre lui aussi, il est tout entier à l'œuvre de la conversion de ses frères. Le bien qu'ont fait ces deux frères est immense.

« Les deux PP. de Ratisbonne, dit Mgr Mislin, n'ont ni fait la guerre de Crimée, ni répandu une goutte de sang. Cependant ce serait faire d'eux un trop mince éloge en disant qu'à eux seuls, ils ont fait plus pour la cause des Lieux-Saints que tous les ministres de l'empire et tous les Congrès de Paris. »

CX

VALLÉE DE GIHON. — PISCINE DES SERPENTS. — CHAMP DU FOULON. — CHARNIER DU LION. — RUINES DE L'ÉGLISE SAINTE-MAMILLA.

Le chemin qui conduit à cet établissement est tracé sur une terre riche des plus grands souvenirs, car elle fut le théâtre des plus solennels événements.

Les musulmans y ont un de leurs principaux cimetières et ont couvert ce sol de tombeaux. La garnison turque y a le champ de Mars.

La vallée de Gihon, la piscine supérieure ou piscine des serpents, le champ du foulon, le charnier du lion, les ruines de l'église Sainte-Mamilla ont leur nom écrit dans les livres saints ou les annales de l'Eglise.

Le grand-prêtre Sadoc et le prophète Nathan y sacrèrent Salomon par ordre de David.

Le trône étant disputé par Adonias contrairement à la volonté du roi qui avait désigné Salomon, David fit appeler Sadoc et Nathan :

« Prenez avec vous le serviteur de votre Maître, leur dit-il, faites monter sur ma mule mon fils Salomon (c'était le signe par lequel il le désignait pour son successeur) ; menez-le à la fontaine de Gihon, où il y a toujours beaucoup de monde, que Sadoc, le grand-prêtre, le sacre roi ; vous sonnerez de la trompette et vous crierez : *Vive le roi Salomon !*

» Sadoc, ayant pris du Tabernacle une corne pleine d'huile, sacra Salomon.

» On sonna de la trompette et tout le monde cria : *Vive le roi Salomon !*

» La foule accourut, on se livra à mille réjouissances et on fit retentir les airs de mille cris d'allégresse. »

Cet événement se passa l'an 1015 avant J.-C.

A cet endroit-là même, le prophète Isaïe prononça plus tard l'oracle célèbre annonçant le Messie qui devait naître de la Vierge.

Achaz, roi de Juda, était menacé dans Jérusalem par Razin, roi d'Assyrie.

Achaz fut troublé à cette nouvelle. Le Seigneur lui envoya alors le prophète Isaïe pour le rassurer et lui promettre la victoire.

Pour preuve, il lui donna ce signe :

« Une Vierge concevra un fils ; il sera appelé Emmanuel. »

Là encore, est le champ du Foulon, occupé par Rabsacès, général de Sennachérib, roi d'Assyrie, qui assiégeait Jérusalem, à la tête d'une armée innombrable.

Mais avant de livrer l'assaut l'ennemi insulta le vrai Dieu.

Ezéchias, roi d'Israël, et tout son peuple s'adressèrent au contraire au Très-Haut et lui demandèrent pitié.

Le Seigneur envoya le prophète Isaïe :

« Le roi des Assyriens, dit-il, n'entrera point dans Jérusalem ; il ne tirera point de flèches contre ses murailles ; elle ne sera point forcée par le bouclier des siens ni environnée de retranchements, ni de terrases. Je protègerai cette ville à cause de moi et de mon serviteur David. »

La nuit suivante, l'ange du Seigneur visita le camp des Assyriens et y tua cent-quatre-vingt-mille combattants.

Sennachérib effrayé à la vue de ce carnage prit la fuite et vint mourir à Ninive assassiné par ses deux fils.

Sur le même sol, quelques pans de murs indiquent les ruines de l'église de Ste-Mamilla.

Mamilla était une sainte femme. Elle ensevelit en cet endroit des martyrs, victimes en 614 de la persécution de Chosroès, roi de Perse.

Tout près est le Charnier du lion. C'est une caverne entièrement taillée dans le roc.

On rapporte qu'une grande bataille y fut livrée entre les Sarrazins et les Chrétiens. Onze mille chrétiens furent tués.

Dieu, dit la légende, envoya un lion pendant la nuit. Ce lion recueillit les onze mille cadavres et les ensevelit dans cette caverne qui a pris depuis le nom de *Charnier du lion*.

Un peu plus loin est le tombeau d'Hérode-Agrippa, celui-là même qui fit tuer saint Jacques-le-Majeur, et emprisonner saint Pierre.

C'est sur ce grand théâtre et au milieu de ces souvenirs que se passa la soirée du 24 mai.

CXI

L'ÉGLISE DU PATRIARCAT. — BÉNÉDICTION DE LA STATUE DE SAINT-PIERRE. — ALLOCUTION DU PATRIARCHE.

Le lendemain 25 mai une cérémonie générale eut lieu dans l'église du patriarcat.

Cette église est attenante au palais du patriarcat. Elle est construite dans de belles proportions. Elle a trois nefs ; ses murs sont peints à fresques, ses orgues puissantes, sa sonnerie de cloches harmonieuse.

Elle est dédiée au saint nom de Jésus et fut consacrée, le 11 janvier 1872.

Ce jour-là fut bénie la statue de Saint-Pierre que le pèlerinage a laissé en souvenir dans cette église.

Cette statue est en bronze. Elle est du même modèle que celle que la piété publique vénère à Rome dans la basilique du Vatican.

Son Excellence Mgr Bracco dit lui-même la messe, distribua la communion, bénit le monument et prononça une éloquente allocution.

Le vénéré Pontife dit d'abord ses sentiments de reconnaissance et développa la signification de cet *ex-voto* de la France déposé par elle au pied du Calvaire :

« Vous comprendrez facilement que le principal de ces sentiments, c'est celui de la reconnaissance. Vous avez voulu laisser ici un souvenir de votre pèlerinage, et votre choix s'est porté sur un des plus célèbres monuments qui décorent le plus grand temple de la chrétienté, la basilique vaticane ; ce monument, M. T. C. F., vous venez l'élever dans notre église patriarcale ; elle ne saurait en avoir de plus somptueux.

» Mais à part sa somptuosité, ce monument nous est encore précieux sous un autre point de vue.

» Qui ne sait que c'est à Jérusalem que saint Pierre commença à faire usage du sublime pouvoir qu'il avait reçu de Jésus-Christ ? C'est à Jérusalem la première église qu'il fonda et gouverna. C'est ici que, le premier de tous, il annonça la doctrine de son divin Maître ; ici il opéra les premiers miracles, présida le premier Concile, sanctionna le premier décret intimé à la société chrétienne ; c'est ici enfin qu'il rendit pour la première fois témoignage à la doctrine de Jésus-Christ par la prison, les chaînes et les tourments.

» Ces gloires de l'Eglise de Jérusalem sont bien consignées dans l'Histoire et même dans les saintes Ecritures. Mais il manquait un monument qui en perpétuât le souvenir sur les lieux mêmes. Vous avez, bien-aimés pèlerins, comblé cette lacune par votre généreuse offrande. »

Son Excellence dit ensuite comment la statue de St-Pierre déposée dans l'église patriarcale était le gage du salut et du triomphe de la France:

« En vous exprimant ma gratitude, je ne puis vous cacher un autre sentiment qui émeut profondément mon âme. Ce monument que vous laissez à Jérusalem en souvenir de votre pèlerinage, est pour moi un témoignage éclatant de votre foi, savoir de cette foi que votre illustre nation, la première de toutes les nations chrétiennes, vint puiser près du siège de Pierre; de cette foi qui fut depuis l'âme de votre vie même sociale; de cette foi qui de siècle en siècle se montra redoutable à l'hérésie toutes les fois que celle-ci tenta d'envahir votre pays; de cette foi qui arma toujours votre bras pour la défense du saint-siège; de cette foi qui, parmi vous plus que partout ailleurs, se montre opérant par la charité; de cette foi enfin qui vous a mis au premier rang des nations chrétiennes. Oui, je vois cette foi exprimée dans ce monument avec tous ces caractères, mais par-dessus tout j'y vois prédominer le caractère de la fermeté, parceque le monument m'atteste votre inébranlable attachement au siège de Pierre.

» Après cela, je ne puis m'empêcher d'ajouter une parole qui doit faire votre consolation; c'est la parole du Saint-Esprit prononcée par la bouche du Disciple bien-aimé, quand il s'écria que notre victoire sur le monde dépend de notre foi; *Hæc est victoria quæ vincit mundum, fides nostra.*

» Oui, cette parole est pour vous un gage d'espérance et partant de joie et de consolation qu'on ne saurait jamais séparer de l'espérance. Vous avez entrepris ce pèlerinage pour implorer par la pénitence et par de ferventes supplications la miséricorde divine sur l'Eglise et sur votre patrie, affligées de tant de maux. Eh bien, cette foi qui vous anime, doit être pour vous un gage assuré que vos vœux seront exaucés. Nous ne pouvons connaître le moment choisi de Dieu pour la manifestation de sa miséricorde ; ses conseils sont impénétrables ; mais nous sommes certain que ce moment plus ou moins éloigné arrivera enfin, si, persévérant dans les sentiments de cette foi, nous avons soin de conformer toujours notre conduite à ses maximes ; « Car le ciel et la terre passeront ; mais la parole de Dieu ne passera pas. » Or voici la parole de Dieu, je la répète :

» *Hæc est victoria quæ vincit mundum, fides nostra !* »

Le P. Picard le remercia en termes chaleureux et des grandes paroles qu'il venait de prononcer et du grand accueil qu'il avait fait au pèlerinage de la France.

Avant de se retirer, les pèlerins allèrent un à un baiser le pied de la statue, comme on le baise à Rome, pendant que les voix et les chœurs chantaient au milieu des symphonies de l'orgue :

> Autour du successeur de Pierre
> Enfants, rallions-nous ;
> Et fiers d'un pontife si doux,
> Marchons toujours sous sa bannière !

> En vous, Léon, le monde espère
> Vers vous, s'élèvent tous les vœux,
> Oui, le salut descend des cieux,
> Votre parole nous éclaire.

> Sachons, enfants d'obéissance,
> Mourir pour attester ses droits.
> Le cœur sacré du Roi des Rois
> Soutiendra l'Eglise et la France

CXII

VÉNÉRATION DE LA COLONNE DE LA FLAGELLATION AU SAINT-SÉPULCRE.

J'allai ensuite dans la basilique du St-Sépulcre pour vénérer la colonne de la flagellation.

On sait qu'elle se trouve dans la chapelle de l'Apparition qui appartient aux franciscains.

Cette colonne est celle où fut attaché Notre-Seigneur Jésus-Christ, lorsqu'il fut flagellé au prétoire.

Elle fut d'abord placée dans l'église du Cénacle, mais elle est au St-Sépulcre depuis le XIIIe siècle.

Brisée par les musulmans en 1551, le P. Custode en donna un fragment au pape Paul IV, un autre à Philippe II, roi d'Espagne, et un troisième à la République de Venise.

On ne l'expose à Jérusalem qu'une fois dans l'année, le mercredi saint. Mais par un privilège spécial, on l'exposa à l'occasion du pèlerinage national.

Nous pumes la baiser et nous le fimes en pensant aux persécutions que souffre l'Eglise, aux assauts qu'elle soutient et qui la rendent à l'heure actuelle si semblable au divin Sauveur lorsque la haine et la rage de ses ennemis s'exerçaient contre lui.

Chacun fit son amende honorable et son acte de réparation.

Cette colonne est en porphyre. Le tronçon qui appartient aux franciscains a 60 centimètres de haut.

Il ne faut pas la confondre avec la colonne qui est dans l'église de Ste-Praxède à Rome.

Celle qui est vénérée dans cette dernière église est

celle où fut attaché N.-S. J.-C. chez Caïphe dans la nuit du jeudi au vendredi saint.

Le soir du même jour à 4 heures, le P. Marie-Antoine ouvrit dans l'église du patriarcat, une retraite préparatoire à la fête de la Pentecôte.

Pendant trois jours, le pèlerinage se réunit pour deux exercices. L'éloquent missionnaire fut ce qu'il a toujours été plein de zèle, de cœur, de poésie, pressant dans ses conseils donnés avec toute la charité et la liberté de l'apôtre.

CXIII

LE MUR DES PLEURS DES JUIFS

Le lendemain 26, j'allai assister à la lugubre cérémonie que font les juifs, tous les vendredis, auprès du mur qui fut construit par Salomon et qui a résisté à la ruine du temple.

Je suivis la grande rue du Bazar. Elle était encombrée par la foule qui faisait ses provisions. L'animation était des plus grandes.

Arrivés au milieu de notre chemin, nous remarquâmes un petit mouvement parmi les passants. Tout le monde s'écartait respectueusement. On annonça le pacha.

Trois janissaires sans livrées le précédaient. Il était monté sur un bel âne, portait un parasol et était coiffé d'un fez rouge.

Nous le saluâmes, il nous rendit lui-même un profond salut.

Quelques minutes après, nous étions au lieu dit le *Mur des pleurs des juifs*.

Ce mur, comme je viens de le dire, faisait partie du temple de Salomon. Les pierres bien travaillées ont de deux à trois mètres de longueur.

Devant ce mur est une petite place qui n'est accessible que par un côté.

Les juifs y vont tous les vendredis de l'année pour pleurer sur les maux de Jérusalem et demander à Dieu la délivrance et le salut de leur patrie.

Depuis la ruine du temple, les enfants d'Israël sont fidèles à ce rendez-vous, car ils estiment, dit un vieil auteur, que ce mur *a toujours conservé la présence de la majesté divine.*

Autrefois, ils ne pouvaient y aller qu'une fois l'an, l'entrée de la ville leur étant interdite, et encore étaient-ils obligés de payer chèrement ce privilège au vainqueur.

Plus heureux aujourd'hui, ils peuvent venir toutes les semaines et même tous les jours faire entendre les cris de leur douleur.

Je laisse à St Jérôme le soin de décrire ce déchirant spectacle, et de raconter ces tristesses qui se communiquent toujours à ceux qui en sont les témoins.

Le saint docteur écrivait au temps où les juifs ne pouvaient entrer qu'une fois par an dans Jérusalem à l'anniversaire de la destruction du temple. Il a dit :

« Il leur est défendu d'entrer à Jérusalem, si ce n'est pour pleurer sur les ruines de leur ville malheureuse ; encore n'obtiennent-ils cette permission qu'à prix d'argent ; après avoir acheté le sang du Sauveur, ils achètent leurs propres larmes.

» Quel triste et funeste spectacle de voir dans un appareil lugubre, une multitude de peuple, des femmes décrépites, des vieillards chargés d'années et couverts de haillons, attestant le courroux du Seigneur et par l'abattement de leur corps et par leurs vêtements déchirés !

» Peuple malheureux, que toutefois on ne sait comment plaindre !

» Ils viennent, les infortunés, pleurer sans espoir sur les ruines de leur temple ! Ils ont encore leurs visages inondés de larmes, les cheveux épars, leurs bras livides tendus vers le ciel que le soldat vient leur demander une rançon pour leur permettre de pleurer un peu plus longtemps. »

Ce navrant spectacle n'a pas changé depuis saint Jérôme.

Lorsque nous arrivâmes, la place était encombrée.

Une lanterne semblable à un reverbère brûle à l'entrée. Quelques bougies sont aussi allumées dans les trous du mur. La présence des étrangers ne trouble nullement le recueillement des juifs. Les uns vont et viennent le long du mur en le baisant ou le frottant de la tête et de la main.

D'autres sont assis sur des nattes lisant la Bible. Les autres se tiennent debout sans marcher dans l'attitude de la prière, interrompant leur méditation pour lever les bras vers le ciel et donner cours à leurs sanglots.

De sourds gémissements et des cris aigus partent de cette foule :

« A cause du temple qui est détruit,

» Nous sommes assis solitairement et nous pleurons. »

« Nous vous en supplions, Seigneur, ayez pitié de Sion. »

« Rassemblez, les enfants de Jérusalem. »

« Hâtez-vous, hâtez-vous, sauveur de Sion. »

« Que la paix et la félicité entrent dans Sion. »

Il n'est pas un témoin qui ne soit ému par ce spectacle, tant l'expression de cette douleur est vraie et sincère.

Accablés sous le poids du déicide, écrasés par les triomphes de la croix, ces malheureux sont la preuve vivante que se réalise sur leur tête la terrible vengeance qu'ils appelèrent eux-mêmes :

« Que son sang retombe sur nous et sur nos enfants. »

En nous retirant, nous suivîmes le quartier des juifs. Impossible de le décrire. C'est un vrai labyrinthe. Les rues sont étroites, tortueuses, obscures, sales, couvertes, ne recevant guère le jour que par des soupiraux.

Tous les juifs qui habitent ce quartier ne sont pas également pauvres et déguenillés. Nous en apercevons qui sont bien vêtus, ils portent un chapeau à haute forme, une redingote, des pantalons larges, le col de la chemise relevé et serré par une cravate.

Ils ont l'œil vif, le regard méfiant, les lèvres pincées. Une mèche de cheveux pend le long de leurs joues.

Leur aspect est sinistre et pareil à celui des condamnés dans une prison. Les voyant et même les plaignant, tout le monde dit que se trouveraient parmi ces gens-là tous les iscariotes qu'on voudrait, capables de toutes les trahisons, de tous les crimes et de tous les complots.

Nous eûmes beaucoup de difficultés pour trouver une issue et nous rendre devant l'ancien prétoire.

Nous allâmes vers la caserne. Nous aurions voulu en traverser la cour et sortir par là. Mais des soldats nous firent signe de ne pas avancer.

A cet endroit, des enfants nous lancèrent quelques pierres en criant. Mais il nous suffit pour les faire fuir de les menacer du manche du parasol.

Enfin, nous retrouvâmes la rue où commence la *Via dolorosa*.

Comme le vendredi précédent, nous nous joignîmes aux autres pèlerins et nous fîmes l'exercice du chemin de la croix au milieu du même recueillement, de la même piété, des mêmes émotions.

CXIV

LA FÊTE DE LA PENTECÔTE SUR LE MONT SION DANS LE CIMETIÈRE LATIN.

La journée du samedi 27 mai fut toute consacrée à la préparation pour la fête du lendemain que nous devions célébrer au Mont Sion, non loin des murs du Cénacle.

Le soir à quatre heures, dans l'église patriarcale, Son Excellence Mgr Bracco officia pontificalement aux premières vêpres de la solennité.

Cet office revêtit une pompe extraordinaire.

Le lendemain de nombreux autels furent dressés dans le cimetière des latins.

C'est l'endroit le plus rapproché du Cénacle où il fut possible de se réunir. Depuis 4 heures du matin jusqu'à neuf heures, le St-Sacrifice y fut offert sans interruption.

On avait devant soi le Cénacle transformé en mosquée, le minaret, qui est le témoignage de la puis-

— 324 —

sance du faux prophète, la citadelle de Sion, le mur de fortification de la ville.

Quelle éloquence autour de ces murs ! Quels souvenirs planent en ces lieux !

Ils vous enveloppent avec une majesté qui vous écrase. J'en ai parlé, mais je les rappelle. Pendant le sacrifice, apparaissent à votre mémoire l'institution de l'Eucharistie, le lavement des pieds, l'admirable discours où Jésus-Christ résuma sa doctrine après la Cène, les promesses du divin paraclet faites par le Sauveur, ses apparitions après sa Résurrection, la descente du Saint-Esprit sur les apôtres, la première prédication de saint Pierre après la promulgation de la loi nouvelle, les premières conversions des Juifs, l'institution de la Confirmation, la consécration de saint Jacques-le-Mineur comme premier évêque de Jérusalem, l'élection de saint Mathias, l'élection des sept diacres, la tenue du premier Concile, la dispersion des apôtres, la mort de la Sainte-Vierge.

Aussi avec quelles émotions, les chœurs nombreux des prêtres entonnent les strophes du *Veni sancte Spiritus*, du *Pange lingua*, du *Lauda Sion* !

CXV

VALLÉE DU FILS D'HENNON. — ÉGLISE DE SAINT-GEORGES. — CHAMP DU MAUVAIS CONSEIL. — TOMBEAU DE LA PRINCESSE TÉCLA. — CHAMP D'HACELDAMA. — RETRAITE DES APÔTRES.

Lorsque cette cérémonie fut terminée, j'entrepris une dernière excursion autour des murs de la Ville-Sainte, en compagnie de M. l'abbé Cure et de

M. l'abbé Gauchy, vicaire de Canet-de-Salars, qui avait une connaissance parfaite des lieux que nous visitâmes.

Dans notre course rapide nous apercevons en face de nous l'ancien Erébinthon où le comte de Toulouse campa lors de la première croisade.

Une petite église dédiée à St-Georges fixe ce souvenir. Elle se détache sur le versant opposé avec un bâtiment qui sert de maison de santé. C'est la propriété des schismatiques grecs.

À l'endroit où finit la vallée de Gihon commence la vallée du fils d'Hennon où nous nous engageons.

Le mont du Mauvais Conseil se dresse avec ses souvenirs lugubres.

Il est ainsi appelé du complot qu'y forma Caïphe, grand-prêtre en l'année de la mort de N.-S. J.-C.

Caïphe y possédait une maison de campagne.

Il y réunit les pontifes et les pharisiens.

« Que ferons-nous de cet homme, dirent ceux-ci, il opère beaucoup de miracles. Si nous le laissons, tous croiront en lui, les Romains viendront et ruineront notre pays et notre nation. »

Caïphe répondit :

« Vous n'y entendez rien. Il est avantageux qu'un seul homme meure pour le peuple ; il ne serait pas juste que toute la nation périsse pour un seul. »

Dès ce jour, dit l'Evangile, les juifs pensèrent à faire mourir Jésus.

Il n'y a pas de monument qui rappelle ce crime.

A une petite distance de là, et sur le même plateau, car nous avions quitté le fonds de la vallée pour nous élever au sommet, en face de la ville, nous visitons le tombeau de la princesse Técla.

Técla était fille de Théophile, empereur de Constantinople. Elle eut à souffrir la persécution à cause de sa dévotion pour les images.

A sa mort, elle fut ensevelie dans ce tombeau. Ses cendres n'y sont plus. Il ne reste que quelques ruines appréciés des archéologues.

Le champ d'Haceldama vient après. Il fut acheté au potier avec les trente deniers que les princes des prêtres et les anciens donnèrent à Judas-Iscariote pour prix de sa trahison. On se souvient que, déchiré par le remords et le désespoir, l'infâme alla restituer les trente pièces d'argent.

« J'ai péché en livrant le sang innocent, s'écria-t-il.

— Que nous importe? lui répliquèrent les princes des prêtres et les anciens. »

Le traître jeta alors l'argent dans le temple et alla se pendre.

Ce champ fut destiné par les juifs à la sépulture des étrangers.

Son nom signifie : Champ du sang.

Pendant la durée du royaume latin, les Chevaliers de l'hôpital y inhumèrent les pèlerins qui mouraient dans leur établissement. Ils y avaient un oratoire dont les arméniens schismatiques se sont emparés.

Nous signalons en passant le monument funèbre érigé dans le lieu appelé *Retraite des apôtres*.

C'est en ce lieu qu'allèrent se cacher huit apôtres pendant que le divin Maître subissait les supplices de la passion.

On y voit les ruines d'une chapelle et d'un caveau sépulcral.

Notre point de départ avait été le nord-ouest, nous étions au sud-est de Jérusalem.

Avant de quitter cette vallée et d'entrer dans celle de Josaphat, je rappelle que la vallée du fils d'Hennon est aussi appelée vallée de la *Géhenne* ou du *Carnage*.

Les juifs avaient érigé, dans cette vallée, la statue de Moloch à laquelle ils immolaient des victimes humaines.

C'était au temps de Jérémie. Au nom du Seigneur, le prophète maudit cette abomination :

« Les enfants de Juda ont bâti les hauts-lieux de Tophet qui est dans la vallée du fils d'Hennon, pour y consumer leurs fils et leurs filles. C'est pourquoi le temps va venir où on appellera cette vallée la vallée du carnage. On y ensevelira les morts parce qu'il n'y aura plus d'autres lieux pour leur sépulcre. »

Au même lieu, le prophète prédit la ruine du royaume d'Israël. Les anciens du peuple et les prêtres étaient rassemblés autour de lui. Il prit entre ses mains un vase d'argile et le brisa.

« Dieu brisera ce peuple et cette ville, dit-il, comme est brisé ce vase de terre sans qu'il puisse être refait. »

On l'appelait aussi vallée de *Tophet* ce qui veut dire *tambour*. Voici l'origine de ce nom : Lorsque les Juifs immolaient leurs enfants et les jetaient dans la statue de Moloch rougie au feu, les sacrificateurs battaient du tambour (*tophet*) pour que les parents n'entendissent pas les cris de la victime.

Cette première partie de notre course se fit sans incident aucun, sans rencontrer personne, sauf un homme qui conduisait un mulet.

De temps en temps, nous passions sous l'ombrage d'un olivier.

Nous étions comme des ombres au milieu de cette solitude, de cette campagne stérile et brulée, de ces ruines désolées, de ces déchirements du sol et de ces signes de la malédiction divine.

CXVI

VALLÉE DE JOSAPHAT. — LIEU DU MARTYRE D'ISAÏE. — UN MUSULMAN EN PRIÈRE.

Nous descendons de la hauteur et nous entrons dans la vallée de Josaphat.

Le premier souvenir qui nous frappe est le lieu du martyre du prophète Isaïe.

Un tertre construit de main d'homme et surmonté d'un mûrier vigoureux rappelle cet événement.

Nous nous reposâmes quelques instants à l'ombre de cet arbre et nous méditâmes la vie de ce grand prophète, sublime entre tous les autres envoyés de Dieu.

Isaïe fit entendre ses oracles sous les rois Ozias, Joatham, Achaz et Ezéchias.

Manassés, fils et successeur de celui-ci, se livra à tous les vices. Il devint même idolâtre.

Le prophète lui annonça les avertissements du Ciel.

Manassés, importuné par les menaces de l'homme de Dieu, le fit périr par le martyre.

La tradition, confirmée par plusieurs pères de l'Eglise, rapporte que par les ordres du prince, le prophète fut coupé en deux avec une scie de bois.

Là, s'ouvre la vallée dans laquelle le Cédron se dirige vers la Mer Morte. Cette vallée est bien cultivée, plantée d'arbres. Nous apercevons quelques fellahs occupés aux travaux des champs.

Nous avançons pendant 6 ou 7 minutes, lorsque nous remarquons derrière un mur un bloc immobile et blanc.

Tout à coup cette masse se relève et en même temps se dessinent les formes d'un homme. C'était un musulman en prière. Lorsqu'il fut debout, il dressa sa tête vers le ciel, sembla fixer le soleil et tint longtemps ses bras en croix. Ensuite il retomba sur ses genoux et fit une prostration profonde. Il garda cette attitude même après que nous fûmes partis.

Nous ne comprîmes rien tout d'abord à ces gestes extraordinaires, mais nous apprîmes aussitôt que cet endroit est un lieu de prières pour les musulmans.

Il faut avoir vu ces infidèles dans leur recueillement pour se faire une idée de leur application à la prière.

Un petit bassin marque cette dévotion.

A quelques pas est le puits où les Israélites, par les ordres de Jérémie, cachèrent le feu sacré pendant la captivité de 70 ans.

Lorsque les juifs furent rentrés, ils le retrouvèrent miraculeusement. Ce puits paraît très ancien et fournit une eau abondante aux gens du voisinage.

CXVII

GUÉRISON DE L'AVEUGLE-NÉ A LA PISCINE DE SILOË.

Nous nous trouvons bientôt après sur les bords de la piscine de Siloë.

Il n'est personne qui n'ait été ému jusqu'aux larmes en lisant dans l'Evangile de St-Jean le récit de la guérison de l'aveugle-né.

Ce miracle est une des plus grandes merveilles de la puissance de Notre-Seigneur-Jésus-Christ et une preuve des plus affligeantes de l'indomptable obstination des juifs.

Le divin Maître passait. Un homme aveugle de naissance fut conduit vers lui.

En le voyant Jésus dit :

« Les œuvres de Dieu seront manifestées en lui. Je suis la Lumière du monde. »

Puis, il frotta les yeux de l'aveugle avec de la boue détrempée dans sa salive.

« Va, lui dit le bon Maître, lave tes yeux dans la piscine de Siloë. »

L'aveugle alla, se lava et revint ayant trouvé la lumière de ses yeux.

St Jean nous raconte à quel point les pharisiens furent confondus et troublés par ce miracle, comment leur haine s'irrita contre Jésus, et comment aussi l'aveugle-né confessa avec reconnaissance la divinité du Verbe incarné.

« Nous savons, dirent les pharisiens, que cet homme est un pécheur.

— Cependant, répondit le miraculé, Dieu n'écoute point les pêcheurs. Si quelqu'un honore Dieu et fait sa volonté, celui-là est exaucé.

— Si celui-ci n'était pas Dieu, il ne pourrait rien faire. »

L'aveugle guéri fut du petit nombre des privilégiés que la main de Dieu conduisit à travers les mers sur les rivages de notre France avec Lazare, Marie-Madeleine et Marthe.

Il devint évêque sous le nom de St Sidoine. Ses

reliques sont conservées dans les Cryptes de St-Maximin au diocèse de Fréjus.

La piscine existe encore ; mais elle est entourée de ruines.

Elle a 15 mètres de long sur 4 de large. On arrive par un petit escalier au canal qui y verse son eau.

Nous nous fîmes un devoir d'y descendre pour laver nos yeux, comme le font les pèlerins qui visitent ce lieu des miracles.

Nous remplîmes vite cet acte de piété, car deux arabes se tenaient blottis au-dessus de nos têtes, immobiles comme des statues et nous craignîmes qu'ils ne détachassent quelques pierres du mur et ne les fissent tomber sur nous. Ils furent cependant très inoffensifs.

CXVIII

LA FONTAINE DE LA SAINTE-VIERGE. — LE MONT DU SCANDALE. — LE VILLAGE DE SILOE. — LE FIGUIER DE JUDAS.

Nous jetâmes en passant un regard sur la fontaine de la Ste-Vierge. La tradition rapporte que la Mère de Dieu vint y laver les langes du divin Enfant pendant les quelques jours qu'elle passa auprès du saint vieillard Siméon après la Présentation de Jésus au temple.

On y arrive par un escalier de 17 marches.

Le Mont du Scandale est à peu près en face.

Il est ainsi nommé parce que Salomon après sa prévarication y fit construire un temple aux idoles. Il ne reste rien qu'un sol tristement dénudé.

A l'ouest de ce mont est le village de Siloë. Il est bâti en étages superposés sur les flancs du rocher. S je le mentionne, c'est parce qu'il a quelque ressemblance avec le village de Laroque-Bouillac de l'autre côté du Lot sur la ligne du chemin de fer. Notre petit village avec son clocher et sa verdure mérite cependant la préférence sur le village juif.

Non loin de là, on montre le champ où était planté le figuier auquel se pendit Judas après qu'il eut confessé la perversité de son crime.

CXIX

TOMBEAU DE ZACHARIE, DE SAINT JACQUES-LE-MINEUR, D'ABSALON, DE JOSAPHAT.

Nous voyons en face de nous le tombeau de Zacharie qui paraît être ce saint personnage qui fut lapidé par les juifs dans le vestibule du temple parce qu'il prêchait à ses frères la fidélité à la loi de Dieu.

Le tombeau de St-Jacques-le-Mineur est attenant. Il sert aujourd'hui d'étable pour les agneaux.

Après que le St Apôtre eut été précipité du haut du temple par les juifs, il fut enseveli dans ce tombeau qui lui avait servi de retraite pendant la passion du divin Maître.

Le tombeau d'Absalon est le plus remarquable parmi ceux qui se trouvent dans la vallée de Josaphat. Il est monolithe et taillé dans le roc.

Les juifs vont y jeter des pierres en signe de mépris pour la révolte d'Absalon contre David. J'aperçus un jour un juif se livrant à cet exercice. On m'en donna la clé par l'explication que je viens de donner.

Le tombeau de Josaphat est attenant à celui-ci. Il paraît n'être qu'un monument funèbre en l'honneur de ce roi qui fut enseveli dans la cité de David.

Ce monument a trois chambres funéraires et a des mérites d'architecture.

CXX

BASILIQUE DE L'ASSOMPTION. — TOMBEAU DE SAINT JOACHIM, DE SAINTE ANNE, DE SAINT JOSEPH.

Encore quelques pas et nous étions à la basilique de l'Assomption.

La Vierge Marie y eut son tombeau. Lorsque trois jours après y avoir été déposée, les disciples vinrent le visiter, à la prière de l'apôtre saint Thomas, absent au moment de l'ensevelissement, ils apprirent que Dieu y avait ramené la vie. La Ste-Vierge avait été élevée dans les cieux par la main des anges.

Des lis et ses vêtements sont les seuls vestiges que laissa la Vierge Marie. Lorsqu'on ôta la pierre, toute la vallée fut embaumée de l'odeur des parfums les plus exquis.

Une magnifique basilique fut élevée en cet endroit par Ste Hélène.

Elle avait une église supérieure et une église inférieure. Un couvent de Bénédictins fut construit à côté.

A l'expulsion des croisés, le couvent et l'église supérieure furent détruits.

La crypte ou église souterraine fut respectée par les musulmans qui sont dévôts à la Sainte Vierge.

En 1363, les franciscains furent chargés de desservir le saint Tombeau.

Mais les grecs, toujours perfides et intrigants, les ont définitivement chassés en 1759, quoique le gouvernement de la Porte ait toujours accordé aux franciscains des firmans de possession.

Aujourd'hui, néanmoins, ils n'ont pas même le droit d'y célébrer les saints offices une seule fois l'année.

Ils sont les seuls exclus, car les grecs, les arméniens, les cophtes, les abyssins, les syriens, même les musulmans y ont des droits.

Cet état de choses est une honte pour les Etats chrétiens de l'Europe.

On y descend par un large escalier de 48 marches.

A la 21ᵉ marche à droite est une chapelle renfermant le tombeau de saint Joachim et de sainte Anne.

Ce tombeau est aujourd'hui vide de ses reliques.

Celles de sainte Anne sont à Apt, dans le diocèse d'Avignon, une partie de celles de saint Joachim sont à Venise.

A gauche et vis-à-vis, on vénère le tombeau de saint Joseph.

Ses reliques n'existent pas, car la tradition rapporte que le saint patriarche fut le premier entre tous les bienheureux qui ressuscitèrent à la mort du Sauveur.

L'église proprement dite forme une croix latine de 30 mètres de long sur 8 de large.

Le tombeau de la sainte Vierge, comme celui de N.-S. J.-C., fut taillé dans le rocher, mais il en a été isolé depuis.

Il forme aujourd'hui un petit monument carré, constamment couvert d'un vieux tapis.

A l'intérieur est érigé un petit autel dans une enceinte où peuvent entrer quatre ou cinq personnes. Beaucoup de lampes sont suspendues à la voûte.

Ce n'est pas sans un grand sentiment de piété que l'on se trouve en présence de ce tombeau où a reposé Marie qui donna Jésus, la vie du monde.

Cette église n'a pas de fenêtres depuis qu'elles ont été fermées par l'exhaussement des débris entraînés par le torrent du Cédron.

Elle n'est éclairée que par la porte d'entrée et par la lueur des lampes.

Lorsque j'en fis la visite, le jour de l'Ascension, les grecs terminaient leur office, au milieu de l'éclat d'une multitude de bougies.

CXXI

LA VALLÉE DE JOSAPHAT.

La vallée de Josaphat que nous venons de parcourir va du nord au sud, le long de la montagne des Oliviers. Sa longueur totale est de 4 kilomètres sur 200 mètres de large.

Cette vallée est la vallée des larmes, du recueillement, du deuil, à cause des tombeaux dont j'ai parlé, du cimetière où les Juifs enterrent leurs morts, et des ruines qui la couvrent.

Et voilà pourquoi son nom rappelle à tous les plus saisissantes pensées.

C'est le Seigneur lui-même qui a annoncé que, là, il jugerait le monde.

« J'assemblerai toutes les nations, dit-il dans Joël, et je les ferai descendre à la vallée de Josaphat, et là j'entrerai en jugement avec elles.

» Que les nations, continue-t-il, se lèvent et montent vers la vallée de Josaphat. J'y serai assis pour juger les nations. »

Méditant au milieu de cette solitude et de ses décombres arides, Chateaubriand a rendu ainsi les émotions qu'il éprouva :

« A la tristesse de Jérusalem dont il ne s'élève aucune fumée, dont il ne sort aucun bruit ; à la solitude des montagnes où l'on n'aperçoit pas un être vivant ; au désordre de toutes ces tombes fracassées, brisées, demi-ouvertes, on dirait que la trompette du jugement s'est déjà fait entendre, et que les morts vont se lever dans la vallée de Josaphat. »

CXXII

LE TORRENT DU CÉDRON.

Après nous être associés à ces tristesses et à ces douleurs, nous allâmes prier dans le jardin des Oliviers et derrière la porte de la grotte de Gethsémani, fermée à ce moment. Nous allâmes baiser ensuite sur les bords du torrent la pierre sur laquelle N.-S. J.-C. laissa son empreinte.

On sait qu'en passant sur le petit pont, les bourreaux précipitèrent en bas le divin Maître.

En tombant, il laissa son empreinte sur le rocher nu.

Nous nous agenouillâmes pour gagner l'indulgence que les papes ont appliquée à ce lieu.

L'empreinte est à peine sensible aujourd'hui.

Tout le monde sait que le torrent du Cédron coule au fond de la vallée de Josaphat. Il n'est alimenté par aucune source. Pendant l'hiver, il roule les eaux de pluie qui viennent des montagnes voisines et va se jeter dans la mer Morte à travers d'affreux précipices.

Il était à sec au moment de notre pèlerinage et les fellahs s'étaient emparées des parties du lit qui ne ont pas trop pierreuses pour y semer des récoltes.

Nous suivîmes ensuite le pénible et rapide sentier que gravit N.-S. J.-C. lui-même, pendant qu'il était traîné chez Caïphe par ses bourreaux.

Nous passâmes par la porte des Maugrabins, nous fîmes une dernière station aux *pleurs des Juifs*, nous traversâmes le quartier de cette race maudite, nous allâmes nous agenouiller au St-Sépulcre et nous rentrâmes vers midi.

Ce fut ma dernière excursion dans la ville sainte et dans ses environs.

CXXIII

IMPRESSIONS ET TRISTESSES DE LA DERNIÈRE JOURNÉE A JÉRUSALEM.

Nous voici au lundi 29 mai, veille de mon départ de Jérusalem.

Les pèlerins qui montaient la *Picardie* ne devaient partir que le mercredi matin.

Mais les 50 ou 60 kilomètres séparant Jérusalem de Jaffa en avaient effrayé beaucoup qui refusaient, à tout prix, de voyager avec l'administration Koock. Les fatigues de la Samarie se présentaient aux imaginations comme un cauchemar à éviter, n'importe à quelles conditions.

Un grand nombre donc prirent des montures et des moyens de transport différents avec un itinéraire conçu selon les goûts de chacun.

Nous nous rencontrâmes quatre pour arrêter une voiture que nous procura un des kavas du patriarcat.

Il fut convenu que le véhicule se trouverait en face de l'hôpital St-Louis où nous devions prendre un de nos bons compagnons logé dans cet établissement où il était soigné d'une blessure qu'il s'était faite au doigt avec son révolver.

On ne peut imaginer l'indéfinissable tristesse qui vous saisit à la pensée de quitter la ville sainte.

Une dernière promenade faite sous cette impression à travers les quartiers de la ville me donna un sentiment plus vrai et plus profond des lamentations qu'a chantées le prophète lorsqu'il errait en gémissant sur les ruines de sa patrie.

Le Croissant qui courbe Jérusalem sous la menace continuelle du cimeterre et sous la tyrannie de l'infidélité a enlevé à la joie toute expansion et tout tressaillement extérieur.

La vérité et l'erreur qui luttent nuit et jour aux lieux adorables sanctifiés par le divin Maître entretiennent l'esprit de défiance, de jalouse observation qui gêne et entrave la piété. On sent qu'on est étranger partout et que la liberté de vos mouvements doit être contenue.

Quelle différence entre Rome et Jérusalem ! Et comme elle est comprise lorsque vous avez visité ces deux villes !

La Ville-Eternelle a été transfigurée par la croix, principe de toute vérité. La croix est maîtresse partout.

Elle domine les monuments païens. Elle a été plantée au sommet des colonnes triomphales élevées en l'honneur des plus illustres capitaines. Les arcs de triomphe, souvenirs des luttes de la barbarie, les temples païens chantent aujourd'hui la gloire du vrai Dieu. Saint Pierre et le Vatican sont le soleil de la vérité qui vivifie le monde entier de clartés morales.

Dans les rues comme sur les places, dans les monuments comme dans les églises, en tous lieux retentil ce cri de la souveraineté universelle : « Le Christ est vainqueur ; le Christ règne ; le Christ gouverne. »

A Jérusalem, au contraire, au lieu de la Croix, symbole de la vérité, c'est le Croissant, symbole de l'erreur qui vous heurte à chaque pas.

C'est aussi le souvenir du Calvaire qui vous fait oublier les joies de la Résurrection et semble répéter encore les cris et les blasphèmes insensés du peuple déicide, ivre de haine et de colère.

A cinq heures du soir, quelque temps avant que l'infidèle fermât les portes du St-Sépulcre, j'allai faire ma dernière visite au tombeau glorieux de Notre-Seigneur Jésus-Christ.

Je m'agenouillai devant la pierre, où le Verbe incarné reposa pendant trois jours et je répétai avec l'Eglise cette parole qu'elle met dans le cœur et sur les lèvres de ses enfants :

« O Dieu qui par la Résurrection triomphante de votre fils avez accordé ici le salut au monde et qui après avoir vaincu la mort nous avez ouvert l'entrée de l'Eternité, soutenez par votre secours les désirs que votre grâce nous inspire. »

Je fus obligé de quitter vite ce lieu adorable parce que plusieurs grecs attendaient avec impatience que la place fut libre.

LIVRE III

LE RETOUR

LE RETOUR

I

LE DÉPART. — LA PORTE DE JAFFA. — L'HÔPITAL
SAINT-LOUIS. — LES ÉTABLISSEMENTS RUSSES.

Le lendemain 30, j'étais debout aux premières lueurs du jour.

Après avoir exprimé les adieux les plus sympathiques aux bons frères dont l'hospitalité avait été si gracieuse et si sympathique, je quittai la ville par la porte de Jaffa avec deux de mes compagnons.

Cette porte est une des plus illustres de Jérusalem.

Les juifs ne pouvaient pas la passer autrefois sous peine de mort.

Aujourd'hui encore, à l'avènement de chaque sultan, le pacha est chargé de remettre une clef de la porte au chef de la communauté israélite. C'est le signe par lequel le nouveau souverain accorde aux juifs la permission de voyager dans toute la Palestine.

Avant que cette formalité soit remplie, ils ne peuvent pas sortir de la ville sans s'exposer à des châtiments sévères.

En dehors de cette porte, l'avenue est large et animée.

A cause du départ des pèlerins, il y a beaucoup d'indigènes, des montures et des voitures de toute sorte.

Nous trouvons notre véhicule à l'endroit convenu, à quelques mètres de l'hôpital St-Louis.

Cet établissement français situé en dehors des fortifications entre la porte de Damas et la route de Jaffa a été construit, il y a quelques années, par la comtesse de Piellat, noble femme du Dauphiné, qui consacre, tous les ans, à cette œuvre, une somme de soixante mille francs.

L'hôpital a 35 lits qu'on donne tant aux musulmans qu'aux chrétiens. Les sœurs de St-Joseph de l'Apparition le desservent.

En face et à gauche de la route s'élèvent les établissements russes récemment construits avec une somme de 18 millions fournis par le gouvernement de St-Pétersbourg. Ces constructions forment comme une ville. Elles comprennent une grande église, deux hospices et le consulat. Tous les pèlerins russes y sont admis.

Il nous a été rapporté que les gardiens de ces lieux y introduisent avec fierté les étrangers.

C'est un louable sentiment patriotique et un légitime orgueil de montrer ainsi avec quel zèle la Russie veille sur les Saints Lieux.

Ces tendances d'empiètements devraient servir de motif à la France pour ne pas se laisser usurper la mission qui lui revient de droit à Jérusalem.

II

LE COCHER. — COUVENT DE SAINTE-CROIX. — CHAPELLE DE LA VISITATION. — SAINT-JEAN-IN-MONTANA.

A six heures précises, le cocher donne le coup de fouet. La voiture qu'il nous fournit est un char à bancs à quatre places, traîné par deux chevaux, et couvert d'une toile.

Le temps est magnifique, tempéré par une brise des plus suaves.

Le conducteur est un jeune homme vigoureux. Il n'entend pas un mot de français. Il est impassible comme un bloc de marbre et ne songe qu'à ses chevaux. Pendant les cinquante kilomètres que nous avons parcourus en sa compagnie nous avons saisi un seul sourire sur ses lèvres. C'est à El-Latroun, lorsque nous lui donnâmes des provisions à l'heure de notre déjeûner.

Dans la course, nous apercevons à gauche et au milieu de la verdure des arbres, le couvent grec de Ste-Croix. L'église est construite à la place même où était l'arbre de la vraie Croix que St Antonin prétend avoir été un noyer.

Nous distinguons plus loin St-Jean *in montana*. L'aspect de ce village produit le plus gracieux effet. Il blanchit très agréablement à travers de frais et épais ombrages.

La chapelle de la Visitation se montre avec ses hautes murailles. Elle est construite sur l'emplacement de la maison de campagne de St-Zacharie, cette demeure où la Mère de Dieu visita Ste Elisabeth. Elle porte le nom de chapelle du *Magnificat*. A cette place, la Ste Vierge entonna le *Magnificat* que l'Eglise chante depuis 18 siècles pour proclamer la puissance de Dieu et le bonheur de la Reine du ciel et de la terre.

Un peu plus loin est l'emplacement de la maison qu'habitait ordinairement St Zacharie à St-Jean *in Montana*.

Ce village a 700 habitants dont une centaine de catholiques desservis par les franciscains.

On y vénère la Grotte de la Nativité de St-Jean-Baptiste, la chambre où il prit le jour et dans laquelle le saint patriarche Zacharie inspiré par le St-Esprit chanta le *Benedictus Dominus Deus Israël, quia visitavit et fecit Redemptionem plebis suœ*.

Une chapelle enferme cette précieuse enceinte.

J'ai bien le regret de n'avoir pas fait ce pèlerinage, un des plus intéressants et des plus agréables de la Terre-Sainte. J'en fus empêché une première fois par l'orage dont j'ai parlé et ensuite par la retraite du patriarcat.

III

DERNIÈRE VUE DE JÉRUSALEM ET DE TOUTE LA RÉGION.

Nous continuons notre marche. Jérusalem est encore en vue. Le soleil l'inonde de ses rayons et de ses clartés.

Autant que nous le pouvons, nous laissons nos regards fixés sur les murs et les monuments de la ville.

La tristesse que nous éprouvons est celle que l'on éprouve en quittant un ami, un malheureux qu'on laisse dans l'épreuve et la douleur.

Peut-on avoir un autre sentiment tant que la Ville-Sainte gémit sous le joug de l'infidèle ?

Nous pouvons la contempler à notre aise, car, à cause de la rapidité de la montée, nous sommes descendus de voiture. En nous éloignant, nous répétons la parole du prophète :

« Si je t'oublie, Jérusalem, que ma main droite soit livrée à l'oubli.

» Que ma langue s'attache à mon palais, si je ne me souviens pas de toi, si je ne me propose pas Jérusalem comme le principe de ma joie. »

Au moment où la ville va disparaître à l'horison, nous jetons un dernier regard sur la région. Nous saluons Bethléem, les montagnes de Moab, tous les lieux célèbres qui environnent la ville sainte.

Nous n'apercevons plus que le sommet du mont des oliviers attristé par le minaret du faux prophète qui règne en maître.

IV

LA ROUTE. — LA MÉDITERRANÉE. — LA VALLÉE DE TÉRÉBINTHE.

Enfin nous allons vers la mer en descendant les montagnes de la Judée. La route est plus rapide qu'aucune des routes bâties sur les flancs de nos Pyrénées. Elle va presque en ligne droite. Les angles qu'elle forme dans ses innombrables tournants sont des plus aigus.

Cependant notre cocher fouette les chevaux avec une ardeur qui tient de la fièvre. Il frappe avec son fouet comme sur une enclume. Nous lui faisons signe d'aller plus lentement, de ménager ses bêtes. Il prend nos appréhensions pour un encouragement à marcher et il frappe de plus belle.

De guerre lasse, nous nous livrons à son habileté, à son expérience et surtout à la providence et à notre bon ange.

La route n'est pas sans agrément, le paysage change à tout instant. Ce n'est pas la même désolation qu'aux alentours de Jérusalem. Il y a quelques arbres, de la verdure, des maisons.

Devant nous et comme à nos pieds s'étend la Méditerranée scintillante et diamantée par les rayons du soleil.

Je ne puis pas dire l'émotion que nous éprouvâmes à cette vue.

Les eaux qui s'étendaient devant nous reliaient l'Asie aux rives de la France et c'était la route qui devait nous conduire à la patrie !

Nous remarquons et nous notons au passage quelques lieux, des ruines qui apparaissent à travers la verdure sur les rochers ou dans la gorge de la montagne.

Enfin, nous sommes dans la vallée de Térébinthe et sur les bords du torrent qui porte ce nom.

La voiture s'arrêta devant un khan. Nous nous y rencontrâmes avec plusieurs caravanes arrivées avant nous ou qui vinrent après.

L'intérieur du khan est fort agréable. Un joli pied de vigne ombrage l'entrée. Un billard est placé au milieu de la salle principale. Il y a pour toute provision du café, des sardines à l'huile, du lait et de la bonne eau. Dans un buffet à vitrail sont des bouteilles de liqueur à l'étiquette française. La propreté nous paraît irréprochable.

Au milieu de la richesse de la végétation, nous admirons un village qu'on nous dit être le village de Koulonieh, bâti au milieu d'arbres fruitiers.

V

LE COMBAT DE DAVID ET DE GOLIATH.

Les bords du torrent de Térébinthe furent le théâtre du combat singulier entre David et Goliath. Nous étions sur l'emplacement même où luttèrent ces deux illustres champions.

L'armée des Philistins et l'armée d'Israël étaient en présence, chacune sur une montagne et séparées par le torrent.

Goliath sortit des rangs de l'armée des Philistins. Ce GÉANT mesurait douze pieds et demi de taille. Son armure était des plus puissantes.

Il offrit par un défi de terminer la guerre dans un combat singulier.

Saül et son armée tremblaient de peur devant ce colosse et ses insolentes bravades.

Pendant 40 jours, il vint proposer le combat. Aucun Israélite n'osa accepter.

Saül allait tenter une bataille générale, lorsque David se présenta. C'était un jeune berger arrivé de Bethléem, sa patrie, pour porter par l'ordre de son père des provisions à ses frères qui faisaient partie de l'armée.

A ce moment Goliath renouvela son défi.

David s'offrit pour le combattre.

« Vous ne sauriez résister à ce philistin, lui dit Saül, car vous êtes jeune et sans expérience.

—J'irai contre lui, répliqua David, et je ferai cesser

l'opprobre du peuple. Qui est donc ce philistin pour oser maudire l'armée du Dieu vivant ?

— Allez donc, lui dit Saül, et que le Seigneur soit avec vous. »

David ne voulut pas supporter l'armure dont le fit revêtir le roi.

Il prit son bâton de berger ; il choisit dans le lit du torrent cinq pierres polies, les mit dans sa panetière, et tenant sa fronde d'une main, il marche contre le philistin.

« Suis-je un chien, dit Goliath à David, pour que tu viennes à moi avec un bâton ? Viens et je donnerai ta chair à manger aux oiseaux du ciel et aux bêtes de la terre.

— Tu viens à moi, lui répondit le berger, avec l'épée, la lance et le bouclier, et moi je viens au nom du Seigneur, au nom du Dieu des armées d'Israël. Le Seigneur te livrera entre mes mains ; je te tuerai et je te trancherai la tête. »

Goliath marcha contre David. David de son côté s'avança vers Goliath. Le jeune berger prit une des cinq pierres, la mit dans sa fronde, la lança et frappa au front le géant qui tomba à terre.

Il se saisit ensuite de la lance de ce géant et lui coupe la tête avec sa propre épée.

Les philistins prirent la fuite en voyant tomber celui qui était leur force et les Israélites victorieux trouvèrent un riche butin dans le camp ennemi.

Nous reprîmes notre route après une demi-heure d'arrêt.

VI

RAMATHAÏN-SOPHIN. — SOBA. — ABOUGOSCHE. — KHAN DE BAB-EL-OUADI.

L'ardeur de notre cocher est la même. La route se poursuit prestement à travers un paysage également varié. Les côtes sont raides, les pentes rapides.

A droite et à gauche des gorges pittoresques, des rochers aigus, brûlés par un soleil implacable, quelques ruines, quelques bouquets de verdure, de temps en temps quelques villages.

Nous remarquons en courant l'ancienne Ramathaïn-Sophin, patrie du prophète Samuel.

Plus loin, le village de Soba est situé sur une hauteur. Il a une population de 500 âmes. Ilbrahim-Pacha le fit démanteler en 1834, à la suite d'un soulèvement.

Abougosche, l'ancienne Cariathiarim nous rappelle le souvenir de l'arche d'alliance.

Les philistins s'en étaient emparés. Mais Dieu les frappa de terribles châtiments. Ils comprirent les causes de cette rigueur de la justice divine.

Ils restituèrent donc l'arche qui passa 20 ans en cet endroit, dans la maison d'Aminadab, située sur une hauteur appelée Gabaa.

David la fit transporter à Jérusalem, au milieu de toute la pompe dont j'ai déjà parlé.

L'église de St Jérémie qu'on y voit encore est un remarquable monument. Elle est abandonnée, mais le sultan l'a donnée à la France en 1873. Bientôt, elle sera restaurée, rendue au culte et desservie par des religieux.

En rappelant ces souvenirs et en admirant cet

étonnant paysage, nous arrivons au Khan de Bab-el-Ouadi. Il est situé a 320 mètres au dessus de la Méditerranée.

Nous avons descendu déjà des pentes rapides puisque Jérusalem est à 780 mètres.

Il y eut une halte assez longue. Les pèlerins s'y rencontrèrent en grand nombre. Le soleil était ardent.

Nous allâmes nous reposer à l'ombre d'un figuier dont les ombrages touffus pouvaient abriter beaucoup de monde.

Nous visitâmes l'atelier d'un maréchal-ferrant, puis le Khan dont la propreté me parut très douteuse.

On nous offrit des oranges, du fromage, des sardines à l'huile. Nous refusâmes pour aller déjeûner à El-Latroun.

VII

AMOAS. — LES MACCHABÉES.

S'arrêter en route, faire une halte n'est rien, mais repartir, c'est plus difficile.

Notre voiture attelée a ses chevaux stationnait au bord de la route. Mais le cocher où était-il ? Impossible de le trouver.

Il arriva cependant. Il fouetta ses chevaux et nous franchîmes avec une grande célérité les derniers contreforts des montagnes de la Judée.

Nous aperçumes dans la rapidité de la course le village d'Amoas qui est l'ancien Emmaüs, célèbre par la bataille remportée par Judas-Macchabée sur Georgias, général d'Antiochus-Epiphane, roi de Syrie.

Prononcer le nom des Macchabées, c'est dire ce

que le patriotisme a de plus héroïque, le courage militaire de plus glorieux, le mépris de la mort de plus saint.

L'ennemi avait des forces doubles. Judas-Macchabée n'en fut pas ébranlé, il marcha contre lui avec trois mille hommes.

Avant de se lancer à travers les rangs de l'étranger, le héros jeta à sa petite troupe cette seule parole qui contient le secret de tous les triomphes :

« Ne craignez pas la multitude des ennemis. Crions au Seigneur et le Seigneur aura pitié de nous. Aujourd'hui, il anéantira cette armée devant notre face. »

Le Très-Haut entendit la prière de ses enfants prêts à mourir pour Lui et pour la patrie.

Deux ou trois kilomètres avant d'arriver sur ce célèbre champ de bataille, nous étions passés tout près de Beïtour, le Béthoron de la Bible, où eut lieu le miracle de Josué, lorsqu'il arrêta le soleil afin d'obtenir de Dieu le temps nécessaire pour compléter sa victoire sur les ennemis d'Israël. Il n'y a pas loin de cet endroit à El-Latroun.

VIII

EL-LATROUN. — LE BON LARRON.

El-Latroun tire son nom de Dimas, le bon larron.

Ce Dimas exerça le métier de brigand d'abord en Egypte et ensuite sur la route de Jaffa à Jérusalem.

En Egypte, il était au service de son père qui commandait une bande de voleurs.

Plusieurs Pères rapportent que la Sainte-Famille

fut arrêtée par cette troupe de malfaiteurs lorsqu'elle fuyait en Egypte.

Dimas la protégea.

« Frappé de la majesté qui brillait sur l'admirable visage de l'Enfant-Jésus, il eut comme une inspiration de sa divine origine ; l'embrassant avec tendresse il dit :

« O bienheureux enfant, si jamais l'occasion s'en » présente, souvenez-vous de moi et ayez pitié de » moi ! »

Ces paroles sont rapportées dans un ouvrage attribué à saint Augustin.

Du désert de l'Egypte, ce malfaiteur vint sur la route de Jérusalem avec les compagnons de son brigandage.

La bande était assez puissante pour occuper un château-fort et le village bâti à son ombre.

C'est sur cette route qu'il fut pris avec un de ses compagnons nommé Gestas et qui a gardé dans l'histoire le nom de mauvais larron.

Tous les deux furent condamnés à mort et subirent le même supplice en même temps que N.-S. J.-C.

Pendant que le bon larron était en croix, la tradition rapporte que la très sainte Vierge le reconnut et qu'elle pria pour lui son divin Fils.

On sait que le mauvais larron blasphéma pendant son supplice.

Le bon larron au contraire, touché de douleur, fit appel à la miséricorde de Dieu.

« Seigneur, disait-il, souvenez-vous de moi lorsque vous serez arrivé dans votre royaume. »

Jésus lui répondit :

« En vérité, je te le dis : aujourd'hui, tu seras avec moi dans le paradis. »

St Jean Chrysostôme a honoré dans le bon larron l'image des gentils qui vécurent d'abord dans l'erreur et confessèrent ensuite la vérité. Dans le mauvais larron, il voit la figure des juifs obstinés qui ont fermé les yeux à la divinité de J.-C.

Ce village n'a aujourd'hui que quelques pauvres maisons habitées par des fellahs.

IX

LE DÉJEUNER A EL-LATROUN. — SOBRIÉTÉ DES ARABES.

Après être descendus de voiture, nous nous rendîmes dans un khan situé à une cinquantaine de pas de la route.

Le balcon établi devant la façade au premier était couvert de drapeaux français.

Nous fumes bien aise de saluer si loin l'image de la patrie, mais c'avait trop l'air d'une décoration du 14 juillet.

On aurait dit les fenêtres d'un pauvre fonctionnaire obligé de se réjouir pour fêter l'anniversaire des *têtes coupées*.

L'escalier est en pierre et très large ; il conduit à un pallier qui précède une vaste salle.

Au milieu de cette pièce est dressée une longue table allant d'une extrémité à l'autre. Elle est recouverte d'une nappe blanche comme la neige. De gros bouquets de lys et d'autres fleurs cueillies dans la plaine de Saron ornent cette table, sur laquelle se trouvent des urnes en terre pleines d'une eau fraîche. La salle n'a pour tout ornement que quelques images représentant des sujets religieux et deux placards vitrés contenant des bouteilles de vin de Bordeaux et des liqueurs avec des étiquettes en français.

C'est un jeune homme à manières gracieuses qui nous sert. Il a été élevé à Jaffa ; il est catholique et parle assez bien le français.

Lorsque nous lui fîmes compliment des jolis bouquets dont le parfum remplissait la pièce, il nous répondit qu'il avait fait choix du lys « parce que dit-il, la France est le royaume des lys. »

Nous avions porté nos provisions, car dans les khans arabes on ne peut offrir que peu de choses aux voyageurs, du fromage du pays, des sardines ou du thon à l'huile, des oranges, du café et de l'eau.

Lorsqu'après nous être bien reposés, nous lui demandâmes le prix du service, il ne réclama qu'un franc pour chacun de nous.

En nous quittant, il nous fit des adieux pleins de cœur et d'effusion.

C'est à El-Latroun que nous donnâmes une part de nos provisions à l'arabe qui conduisait la voiture. C'est la seule circonstance où un sourire de satisfaction dérida ses lèvres.

Je répète en passant que ses dents blanches comme celles de ceux de sa race donnaient à sa physionomie un air extraordinaire de sauvagerie.

Je rappelle aussi que les arabes sont d'une sobriété extrême. J'en ai vu plusieurs qui passaient leur journée avec une petite galette de farine, un fruit et de l'eau.

X

LA PLAINE DE SARON. — RENCONTRE DE VOYAGEURS.
— LES TOURS DE GARDE.

A El-Latroun finit la plaine de Saron qui commence aux portes de Jaffa.

Cette plaine a une longueur de 30 lieues sur une largeur de 8 lieues. Elle a des ondulations qui rompent la monotonie et de légères éminences assez gracieuses.

Comme les plaines d'Esdrelon et de Jezraël, la plaine de Saron est à peu près inculte. Elle a d'une extrémité à l'autre l'aspect d'une prairie, coupée par quelques arbres et semée çà-et-là de récoltes de blé.

Salomon et Isaïe ont vanté dans les saints livres les roses et les lys de Saron, sa gloire et sa beauté, comme la gloire et la beauté du Liban et du Carmel.

La route devient plus douce. Le paysage est plus monotone que dans la montagne. Ce ne sont plus des roches arides, des gorges sauvages.

Désormais, la solitude reprend la vie à cause des groupes de voyageurs se dirigeant vers Jérusalem, avec leurs chameaux, leurs mulets, leurs ânes, leurs chars.

L'encombrement est plus grand à cause des montures qui ont servi aux pèlerins de la *Guadeloupe* et que l'on ramène pour ceux de la *Picardie* qui partiront demain aux premières lueurs du jour.

Le voyage emprunte à ces circonstances un pittoresque inaccoutumé. Pour s'en faire une idée, il faut se représenter les avenues de nos villes les jours de foire. Mais ici, il y a dans le costume et la tenue une diversité, une dignité que nous ne connaissons plus chez nous.

De distance en distance, nous rencontrons des escouades de bachi-bouzouks ou gendarmes turcs chargés de garantir la sûreté de la route.

Ils habitent des tours ou corps de garde que fit bâtir, en 1860, un pacha de Jérusalem pour empêcher le brigandage.

On en compte 17 de Jaffa à Jérusalem. Elles sont construites sur la hauteur et ressemblent à des ouélis.

XI

RAMLEH-D'ARIMATHIE. — SAINT JOSEPH ET NICODÈME. — SAINT MARTIAL. — UN AGENT BIENVEILLANT.

Nous arrivâmes enfin à Ramleh-d'Arimathie.

C'est une ville de 5,000 habitants dont 60 catholiques seulement.

Les Franciscains y sont établis depuis 1296. Ils y ont un couvent et une école pour les garçons.

Les sœurs de St-Joseph de l'Apparition dirigent une école de filles.

St Joseph d'Arimathie et Nicodème qui aidèrent à ensevelir N.-S. J.-C. étaient originaires de Ramleh.

Le couvent des Pères est construit sur l'emplacement de leur maison.

La tradition rapporte que Ramleh est aussi la patrie de St Martial. Il était au nombre des enfants que Jésus-Christ fit approcher de lui pour les bénir. On dit que c'est sur le front de cet enfant que le divin Maître posa la main.

Après la Résurrection, il suivit St Pierre à Rome.

Le prince des apôtres l'envoya dans les Gaules pour prêcher l'Evangile.

St Martial devint l'apôtre de l'Aquitaine. Il prêcha la foi à Rodez et fonda le pèlerinage de N.-D. de Ceignac.

Il laissa de précieuses reliques que nous vénérons encore.

Notre cocher fit arrêter ses chevaux sous l'ombrage de trois superbes palmiers qui étendent leurs branches à l'entrée de la ville.

Comme il n'est pas facile de demander des renseignements à ces populations, nous cherchions à nous orienter pour découvrir le couvent des Franciscains, lorsque vint à notre rencontre un personnage qui paraissait jouer un rôle dans la localité.

Il s'offrit pour nous conduire chez les Pères. Il parlait le français et se disait l'agent de notre consul à Jaffa.

Il était très actif et d'un empressement incroyable. Il portait un habit long comme une robe de chambre. Cet habit était blanc. Il avait à la tête un béret blanc aussi, et un turban rouge.

« Venez, nous dit-il, vous allez être chez les Pères. C'est moi qui y conduis tous les pèlerins. Je travaille pour la France que j'aime beaucoup. »

Au bout de quelques minutes, il frappa à la porte du couvent et se retira en nous saluant profondément lorsqu'elle s'ouvrit.

XII

LE COUVENT DES FRANCISCAINS. — RAFRAÎCHISSE-
MENTS. — ÉGLISE DE SAINT-NICODÈME. — APPAR-
TEMENT DE NAPOLÉON. — PANORAMA DU HAUT DE
LA TERRASSE DES FRANCISCAINS. — L'AMOUR DE LA
FRANCE.

Le supérieur des Franciscains nous accueillit avec une grâce parfaite.

Il nous conduisit dans le divan où se trouvaient d'autres pèlerins et nous nous mêlâmes à la conversation.

A côté du supérieur de la maison était assis un vieillard superbe. Il avait un air plein de noblesse et de majesté. Il fumait sa pipe et se montrait indifférent à ce qui se passait autour de lui.

Nous apprîmes qu'il était musulman, qu'il avait été magistrat chargé de rendre la justice et qu'il s'était montré toujours très bienveillant pour les Pères Franciscains.

A peine étions-nous assis qu'un frère servant apporta et offrit sur un plateau des verres d'orangeade.

Il est d'usage en Orient qu'on vous offre une boisson rafraîchissante aussitôt que vous êtes assis auprès de celui qui vous reçoit en visite.

Après un court instant, et c'est encore l'usage, on nous invita à passer dans la salle à manger, où l'on nous servit du café et des petits pains.

Vint ensuite la visite de la maison. Nous allons prier d'abord dans l'église de St-Nicodème bâtie sur l'emplacement même de la maison de ce saint personnage.

Nous visitons ensuite son atelier converti aussi en chapelle. Rien de remarquable au point de vue artistique. Tout l'intérêt consiste dans les souvenirs.

En 1799, le général Bonaparte s'établit dans ce couvent avec son état-major pendant la campagne d'Egypte.

On a conservé dans son état primitif les deux pièces qu'occupait Napoléon 1er. C'est d'abord un divan ou salon de réception et sa chambre à coucher. On montre encore le lit sur lequel il reposait. C'est très simple.

Pour prix de cette hospitalité, les musulmans saccagèrent et pillèrent l'établissement après le départ de l'armée française.

Nous montâmes ensuite sur la terrasse du couvent pour jouir du beau panorama qui s'offre à nos regards.

Dans la ville, nous remarquons l'église de St-Jean-Baptiste convertie en mosquée. Elle est dominée par un minaret qui était autrefois le clocher de l'église.

Elle fut édifiée dans de vastes proportions puisqu'elle a trois nefs, trois absides et une longueur de 50 mètres sur 25 de large.

Les vasques de Ste Hélène consistent en six réservoirs alimentés par les eaux du ciel. D'après les uns, ils ont été construits par Ste Hélène, d'après les autres par les croisés.

La tour des 40 martyrs est un vaste établissement de 100 mètres de long sur autant de large. Les dernières études établissent que c'était un caravansérail. Il est aujourd'hui en ruine.

La tour est encore bien conservée. Un escalier de 126 marches conduit sur la terrasse.

Le point de vue qui se présente à nos regards est

magnifique. La plaine de Saron est encadrée à l'est et au nord dans les montagnes de la Judée et de la Samarie. A l'Ouest la Méditerranée se perd dans l'infini.

Une foule de villages, des ruines nombreuses, quelques rares bouquets d'arbres reposent la vue dans cette plaine immense.

Nous apercevons une belle forêt d'oliviers. C'est Colbert, ministre de Louis XIV, qui la fit planter. L'armée de Napoléon y campa en allant au siège de St-Jean-d'Acre.

XIII

LES LÉPREUX.

Nous prîmes au plus vite congé de nos hôtes si gracieux, car nous voulions arriver à Jaffa avant la nuit.

Nous nous rendons sur la place où était notre voiture. Les chevaux attelés continuaient à se reposer à l'ombre des palmiers.

Mais le cocher! où était-il? Il est probable qu'il était allé dormir dans un coin, car il fallut un temps infini pour le trouver.

Pendant que nous attendions, nous fûmes assaillis par une douzaine de lépreux qui vinrent nous demander l'inévitable backchiche. Après une petite offrande, nous pensions que nous serions délivrés de leur présence, mais pas du tout il en accourut encore une foule.

Nous ne savions comment nous en débarrasser, lorsque parut fort heureusement l'agent qui nous avait déjà donné ses bons services. Il comprit aussitôt notre embarras et chassa ces importuns avec son bâton.

C'est un spectacle affreux à voir. La lèpre affecte principalement la peau qui se couvre d'ulcères et ronge à l'extérieur sa victime.

Les malheureux qui en sont atteints conservent leurs facultés. Ils vivent en société entre eux. Ils se marient. S'ils ont des enfants, ceux-ci héritent de la lèpre qui se développe à l'âge de dix à quinze ans.

Ces infortunés, nous a-t-on rapporté, mettent leur souci et leur amour-propre à ramasser de l'argent et à se donner la gloriole d'être plus riches que leurs voisins.

Nous comprenons à la vue de cette épouvantable maladie la sagesse et la sévérité des recommandations qui sont faites au peuple juif dans le lévitique.

Bientôt après, notre agent nous ramena le cocher avec force menaces et force cris. Il lui donna dix minutes seulement avant le départ. Celui-ci accepta sans se plaindre et fut fidèle à partir au temps marqué.

En se retirant l'agent nous fit mille vœux de bonne santé et de bon voyage et exalta la France avec enthousiasme.

« Dites en France, dit-il, de nous envoyer un gouvernement ; nous ne voulons plus celui que nous avons, nous voulons celui de la France. »

Ceci me rappelle qu'à Jérusalem, je fus accosté par un indigène qui connaissait un peu le français.

« Oh ! quel plaisir nous a fait ce pèlerinage, dit-il, ici, tous nous aimons la France.

» Dites-leur de nous envoyer un gouvernement. On sera très content de nous. »

Il est vrai que les motifs de son désir n'étaient pas de l'ordre le plus élevé.

« Quand nous aurons la France, répliqua-t-il en me quittant, elle nous fera paver les rues de la ville. Il y a des années qu'on nous le promet, et on ne tient jamais parole. »

XIV

LES EXPLOITS DE SAMSON. — UNE ÉTOURDERIE DU COCHER. — ENTRÉE DANS LA VILLE. — ASSAUT POUR DÉFENDRE NOS BAGAGES.

Nous repartîmes. En parcourant la plaine de Saron, nous nous rappelons plusieurs hauts faits de la vie de Samson et notamment l'incendie des moissons des philistins avec les torches que cet homme puissant attacha à la queue de trois cent renards.

Saron fut encore un champ de bataille, où le sang des croisés coula à flots.

Enfin nous longeâmes les jardins célèbres de Jaffa. La route était devenue sablonneuse. Nous remarquâmes quelques cavaliers habillés à l'européenne. Ce sont des prussiens faisant partie de la colonie qu'ils viennent de fonder à Jaffa.

Nous étions dans l'admiration des beaux jardins de cette ville, lorsque tout à coup la voiture éprouva un terrible cahotement. En nous retournant, nous voyons deux hommes qui nous suivent à toute hâte et cherchent à s'accrocher aux roues. Le cocher, de son côté, fouettait les chevaux comme un enragé.

Voici ce qui s'était passé. Ce misérable avait vu venir vers nous une troupe d'ânes. Au lieu de chercher à éviter ce troupeau inoffensif, il avait, au contraire, dirigé son attelage sur l'un d'eux et la roue en le renversant ne lui avait passé fort heureusement que sur le bât.

Le propriétaire, exaspéré, poursuivait la voiture pour se venger en la jetant dans le fossé.

Mais notre cocher échappa par sa vitesse à toute collision et à tout accident.

Nous aperçumes ensuite au loin les pauvres voyageurs, occupés à relever leur âne, qui continua sa route sans trop de mal.

En très peu de temps de là, nous entrâmes dans la ville. Elle a la physionomie des autres villes orientales que nous avons visitées.

Tout à coup, le cocher s'arrêta dans un carrefour où aboutissent plusieurs rues.

Nous lui fîmes signe de nous porter au couvent des franciscains. Il se contenta de lever un peu les épaules et demeura impassible.

Après quelques gestes, nous comprîmes que la voiture ne pouvant plus circuler dans les rues étroites, il fallait descendre et aller à pied chez les Pères.

Plusieurs indigènes se hâtèrent pour prendre nos bagages. Nous modérâmes leur ardeur. Mais à ceux-là vinrent s'en joindre d'autres, si bien que dans quelques minutes, nous avions à nous défendre contre 25 ou 30 individus qui voulaient s'en charger.

Nous prîmes tous les moyens possibles pour calmer leur empressement. Rien n'y fit. Je fis signe alors à mes compagnons de s'asseoir sur les bagages et de bien se garder de les lâcher.

J'étais porteur d'un bâton en olivier, assez fort. Je le prends par un bout et je me mets à frapper à droite et à gauche.

Ce fut un spécifique radical. Voyant que nous

sommes bien déterminés à ne pas nous laisser jouer, ces importuns s'écartent en riant et font un rond très large autour de nous. C'est ce que nous voulions.

Mais l'embarras était le même. De quel côté nous diriger ?

A ce moment, arrive un Italien qui se dit le guide des pèlerins. Nous lui demandons de faire conduire la voiture à l'hospice des Franciscains. Il nous répond que la voie est trop étroite. Nous vîmes plus tard que ce n'était pas vrai.

Nous lui demandons de désigner quelques hommes pour nos bagages, ce qu'il fit immédiatement avec intelligence et autorité.

Le cocher reçoit le prix de notre place. Quelques minutes après, nous étions sur le quai devant la porte des Franciscains et en présence de la mer.

Les Pères et les pèlerins déjà arrivés nous reçurent avec la plus grande effusion.

XV

INSTALLATION CHEZ LES FRANCISCAINS. — UNE SOIRÉE SUR LA TERRASSE DE L'ÉTABLISSEMENT. — UN BAIN DE MER.

Les pères Franciscains se tenaient sur la porte au-dessus de laquelle sont gravés ces deux mots : *Hospitium franciscanum*.

« La maison est à vous, nous disaient-ils, montez et prenez place. »

Mais il n'était pas si facile de trouver un coin. Toutes les pièces étaient encombrées.

Je fus cependant assez heureux pour rencontrer un bon lit laissé vide par un pèlerin de la *Guadeloupe*.

Je pus ainsi passer une nuit convenable et qui aurait été même excellente si un parisien ne nous avait pas troublés d'abord par son inépuisable loquacité et ensuite par son sommeil bruyant et agité.

Le repas que nous servirent les Pères ce soir là fut confortable et assaisonné par la joie universelle; car nous étions tout fiers d'être arrivés heureusement au terme de nos pérégrinations dans la Terre Sainte.

Avant d'aller nous reposer, nous respirâmes la fraîcheur de la brise de mer toute imprégnée des parfums de l'Orient.

Le ciel était d'un bleu qu'aucune vapeur ne gazait. Les rayons de la lune étendaient sur les flots comme un éblouissant manteau d'argent.

Les soirées passées sur nos plages de France n'ont rien de comparable à la fortifiante suavité de cette douce température.

Après une longue causerie avec un ami qui savait beaucoup, je me retirai dans ma cellule.

Le lendemain 31 mai, je pus dire la messe de bonne heure à l'autel de St-Pierre dans la chapelle de l'établissement qui sert d'église paroissiale.

Je fis ensuite une course dans les rues de la ville et imitant une foule de pèlerins, j'allai prendre un bain de mer en dehors des murs, à environ 500 mètres des dernières maisons.

Comme il n'y a pas d'établissement de bains, dans ce pays, j'organisai une petite tente avec ma couverture de voyage que j'étendis moyennant deux piquets. Cet appareil suffit pour attirer l'attention des rôdeurs. Il en arriva quatre qui s'arrêtèrent à quelques mètres de ma tente.

J'eus beau leur faire signe de passer leur chemin, ils demeurèrent impassibles et silencieux et finirent par se coucher sur la grève. Ils ne partirent que lorsque je me retirai moi-même.

Il est bon de dire que deux amis qui m'accompagnaient firent bonne garde auprès de ma tente.

Depuis, j'ai bien compris toute la vérité de cette observation qu'a écrite Chateaubriand au moment où il allait quitter le vaisseau et débarquer sur ces mêmes plages :

« L'arabe, errant sur la côte, suit d'un œil avide le vaisseau qui passe à l'horizon. Il attend la dépouille du naufragé au même bord où Jésus-Christ ordonnait de nourrir ceux qui ont faim et de vêtir ceux qui sont nus. »

XVI

LES MARCHÉS DE JAFFA. — L'ÉGLISE PAROISSIALE. — LES ÉCOLES. — LES JARDINS.

En rentrant au couvent avec MM. Coste et Espinasse, du diocèse de Périgueux, qui avaient bien voulu se joindre à moi, je traversai le marché.

Les marchés de Jaffa sont très renommés. Il y vient de très loin des vendeurs et des acheteurs. Aussi y voit-on des hommes de toutes les couleurs et portant tous les costumes. On y fait principalement la vente des grains et des fruits du pays.

Nous remarquâmes des bancs sur lesquels étaient étalés des jeux et mille objets de fabrique orientale.

Il régnait dans cette foule une grande animation. Il n'y avait rien cependant de cette agitation fébrile qui distingue nos foires.

La rue du bazar s'ouvrant devant nous, nous la parcourumes. Les magasins excitèrent notre curiosité. Ils sont tels que nous les avons vus à Kaïffa, à Naplouse, à Jérusalem.

La fantaisie nous prit d'acheter quelques objets. Mais comme nous n'avions pas d'interprète, il fut imposssible de nous entendre pour le prix. Les marchands confondaient toutes les monnaies en ayant cependant l'habileté d'estimer toutes choses au-dessus de leur valeur.

Jaffa n'a pas de monuments remarquables. C'est une ville ouverte, bâtie en amphithéâtre sur le flanc d'une colline. Sa population est de six à sept mille âmes. Les 400 catholiques latins qui s'y trouvent sont desservis par les PP. franciscains. Ceux-ci y ont une résidence depuis le milieu du XVIIe siècle.

L'église paroissiale très petite et dédiée à St-Pierre n'a pas de mérite architectural.

L'instruction est donnée aux garçons par les PP. franciscains et les frères des écoles chrétiennes.

Les sœurs de St-Joseph de l'Apparition et les tertiaires franciscaines dirigent deux écoles de filles.

L'hôpital St-Louis de construction récente est desservi par les sœurs de St-Joseph de l'Apparition.

Qui n'a pas entendu parler des jardins de Jaffa, célèbres dans le monde entier ?

Ils consistent en une étendue de terrain d'environ 3 kilomètres entouré de haies de nopal et de cactus, arrosé de quelques belles sources, planté des arbres les plus beaux et les plus rares, formant une délicieuse forêt qui a tous les charmes d'un véritable Eden.

Là croissent en pleine campagne avec toute la vigueur d'une luxuriante végétation les orangers, les grenadiers, la vigne, la canne à sucre, les bananiers, les palmiers, les citronniers, etc., etc.

A la saison des fleurs, c'est-à-dire au mois de février, le parfum qui s'exhale de cette terre de délices remplit la région et va à deux lieues dans la mer comme pour saluer les navigateurs.

Les fruits que produisent ces arbres notamment les orangers sont exquis et expédiés dans toutes les contrées.

XVII

ORIGINE ET IMPORTANCE DE JAFFA. — NOE. — L'ARCHE ET LE DÉLUGE.

Une promenade dans ces jardins repose de la désolation, de la pauvreté, de la tristesse et de la saleté des maisons et des rues de Jaffa.

Mais si on étudie cette ville à travers les souvenirs qui forment son histoire, on est étonné autant qu'émerveillé des évènements dont elle a été le théâtre depuis son origine jusqu'à nos jours.

Son importance s'explique par sa situation sur les bords de la mer et presque au centre du monde. Elle fut le rendez-vous des voyageurs qui entreprenaient des courses sur la grande mer.

Sa proximité de Jérusalem où était bâti le temple a contribué à sa célébrité.

Comme la ville sainte, elle a eu à subir des bouleversements terribles. Elle a été bâtie et rebâtie plusieurs fois sur ses ruines

Son nom veut dire la *belle*. Elle existait avant le déluge et l'on dit que Japhet, fils de Noé, la réédifia après le grand châtiment qui submergea toute la terre.

La tradition rapporte que Jaffa a été la patrie de Noë.

Le patriarche y vivait avec sa famille pratiquant la justice et la sainteté, lorsque Dieu irrité des crimes des hommes lui apparut et lui dit :

« Encore cent vingt ans et j'exterminerai les hommes de dessus la terre.

» Faites-vous une arche de trois cent coudées de long, de cinquante de large et de trente de haut.

» Je vais détruire par un déluge tout ce qui respire sur la terre.

» Mais j'établirai mon alliance avec vous et vous entrerez dans l'arche avec votre famille. »

Noë se mit à l'œuvre. Il travailla pendant cent ans à ce grand ouvrage. Durant ce temps, il prêcha la pénitence. Mais il ne fut pas écouté.

Lorsque l'heure de la colère divine eut sonné, le seigneur dit au patriarche :

« Entrez dans l'arche avec les vôtres. La pluie va tomber pendant 40 jours et 40 nuits. »

Ayant dit, le Très-Haut ferma et scella lui-même la porte.

On sait quelle fut l'universalité du cataclysme, comment la terre entière fut couverte par les eaux et repeuplée ensuite par les trois fils de Noë.

Avant de quitter ce saint personnage, je veux rappeler une tradition qui le rattache aux destinées providentielles de Rome.

Je laisse parler Mgr Bertheaud qu'on a justement surnommé l'aigle de Tulle :

« J'aime à voir Noë, dit-il, père du monde renaissant prenant possession de Rome pour Celui qui devait venir. Je le vois partageant comme un hiérarque d'après les plans divins, la terre à ses trois fils ; puis, le monde distribué, il visite le domaine et s'en vient déposer ses os là où devait être Rome.

» Ainsi Pierre, le batelier de Galilée, viendra en ce même lieu où vint ce grand et noble batelier qui fut Noë ; Pierre y fixera sa nef illustre, pour sauver le monde d'un autre déluge et lui assurer un meilleur salut. »

XVIII

JAFFA DEPUIS SA RECONSTRUCTION JUSQU'A NOS JOURS.

Japhet, fils de Noë, fit reconstruire Jaffa appelée aussi Joppé. Dans le partage de la Terre Promise, Josué la donna à la tribu de Dan.

C'est de cette ville que s'embarqua le prophète Jonas pour fuir l'appel de Dieu l'invitant à aller prêcher la pénitence à Ninive.

Judas Macchabée la prit et l'incendia l'an 164 avant Jésus-Christ.

Quelques années après, les deux princes Simon et Jonathas Macchabée la prirent sur les Syriens.

Les Romains s'en emparèrent. Pompée la déclara ville libre. Plus tard, Auguste la donna à Hérode-le-Grand et après celui-ci à l'ethnarque Archélaüs.

Les juifs s'étant révoltés contre les romains, le proconsul Cestius la fit incendier. Reconstruite de nouveau et étant devenue un repaire de pirates, Vespasien la détruisit de fond en comble.

Autour de la citadelle qu'il fit édifier s'éleva bientôt une nouvelle ville.

Constantin l'érigea en évêché.

Les croisés l'ayant trouvée abandonnée par les infidèles l'occupèrent en 1099. Pendant la durée du royaume latin, elle passa en des mains diverses jusqu'à ce qu'elle fut prise sur les chrétiens par Saladin.

Elle revint aux croisés en 1192. En 1252, Saint Louis, roi de France y fut royalement reçu par Gauthier de Brienne qui en était gouverneur.

Le héros la fortifia et y fit faire de magnifiques embellissements.

En 1253, le pieux monarque y reçut la nouvelle de la mort de sa mère, Blanche de Castille.

Il se mit à genoux et joignant les mains :

« Je vous remercie, ô mon Dieu ! s'écria-t il en versant des pleurs, de ce que vous m'avez prêté madame ma mère et de ce que maintenant, selon votre bon plaisir, vous l'avez retirée à vous. Il est vrai que je l'aimais par dessus toutes les créatures du monde. Mais que votre nom soit béni éternellement. »

En 1267, elle tomba au pouvoir du sultan Ribars qui la rasa de fond en comble.

Elle languit longtemps sous ses ruines et ne se releva que très lentement.

En 1799, elle fut prise et saccagée par Napoléon 1er.

Elle vit aujourd'hui sous la domination du gouvernement ottoman. Sa population est de près de 7,000 âmes.

XIX

LA RÉSURRECTION DE TABITHE. — VISION DES ANIMAUX PURS ET IMPURS.

Dès le berceau de l'Eglise, Jaffa compta des chrétiens dans son sein. St Pierre l'évangélisa. Un grand miracle qu'il opéra augmenta aussitôt le nombre des disciples de notre Sauveur.

Une chrétienne nommée Tabithe, femme puissante en bonnes œuvres et en vertus, fut atteinte d'une maladie dont elle mourut.

Pierre appelé par ses disciples accourut aussitôt.

Il entra dans la chambre où reposait cette femme. Il se mit à genoux, pria et dit à haute voix : « Tabithe, lève-toi. »

Tabithe ouvrit les yeux, s'assit sur son séant, se leva, et fut rendue aux siens pleine de force et de jeunesse.

Ce prodige eut un retentissement extraordinaire dans la ville et dans tout le pays.

Sa maison dont il ne reste aucune trace était hors de la ville. L'emplacement est occupé aujourd'hui par un vieux cimetière abandonné.

On voit encore en face, de l'autre côté du chemin, le caveau sépulcral où fut ensevelie cette pieuse femme.

Tous les ans, le 4ᵉ dimanche après Pâques, les habitants de Jaffa, les chrétiens aussi bien que les musulmans y viennent en pèlerinage pour honorer les vertus de Tabithe.

Un second événement eut lieu dans la maison de Simon-le-corroyeur. Ce généreux chrétien avait donné l'hospitalité au prince des apôtres. Sa maison était devenue le centre de l'apostolat de St Pierre.

Or un jour que l'apôtre priait vers la sixième heure sur la terrasse de la maison, il fut ravi en esprit.

Sur une grande nappe blanche tenue par deux anges il vit des animaux purs et impurs.

Une voix du ciel lui dit :

« Pierre, lève-toi ; tue et mange. »

— A Dieu ne plaise, Seigneur, je n'ai jamais rien mangé d'impur et de souillé. »

Dieu lui répéta deux fois le même ordre en disant :

« N'appelle pas impur ce que Dieu a purifié. »

Quelques instants après, se présentèrent à lui quelques gentils. En même temps il entendit la voix de Dieu :

« Voilà trois hommes qui te cherchent. Lève-toi et descends, car c'est moi qui te les envoie. »

Ces étrangers lui dirent qu'ils étaient envoyés par le centurion Corneille pour être instruits des mystères de la religion et recevoir le baptême.

L'apôtre obéit. Il comprit en ce moment que la vision des animaux purs et des animaux impurs signifiait que Notre-Seigneur Jésus-Christ appelait dans l'Eglise les Gentils comme les Juifs et que toutes les nations de la terre formaient son héritage.

Une église fut bâtie sur l'emplacement de la maison du corroyeur.

Elle est remplacée aujourd'hui par une mosquée de quelques mètres carrés où l'on pénètre moyennant backchiche.

XX

EMBARQUEMENT SUR LA PICARDIE.

Mes pèlerinages en Terre-Sainte étaient terminés. Je quittai donc ce sol béni à deux heures de l'après-midi, le mercredi 31 mai.

Il fallut aller rejoindre la *Picardie* à trois kilomètres environ du quai.

Les grands vaisseaux ne peuvent pas approcher

davantage de la côte à cause des obstructions du port constamment encombré par les sables.

Les autorités ottomanes refusent de faire exécuter des travaux d'appropriation. Car une tradition qui a cours dans le peuple rapporte que les Francs doivent venir d'Europe pour faire de nouveau la conquête du pays. Et on comprend que les indigènes veuillent laisser l'accès de la ville aussi difficile que possible.

Nous fûmes transportés à bord dans des canots contenant de quinze à vingt personnes.

Les rameurs étaient des arabes bien faits, robustes, vigoureux. Ils pourraient porter envie aux plus habiles marins de nos ports.

Lorsque le signal du départ fut donné, ils manœuvrèrent avec une extraordinaire précision et une étonnante agilité.

Sous les efforts de leurs bras, la barque semblait voler sur les flots, paraissant les effleurer à peine.

Ce fut, hélas ! la cause de beaucoup de troubles. Un grand nombre furent obligés de payer un premier tribut à la mer.

En montant dans la *Picardie*, il nous sembla que nous retrouvions la patrie.

La Croix avait été plantée de nouveau. Au bout du haut mat flottait le fanion du Sacré-Cœur. Le pavillon français occupait sa place. L'autel était dressé sur le pont. Demain, la *Picardie* reprendra sa mission de basilique flottante.

XXI

DERNIÈRES IMPRESSIONS EN VUE DE LA TERRE-SAINTE.

Le reste de la soirée se passa dans les aménagements de la traversée. Mes regards et mon cœur demeurèrent fixés encore sur cette terre des miracles de Dieu.

J'étais dans l'étonnement et dans l'admiration d'avoir visité cette région qui a servi de théâtre aux merveilles infinies de la Providence, où Dieu a manifesté avec éclat sa puissance, son amour, sa justice, sa sagesse, sa miséricorde.

Je lisais à travers les siècles l'histoire des premières scènes de la création, le récit des conversations familières des patriarches avec Jéhovah, les faits et gestes du peuple de Dieu, les prédications des prophètes, les solennités du temple et puis la vie cachée, la vie publique de N.-S. J.-C. sa passion, sa mort, sa résurrection, son ascension.

Les châtiments de la justice divine qui sont tombés sur ces peuples infortunés avec une sévérité, une rigueur, une persévérance qui donnent l'effroi, passaient devant mon imagination.

Il semblait que nous étions les témoins de ces frémissements chevaleresques des croisés se levant avec enthousiasme à la voix des papes et au cri de « Dieu le veut ! » pour venir fléchir ici la colère du Ciel et délivrer ces régions des ténèbres de l'erreur et du joug de l'infidèle.

Pour remercier Dieu du bonheur de mon pèlerinage, je récitai le *Te Deum* et les versets du psaume *Super flumina Babylonis*, etc., etc.

En rappelant toutes les tristesses, les humiliations, la barbarie qui écrasent ces régions si grandes autrefois, si abaissées aujourd'hui et qui ont cependant gardé de si beaux restes de leur ancienne grandeur, j'entendis répéter ces vers de Racine :

> Déplorable Sion, qu'as-tu fait de ta gloire ?
> Tout l'univers admirait ta splendeur.
> Tu n'es plus que poussière ; et de cette grandeur
> Il ne nous reste plus que la triste mémoire.
> Sion, jusques au ciel élevée autrefois,
> Jusqu'aux enfers maintenant abaissée
> Puissé-je demeurer sans voix
> Si dans mes chants ta douleur retracée
> Jusqu'au dernier soupir n'occupe ma pensée !
> Quand verrai-je, ô Sion ! relever tes remparts,
> Et de tes tours les magnifiques faîtes ?
> Quand verrai-je de toutes parts
> Les peuples en chantant accourir à tes fêtes ?

XXII

INSTALLATION DANS LA CABINE. — DÉPART. — MORT DE L'ABBÉ GILBERT LAURENT.

Après avoir clôturé le mois de Marie et fait le premier exercice de celui du Sacré-Cœur, je jetai un dernier regard sur la Palestine du côté du phare et je quittai le pont pour descendre dans ma cabine.

Je la retrouvai telle qu'elle était au débarquement à Kaïffa.

Il fallut user des mêmes industries qu'à l'aller pour y grimper et s'y installer.

Je m'endormis profondément non toutefois sans avoir entendu les piquantes observations des arrivants, écouté le récit des aventures de l'étape de Jérusalem à Jaffa, apprécié le degré de bonne et de mauvaise humeur de chacun à la prise de possession de sa couchette, et enfin avoir subi toutes les récriminations contre les Koock, qui à elles seules rempliraient bien des in-folios.

Vers minuit, un employé du bord qui s'était installé dans un compartiment voisin nous éveilla.

Je lui demandai si l'ancre avait été levée. Il me répondit que nous marchions depuis trois heures.

Mais la mer était si calme que le navire n'éprouvait pas le plus petit mouvement et glissait sans secousse sur les flots, et malgré la rapidité de la marche, il paraissait immobile.

Ce jeune homme nous apprit qu'il venait d'assister à la mort d'un de nos compagnons de voyage.

M. l'abbé Gilbert Laurent, vicaire à Montluçon, dans le diocèse de Moulins, souffrait de la fièvre depuis qu'il avait essuyé l'orage du 23 mai.

Il faisait partie de la *Guadeloupe*, mais le mal l'avait empêché de s'embarquer.

Se croyant plus fort, il avait pris place le lendemain sur la *Picardie*.

A peine arrivé à bord, un violent accès de fièvre le saisit et il mourut après quelques heures d'agonie.

Ceux qui le connaissaient rendirent témoignage à sa piété, à son zèle, à son intelligence, à son exquise politesse. Le P. Marie-Antoine l'avait agrégé au tiers-ordre de St-François-d'Assise, le dimanche de la Pentecôte.

C'était donc une victime d'élite. Lorsque le lendemain nous montâmes sur le pont, cet événement faisait l'objet des conversations et avait répandu chez tous un sentiment de tristesse.

XXIII

OBSÈQUES DE L'ABBÉ GILBERT LAURENT. —
SON IMMERSION.

Les obsèques eurent lieu à 9 heures. Sur mer, cette cérémonie est on ne peut plus imposante et lugubre.

La levée du corps fut faite avec le cérémonial et les chants ordinaires. Un autel avait été dressé sur le pont ; un peu en avant avait été placé un banc qui servit de catafalque.

La messe des morts fut chantée. Les circonstances donnèrent à cet office une solennité et une majesté dont on a peine à se faire idée.

Les vents faisaient silence. Au-dessus de nous le ciel sans nuage était embrasé par un magnifique soleil d'Orient. A nos pieds, l'immense étendue de la mer.

Le calme de cette solitude infinie n'était animé que par la gravité du chant, dont l'harmonie, formée par la voix de mille pèlerins, se répandait dans les profondeurs du ciel et des abîmes.

Lorsque l'office fut terminé, on procéda à l'immersion.

Voici ce qui se pratique en pareille circonstance :

Lorsque le décès d'un passager est constaté, les règlements portent, croyons-nous, qu'il sera immergé quatre heures après. On lui attache un poids aux pieds et on l'enveloppe dans une toile.

Pour lui rendre en quelque manière le sol de la patrie, on étend sur le pauvre défunt un drapeau aux couleurs nationales.

Au moment de l'immersion, le navire est arrêté, on ouvre la passerelle et on fait glisser le cadavre. Aussitôt qu'on estime que le corps est arrivé bien au-dessous du navire pour qu'il ne risque plus d'être entraîné par lui, un coup de sifflet annonce que tout est fini et le vaisseau reprend sa course. La croix ne dira jamais que là est agité par les flots un chrétien qui attend la résurrection dans la profondeur des abîmes.

Ainsi procéda-t-on pour le regretté abbé Gilbert Laurent. Il y eut cependant cette différence entre lui et les passagers qui meurent sur les vaisseaux ordinaires, , c'est que notre compagnon eut de nombreux et solennels suffrages de prières.

A ce propos, il est permis de se demander quel est le sort de la malheureuse victime ainsi immergée dans les flots.

J'entendis raconter par un officier du bord que l'expérience autorise à croire que le corps descend lentement à une profondeur de 50 à 60 mètres, qu'au bout de quelque temps les gaz qui se dégagent produisent un mouvement d'ascension de 10 à 15 mètres et qu'après un espace de jours plus ou moins long, il redescend en vertu des lois de la pesanteur et va ou ne va pas reposer sur le sol, selon que l'on suppose que le poids de l'eau retiendra en haut ou laissera passer la victime.

Ce serait différent si, avant d'atteindre la profondeur où n'habitent plus les êtres animés, un monstre marin saisissait le cadavre et en déchirait les membres.

XXIV

LA PRIÈRE A BORD. — INCIDENTS DE VOYAGE.

Aussitôt après cette funèbre cérémonie, le règlement reprit toute sa vigueur.

Comme à l'aller la prière devint incessante. Nous avions à rendre à Dieu tant d'actions de grâce, à remercier le ciel de bienfaits si insignes !

La journée s'ouvrait par le sacrifice de la messe. Plusieurs fois, le St-Sacrement put demeurer exposé et recevoir les hommages et les adorations des pèlerins.

Le rosaire médité était récité chaque jour.

Le Chemin de la Croix, présidé par le P. Marie-Antoine, était, après la messe et le salut du St-Sacrement, l'exercice qui concentrait le plus la piété et entretenait le mieux les souvenirs que nous rapportions de la Terre-Sainte.

Le P. Marie-Antoine avait enflammé son ardeur aux saints lieux et la communiquait à ses compagnons de pèlerinage avec un enthousiasme et une chaleur irrésistibles.

La physionomie du bord avait cependant complètement changé. Les fatigues du voyage donnaient à tous plus de calme et l'on remarquait beaucoup moins d'agitation. Le désir de revoir la patrie rendait les heures plus longues et volontiers aurait-on accepté que la vitesse fut doublée.

Mais il fallait bien se résigner et se borner à constater l'impatience générale.

Cependant les causeries avaient la même effusion, le même intérêt, le même entrain.

Les mille aventures courues dans ces régions extraordinaires étaient un aliment suffisant pour bien abréger les heures. Il n'y en avait pas qui n'eut à raconter quelque incident, quelque particularité, quelque détail de mœurs, quelque observation originale, etc., etc.

En dehors de là, rien d'extraordinaire. Je feuillette mon carnet et j'y trouve que le jeudi après les funérailles de l'abbé Gilbert Laurent, chacun cherche à se reposer pour se remettre des fatigues du voyage de la veille et des jours précédents.

Le vendredi 2 juin est le premier vendredi du mois consacré plus spécialement au Sacré-Cœur.

La mer est magnifique. Le calme est complet. Beaucoup de messes peuvent être dites. Le soir, il y a sermon et le chant des litanies de la Ste-Vierge.

La lune brille dans un ciel sans nuage et jette sur les flots, des rayons qui rendent la mer diamantée jusqu'à une distance infinie.

Rien ne trouble la majesté du chant, pas la plus petite brise, pas le plus léger mouvement des vagues.

Le samedi est le jour où ont lieu partout les ordinations de la Trinité. La veille, le P. Marie-Antoine avait concentré sur le sacerdoce les 14 stations du Chemin de la croix et avait demandé à Dieu de donner à l'Eglise des prêtres vaillants par la sainteté, le zèle, les travaux.

En ce jour, nous nous unissons de cœur aux prières qui se font pour attirer sur les ordinands l'abondance des dons du St-Esprit.

Nous sommes en vue de l'île de Crète ou de Candie. Au moment où nous la quittons, il se forme un courant qui agite les flots d'une manière extraordinaire.

Le navire est balancé comme une coque de noix et je pense à la puissance de Dieu qui se joue du génie et des efforts de l'homme.

Il y eut beaucoup de troubles, ce jour-là, mais je pus y résister. Il suffit d'aller me reposer pendant quelques instants.

Le calme revint bientôt. La soirée se passa dans de délicieuses causeries. Le vaisseau marchait à grande vitesse. Le temps promettait une bonne et prompte arrivée.

XXV

LE DIMANCHE DE LA TRINITÉ. — LES EXERCICES DE PIÉTÉ. — UN PHÉNOMÈNE SUR MER.

Lorsque le dimanche au matin je montai sur le pont, les autels étaient dressés sur l'avant, sur l'arrière, partout où était une place convenable. Des groupes de pèlerins recueillis étaient agenouillés autour de chaque prêtre.

Nous célébrions la fête de la Trinité. A cette heure, la mer et les cieux tressaillaient au chant de cette prière s'élevant de tous les cœurs :

« Bénie soit la Trinité sainte et l'Unité indivisible ! Nous la célébrons, car elle a répandu sur nous les merveilles de sa miséricorde. »

L'air était sans nuage, le temps calme. Cependant un roulis fatigant, dur, persévérant tourmentait le vaisseau.

Je luttai d'abord vaillamment, mais à la fin je succombai, en la compagnie d'une foule d'autres victimes terrassées par cet atroce mal.

De guerre lasse, j'allai me reposer sur ma couchette

et j'y retrouvai des forces qui me permirent de me présenter à la table du troisième service.

Les places vides attestaient l'universalité du désastre.

Je pris ce que je pus en faisant appel à toutes les énergies d'un appétit qui n'existait pas. Au café, le commandant du bord nous offrit à tous un petit verre d'excellent cognac. Ce fut l'élixir qui me rendit la vie.

Je remontai sur le pont dans un état parfait de santé. A la faveur d'une brise mitigée par les rayons d'un soleil fortifiant, les restes de la fatigue disparurent.

Qu'il était beau de voguer sur la Grande-Mer, ce merveilleux théâtre des événements qui ont mêlé les destinées de l'Orient et de l'Occident ! Que de glorieuses choses à rappeler !

Mais pour ne pas sortir des souvenirs de la Terre-Sainte et des origines chrétiennes, je remonte les siècles et à la lumière de la tradition, je salue les vestiges de cette nacelle providentielle qui fendait les mêmes flots sous l'invisible et divine impulsion et venait confier à l'amour de la France la famille de Béthanie, Lazare, Marthe, Marie et les autres disciples qui allaient être les hérauts de la Bonne Nouvelle.

Comment n'être pas ému à la pensée de cette émigration qui eut lieu après la Pentecôte !

Nous étions sur le même chemin qu'avaient parcouru St Pierre et St Paul lorqu'ils quittèrent l'Orient par l'ordre de Dieu, vinrent annoncer l'Evangile aux nations et fixèrent le fondement de l'Eglise au pied du Capitole dans la Ville-Eternelle d'où ils conquirent le monde par la puissance de la parole et la force des miracles.

Le cadran du bord marqua deux heures. Ce fut le signal de la prière publique.

A la récitation du chapelet succédèrent les vêpres et les complies chantées en chœur devant le Saint-Sacrement exposé.

Le P. Marie-Antoine prêcha ensuite le chemin de la Croix en développant à chaque station les enseignements donnés par chacune des trois personnes divines et en les appliquant aux mystères de la Passion.

Le St-Sacrement demeura sur l'autel. Les adorateurs ne discontinuèrent pas de lui offrir leurs hommages.

Le salut fut solennellement donné à huit heures. Il y eut sermon. Le chant des litanies et du cantique de N.-D. du Mont-Carmel firent tressaillir les cœurs et les élevèrent jusqu'au trône de la Reine de la mer.

Une garde d'honneur veilla pendant la nuit pour prier le Dieu de l'Eucharistie.

Avant de me retirer, je m'arrêtai à contempler un phénomène de phosphorescence très intéressant. Une lumière électrique jaillissait du sein des eaux et enveloppait le navire qui semblait voguer sur une mer de feu jetant d'innombrables étincelles.

XXVI

LE DÉTROIT DE MESSINE. — LE VAISSEAU EN DÉTRESSE. — MESSINE. — REGGIO. — LE CAP FARO. — L'APÔTRE SAINT PAUL.

Le lendemain à 5 heures, quelqu'un descendit du pont et cria : *la terre ! la terre !*

Nous étions à l'entrée du détroit de Messine en Sicile, non loin de la ville qui porte ce nom et en face de Reggio, en Calabre, dans l'ancien royaume de Naples.

J'ouvris aussitôt le vasistas qui éclairait ma couchette et je vis devant moi un magnifique panorama.

J'avais à peine terminé ma toilette que la même voix vint nous annoncer qu'un brouillard soudain couvrait la mer et cachait la côte sous un voile épais.

A partir de ce moment le navire fut en détresse pendant 4 heures.

Le capitaine ne voulut pas se lancer dans le détroit par crainte de rencontrer un autre vaisseau et de s'exposer à un choc terrible. Il fit donc tourner le navire sur lui-même en décrivant une vaste circonférence. Cette manœuvre dura longtemps.

Enfin vers dix heures, les rayons du soleil percèrent cet épais nuage.

Nous pûmes contempler à l'aise Reggio et les côtes de la Calabre à droite. Nous apercevons un train de chemin de fer qui glisse à travers la montagne.

Sur les bords de la mer, des pêcheurs jettent leurs filets.

A gauche, Messine se montre en amphithéâtre avec ses clochers, ses coupoles, ses monuments, ses quais.

Le point de vue est superbe, le paysage des plus enchanteurs.

Le détroit de Messine sépare l'Italie de la Sicile et unit la mer Ionnienne à la mer Tyrrhénienne. Il est large de six kilomètres.

C'est dans ce détroit que se trouvent Charybde et Scylla deux écueils situés en face l'un de l'autre que la mythologie a entourés de mille fables. On les passe aujourd'hui sans aucune difficulté.

Messine qui s'étend sur la côte de Sicile est une ville de 110,000 âmes. Elle fut fondée au Xe siècle avant Jésus-Christ par une colonie grecque et a joué un grand rôle dans l'histoire de l'ancienne Rome et de l'Italie.

Reggio est bâtie vis-à-vis. Elle est le chef-lieu de la Calabre et a une population de 30,000 âmes; sa campagne est fertile et délicieuse.

Le cap Faro est à l'extrémité du détroit. Un phare en indique l'entrée.

On ne saurait dire le charme qu'offrent la vue de ces deux villes opulentes, le détroit qui les sépare, le paysage dans lequel elles se trouvent encadrées.

Nous ne quittons pas ces parages sans offrir un souvenir à saint Paul, prisonnier du Christ.

Lorsqu'il était conduit à Rome, après en avoir appelé à César contre les Juifs qui voulaient le faire condamner, l'apôtre aborda en Sicile et passa trois jours à Syracuse.

Cotoyant ensuite cette île, il vint à Reggio, d'où il partit le lendemain pour Pouzzole, près de Naples.

On l'emmena à Rome. La liberté lui fut laissée de loger où il voudrait, à la seule condition d'être gardé par un centenier.

Il put prêcher librement l'Evangile dans la Ville-Eternelle et faire des conquêtes à Jésus-Christ, dont la doctrine pénétra dans le palais des Césars et y jeta de divines clartés.

XXVII

LES ÎLES LIPARI. — LA QUESTION DES CLASSIQUES.

Les îles Lipari, appelées autrefois îles d'Eole ou de Vulcain sont situées à 40 kilomètres nord de la Sicile et forment un gracieux archipel.

Virgile a rendu ces îles célèbres, lorsqu'il en a fait la patrie des vents et lorsqu'il a décrit la tempête provoquée par Junon et déchaînée par Eole, laquelle dispersa la flotte des Troyens, bouleversa les éléments et mit même les cieux en révolution.

A la vue de ce groupe d'îles dont la distance nous cache la configuration et nous les montre sous la forme de dômes nus et brûlés par le soleil, les souvenirs classiques se réveillent et chacun fait parade de son érudition.

Il en est qui montrent la puissance de leur mémoire et débitent avec une prodigieuse facilité le chant premier de l'Enéide où sont dépeints et la fureur des flots et le cataclysme qui suivit la tempête.

A ce propos, un prêtre qui enseignait dans le nord et qui paraissait avoir étudié à fond la question des classiques posa ce point d'interrogation :

Etant donnés les chefs-d'œuvre que nous a laissés la littérature chrétienne, étant donné aussi que les humanités ont pour but de développer le cœur, l'esprit et l'intelligence, de former le goût littéraire, ne pensez-vous pas que si la littérature chrétienne devenait la base de l'enseignement classique on arriverait plus sûrement au vrai résultat de l'éducation ? Et n'éviteraient-on pas par là les graves inconvénients qui ont paganisé l'esprit public depuis la renaissance ?

Cet homme éminent qui développa longuement cette thèse faisait néanmoins aux païens la part qui leur convient et qui a été plusieurs fois déterminée par Pie IX.

Si ceux qui sont chargés de l'éducation chrétienne de la jeunesse n'acceptent pas franchement cette réforme, jamais ils ne restaureront l'esprit chrétien et ne le rétabliront dans les mœurs.

XXVIII

LE PÈLERIN DE RODEZ.

On ne sera pas peu étonné de trouver au milieu des rochers de ces îles lointaines, le souvenir de Rodez.

Il y est cependant. Et de même qu'en face de l'île de Malte nous avons salué nos gloires aveyronnaises Dieudonné de Gozon et Jean de la Valette (1), de même en passant devant les Eoliennes nous avons salué cet autre aveyronnais connu dans l'histoire de l'Eglise sous le nom de *Pèlerin* de Rodez.

Ce pieux personnage, dont le nom ne nous a pas été transmis, fut jeté par la tempête dans une de ces îles, à son retour d'un pèlerinage à Jérusalem.

Un ermite qu'il y rencontra lui offrit l'hospitalité.

« De quel pays êtes-vous ? demanda l'ermite au pauvre naufragé.

— Je suis de Rodez, répondit celui-ci.

— Connaissez-vous le monastère de Cluny et Odilon, son abbé ? repartit l'ermite.

— Je le connais.

— Eh bien, lorsque vous serez rentré dans votre patrie, allez-le trouver et dites-lui de ma part :

« Il y a, non loin d'ici, un lieu souterrain où souffrent les âmes qui ont des péchés à expier avant d'entrer au Ciel.

» Les démons se plaignent que ces âmes sont sou-

(1) Pages 17 18.

lagées et délivrées par les prières et les bonnes œuvres que font pour elles les religieux. Ces mauvais esprits se plaignent en particulier d'Odilon, abbé de Cluny, et des membres de sa communauté.

» Une fois rentré dans votre patrie, présentez-vous chez Odilon. Rapportez-lui ce que je viens de vous raconter et recommandez-lui de redoubler de prières, de veilles, d'aumônes. Dites-lui de les offrir pour les âmes du Purgatoire. Il réjouira le Ciel dont il multipliera les habitants, et il contristera les démons en leur ravissant des âmes. »

Saint Pierre-Damien, docteur de l'Eglise, raconte ces détails dans la vie qu'il a écrite d'Odilon ; il ajoute que, rentré en France, le pèlerin de Rodez s'acquitta du mandat qui lui avait été confié.

Odilon lui fit bon accueil. Il fonda, en conséquence, la Commémoraison de tous les fidèles défunts dans le monastère de Cluny et dans toutes les maisons de son ordre.

Plus tard, cette fête fut établie dans toute l'Eglise et fixée au 2 novembre.

Mille questions sont effleurées et discutées pendant que le navire gagne de vitesse et chemine vers les côtes de France à la faveur d'un temps splendide.

« J'ai fait plus de 40 traversées, aimait à répéter notre excellent capitaine, et jamais je n'ai vu un temps aussi favorable. »

XXIX

ADRESSE AU PAPE PROPOSÉE PAR M. DE BELCASTEL.

Le mardi 6 fut signalé par un événement auquel tout le monde fut heureux de participer.

Pendant ce pèlerinage, la pensée de l'Eglise avait été toujours présente à l'esprit de chaque pèlerin. Les directeurs de cette croisade spirituelle n'avaient pas cessé de rappeler le souvenir de Léon XIII, le chef suprême de la société chrétienne. Ils avaient demandé à tous de déposer aux pieds des autels des requêtes et des vœux pour implorer la cessation des maux qui agitent avec tant de fureur la barque de Pierre.

On avait supplié le Seigneur pour que le règne social du pape soit enfin reconnu et proclamé, et que les peuples ressentent combien il est consolant et même fier d'avoir Dieu pour premier Roi et premier Maître.

Il était donc légitime qu'on déposât dans le cœur du pape l'expression de la bonne volonté de tous et des efforts tentés auprès de Dieu pour fléchir sa colère et ouvrir les trésors de sa miséricorde.

M. de Belcastel se fit l'éloquent et chaleureux interprète de la pensée commune.

Le vaillant orateur catholique rédigea une adresse vibrante de foi et d'enthousiasme et la proposa à la signature de tous ses compagnons.

La lecture en fut faite et accueillie par des acclamations universelles.

« Très saint Père, en abordant les rivages de l'Europe, au retour de Jérusalem, notre premier regard se tourne vers Rome et vers Votre-Sainteté.

» Nous revenons avec un amour plus grand pour Jésus-Christ, avec un désir plus vif d'étendre son règne en nous et au dehors de nous. »

Là, étaient les désirs et les vœux de tous, comme c'était l'expression de l'amour et du dévoûment le plus entier pour l'Eglise, pour son Chef suprême, ses enseignements, sa direction.

XXX

EN VUE DE L'ÎLE DE CORSE. — MORT DU FRÈRE SIMON. — ADRESSE AU P. PICARD.

Le lendemain, mercredi 7, nous longions au matin les côtes riantes de la Corse. L'intention du capitaine avait été de franchir le détroit de Bonifacio. Mais le brouillard qui nous avait retenus le lundi devant Messine avait occasionné du retard et ce n'est que dans la nuit qu'on aurait pu franchir ce passage difficile. La prudence du capitaine lui empêcha de réaliser ce projet qui nous aurait permis de débarquer le soir de ce jour.

Mais la joie de l'arrivée devait être attristée par un nouveau deuil.

Un religieux convers de l'Assomption, le frère Simon, succomba à une maladie de poitrine aggravée par les fatigues du pèlerinage.

Avant de partir, il avait offert le sacrifice de sa vie.

Dieu l'accepta. C'était un de ces frères qui sont un véritable trésor dans les communautés religieuses et qui dans leur simplicité, leur modestie rendent les plus grands services et donnent quelquefois les plus utiles conseils parce que leurs pensées sont uniquement inspirées par l'esprit de Dieu et l'amour de leur vocation.

L'immersion eut lieu vers les 9 heures du matin. Le P. Picard dit une messe basse des morts et récita les dernières prières en présence de tous les officiers du bord et de tout le pèlerinage qui mêla ses regrets à ceux des religieux de l'Assomption.

Avant de se séparer de ce saint jeune homme, le P. Picard, qui avait pour lui une tendre dilection, déposa sur sa dépouille mortelle une simple parole de résignation chrétienne :

« Nous ne nous plaignons pas, dit-il. Il était bien juste que Dieu prit parmi les victimes du *pèlerinage de pénitence* un religieux de l'Assomption. »

Quelques minutes après, le bruit sourd d'une chute nous apprit que tout était fini. Le vaisseau reprit sa marche rapide. La Corse s'échappa bientôt à nos regards.

Dans la soirée, M. de Belcastel qui avait apprécié comme il convient le zèle, le dévoûment, le courage du P. Picard, lut devant le pèlerinage une adresse d'actions de grâces pour cet intrépide et vaillant religieux.

Le P. Picard venait de donner à son siècle un exemple de confiance en Dieu, comme en donnèrent au moyen-âge les glorieux initiateurs des croisades.

Avec son cœur et son intelligence, M. de Belcastel comprit tout ce qu'il y avait d'héroïsme surnaturel à assumer la responsabilité d'une entreprise si extraordinaire dans un temps où la prudence humaine n'est que trop le guide unique de notre conduite.

Il se fit donc encore l'interprète de l'admiration et de la gratitude commune.

Le pèlerinage fut heureux de s'associer à l'expression des chaleureux sentiments de M. de Belcastel et de remercier le P. Picard de sa courageuse initiative.

Vers les 4 heures, le temps s'assombrit, le vent devint froid et violent. Nous approchions des côtes de France. Il semblait que la Providence voulait nous séparer brusquement du soleil si beau de l'Orient et nous replonger dans les tristesses de notre pays dont cet orage n'était que la pâle image. Le mistral soufflait avec la même violence qu'au départ. La nuit fut pourtant excellente.

XXXI

EN VUE DE MARSEILLE. — ADIEUX A LA PICARDIE.

Le lendemain jeudi 8 juin, lorsque je me levai, à six heures, et que je montai sur le pont, nous avions devant nous la superbe et opulente Marseille. Notre-Dame-de-la-Garde dominait et la mer et la ville. Sa statue dorée brillait aux rayons du soleil.

Nos premières actions de grâces furent pour elle et le *Magnificat* s'échappa de nos poitrines.

A dix heures, nous pûmes débarquer. Nous avions craint quelques jours de quarantaine à cause des décès qui nous avaient affligés dans la traversée.

Mais les santés étaient brillantes, malgré les fatigues et l'entassement.

Enfin arrivent les inspecteurs, qui délivrent *patente nette* à la *Picardie* et *permission de terre* aux pèlerins.

Ce ne fut pas sans émotion que nous dîmes adieu à la *Picardie*. Le voyageur finit par s'associer comme à une véritable patrie au navire qui l'a porté. Et du reste, n'y avions-nous pas trouvé les mille charmes qui font le vrai bonheur, les joies goûtées dans les consolations de la piété, les épanchements de l'amitié ?

Que sont à coté de ces jouissances intimes les fatigues inévitables de la traversée ?

Mais la *Picardie* qui nous avait si heureusement portés devait finir bientôt après, ses destinées.

Au retour d'un voyage à New-York, ce steamer fut assailli le 29 décembre par une suite de tempêtes furieuses à la suite desquelles l'équipage fut obligé de l'abandonner pour aller se réfugier le 18 janvier sur le *Labrador*.

A peine les officiers et les hommes du bord qui formaient seuls les passagers eurent-ils quitté le navire que la *Picardie* fut engloutie dans l'abîme.

Ce vaisseau avait été rendu à une destination commerciale. Ce n'était plus digne de lui après avoir porté les croisés de la prière et avoir rouvert à la France chrétienne le chemin du tombeau de Jésus-Christ.

XXXII

LE DÉBARQUEMENT. — VISITE A N.-D. DE LA GARDE. — LES ADIEUX DU P. PICARD. — RENTRÉE A RODEZ.

Aussitôt après avoir mis pied à terre, je me rendis au sanctuaire de N.-D.-de-la-Garde pour remercier cette Reine de la mer pour la protection puissante dont sa sollicitude m'avait toujours prévenu.

Le soir, tout le pèlerinage se réunit à la *Major* pour la cérémonie des adieux, le chant du *Te Deum* et le Salut du Saint-Sacrement.

Avant la séparation, le P. Emmanuel raconta les joies et les douleurs de la traversée de la *Guadeloupe*. La *Guadeloupe,* elle aussi, avait eu deux victimes et en même temps d'incomparables consolations.

À son tour, le P. Picard prit la parole :

« Notre entreprise, dit-il, a paru une folie aux sages et aux prudents, mais Dieu l'a eue pour agréable et s'en est servi pour sa plus grande gloire. Bénissons-le et séparons-nous en disant : Au revoir ! »

A 10 heures du soir, je pris le chemin de fer. A Montpellier, je fis une halte de quelques heures et je quittai les derniers pèlerins étrangers à notre diocèse. Le samedi, 10 juin, je rentrai à Rodez à 4 heures du soir avec M. l'abbé Charles Laurent. Nos autres amis étaient arrivés la veille.

Nous avions tous heureusement terminé le pèlerinage qui est avec celui de Rome le plus grand et le plus consolant pèlerinage que le prêtre puisse entreprendre. Il forme un événement qui domine toute la vie, qui réveille à chaque heure les plus doux souvenirs et fortifie les plus généreuses résolutions.

« Les battements de mon cœur me le disent, vient d'écrire M. de Belcastel, les pèlerins se sentent imprégnés jusqu'au fond de leur être comme par la vertu d'un sacrement nouveau. Ils sont revenus plus ardents à confesser leur foi, plus résolus dans la lutte, mieux revêtus par elle de la force divine. »

Il n'est pas un pèlerin qui ne donne son assentiment complet à cette grande parole.

SUPPLÉMENT

ALLOCUTION DU P. MARIE-ANTOINE A L'OCCASION DE LA BÉNÉDICTION DE LA CROIX SUR LA DUNETTE DE LA PICARDIE.

On lira avec bonheur cette hymne à la gloire de la croix, de la *Picardie* et de la croisade de la prière.

« Vive la croix !.. Vive la croix !.. Vive la croix ! C'est le cri du chrétien !.. Quand elle paraît, le chrétien la salue comme l'enfant salue son berceau ! Le soldat son drapeau ! L'aveugle la lumière ! L'exilé la patrie et le captif la liberté ! Chrétien, salue cette croix ! Vive la croix ! C'est le cri des Français !.. C'est la croix qui a fait la France ! C'est la croix qui refera la France ! Français, salut à cette croix !

Vive la croix ! c'est le cri du croisé : le croisé part avec elle, la croix brille sur nos poitrines ! Je marche avec elle, la voilà voyageant avec nous ! Nous sommes les pèlerins de la croix ! Le croisé combat pour elle et avec la croix il triomphe ! Croisés de la croix : Salut à la Croix ! Vive la croix !

Les croisés avaient une autre cri !

Il ne suffit pas en effet de prendre la croix, il faut que Dieu la donne, il faut que Dieu triomphe avec la croix et par la croix ; il faut prendre la croix lorsque Dieu le veut, à l'heure qu'il veut et pour accomplir ce qu'il veut ! Les croisés nos pères l'avaient compris et au cri de : Dieu le veut ! La papauté les arma pour la croisade.

Dieu le veut ! Dieu le veut ! Dieu le veut !

O croix, que tu es belle au milieu de ces mâts, de ces cordages, de ces nuages de vapeur ! Je t'avais plantée sur les collines de ma patrie, sur ses montagnes, dans les vallons et dans les plaines, dans les cités et dans les hameaux, et aujourd'hui pour la première fois nous avons le bonheur de te dresser sur les flots de la mer, au-dessus de ces abîmes mouvants ; la voilà reine des flots, du feu, des vents et de l'espace, quel spectacle ! Ce n'est plus l'exil ! C'est une vision du paradis.

Le Ciel nous contemple, toutes les nations de la terre nous suivent du regard et du cœur ! Les anges applaudissent ! Les hommes tressaillent, l'enfer frémit ! Mais comme l'écume de ces flots, sa rage, belle et glorieuse croix ! expire à tes pieds.

O flots de la mer, ce n'est pas assez d'écumer ici et de lui rendre hommage, et vous, grandes vagues, de vous incliner devant cette croix et d'avoir des tressaillements sublimes, allez, allez porter à tous les rivages notre cri d'amour : Vive la Croix !

O croix ! Tu n'es pas seulement notre Reine, tu es notre gardienne et notre divine protectrice.

Quand le voyageur qui doit traverser ces abîmes monte dans un vaisseau, il regarde si les mâts sont solides, les cordages bien établis, les voiles bien tendues et la machine bien outillée, et alors il s'embarque et dit : La traversée sera bonne !... Nous, nous ne regardons que toi ! O croix bien armée. Avec toi plus de crainte, nous arriverons triomphants.

Que crains-tu ? disait César au nautonier qui le portait sur les flots. Tu portes César et sa fortune ! Hélas ! Qu'est devenu César, qu'est devenue sa fortune ?

Pour toi, te voilà toujours victorieuse, jamais

engloutie, tu surnages au milieu de toutes les tempêtes, tu survis à tous les événements, à toutes les révolutions, à tous les écroulements d'empires, l'orage a beau bouleverser les flots et entr'ouvrir des abîmes ! Te voilà toujours debout : *Stat Crux dum volvitur orbis !* Saluons cette éternelle victorieuse : Vive la croix !

Chaque fois que tu traverses ces mers, tu soulèves le monde. Tu es passée un jour sur ce chemin mobile, ce n'était qu'une barque fragile, sans mâts, sans rames, sans pilote ; là étaient Lazare et Marie-Madeleine, Marthe, les saintes mères de Jacques, de Jean, et d'autres disciples ; on les avait mis dans cet esquif pour la mort ; mais ils te portaient sur leur poitrine et avec toi un monde nouveau. Et les flots ont laissé passer la barque fragile et les rives de la Provence, en la voyant venir, ont tressailli, et l'Occident a été conquis. Onze siècles plus tard, on te foulait aux pieds dans l'Orient et la France conquise par toi s'est levée et l'Europe avec elle et le monde a entendu les grands coups d'épée de Godefroy de Bouillon, des Tancrède, des Richard cœur-de-Lion et de St-Louis ; et aujourd'hui il entendra au milieu des impiétés, des folies et des fureurs de nos nouveaux barbares, les grands coups d'épée de nos prières et de nos pénitences beaucoup plus terribles encore contre satan et sa file maudite que ceux des croisés antiques ! Vive la croix ! O beau cliquetis de nos armes divines ! Encore une fois fais retentir de ton choc cette grande mer : Vive la croix !

O vagues si belles, si diamantées, si resplendissantes, allez, allez le redire aux rivages de tout le monde, à l'Europe, à l'Asie, à l'Afrique et par l'Isthme de Suez ou le détroit de Gibraltar, à l'Amérique et à l'Océanie.

Allez leur dire : La croisade de la prière est commencée : Espérance ! Espérance ! Résurrection ! Résurrection !

Les apôtres le dirent au monde en parlant du Calvaire, ils s'en allaient deux à deux portant avec la croix le salut et la résurrection du vieux monde, le triomphe sur le vieux paganisme.

Nouveaux apôtres du salut et du triomphe, nous venons deux à deux : nos deux vaisseaux apostoliques marchent ensemble. Dieu en a voulu deux, il les faut pour la beauté et l'efficacité de l'apostolat et plus de mille pèlerins apôtres portés par eux, marchent parallèlement à la même conquête : *Misit binos ante faciem suam*, pour rentrer dans tous les cœurs et toutes les régions, *In omnem civitatem et locum*.

Laissez-les passer ; ils portent de nouveau le salut et la résurrection : Le nouveau paganisme sera vaincu. Vous dites : Le Christ s'en va ! et avec nos mille cœurs et nos mille voix et avec la voix de tous ces flots et avec le roulis de ce navire et le sifflement du vent dans ces cordages et avec ce bruit régulier de ces machines enflammées nous disons : Non, non : il revient, il triomphe ! *In omnem civitatem et locum quo erat ipse venturus*.

Et voilà quel nom Dieu a choisi pour les deux vaisseaux qui nous portent et sur lesquels nous dressons la croix.

La *Guadeloupe* nous rappelle la Vierge miraculeuse de nos îles et de nos mers lointaines.

Et toi, *Picardie !* c'est toi que je veux chanter ; que ta destinée est glorieuse !

Un jour, un bûcheron s'avance dans nos forêts de France, armé de la hache, il fait tomber les plus beaux chênes et en même temps on arrache le chanvre dans nos campagnes et le fer des flancs de nos montagnes ; et les chênes disaient : Pourquoi interrompre nos chants ? Quand passe le zéphyre ou mugit la tempête, nous chantons Dieu. Et le chanvre : Pourquoi ne pas me laisser refleurir ? Et le fer : Pourquoi me passer au feu de vos fourneaux ? Et on a dit aux chênes, au chanvre et au fer : N'êtes-vous pas créés pour le service de l'homme, fils de Dieu, et votre roi ? Réjouissez-vous ; nous vous donnerons le baptême et un grand nom : les bénédictions du ciel descendront sur vous, on veut faire de vous ce qu'il y a de plus beau, un grand et beau vaisseau aux mats pavoisés, la mer sera votre empire et vous porterez les enfants de Dieu d'un monde à l'autre.

Et ce vaisseau c'est toi, ô belle *Picardie* : ton nom est vraiment glorieux, tu rappelles au monde Pierre l'Ermite, l'illustre promoteur des Croisades et le dernier des grands saints de notre France, le pauvre et glorieux pèlerin, saint Benoit Joseph Labre, le grand méprisé du monde, mais son plus sublime mépriseur. Dans ce nom il y a une prédestination ; oui, tu seras pauvre et illustre à ton tour.

Mais comme tout ce qui est grand et illustre il faut que la *Picardie* enfante sa gloire dans la douleur.

On lui a promis de porter les enfants d'un monde à l'autre et on commence à le faire servir au commerce forcément enchainé par le Dieu Mammon ; elle gémit, *Ingemiscit* ; attends ! attends ! et *parturit usque adhuc !* L'heure de la gloire n'est pas encore venue.

Voici une autre épreuve, tu porteras à la Mecque les fils d'un imposteur fanatique, allant adorer un tombeau vide et honteux.

Et la *Picardie* poussait des gémissements plus

douloureux. Encore il faut souffrir pour enfanter la gloire.

Et voici l'épreuve suprême, il y a sur la terre une île où satan a son repaire ; là sont les fils de l'enfer, du soufre, du pétrole, et voilà la *Picardie* destinée à rendre à la France ses bourreaux.

Maintenant l'épreuve est à son comble !

Pauvre *Picardie !* console-toi. Il fallait toutes ces douleurs pour arriver à la suprême gloire.

Enfin l'heure est venue. Parez ces mats de banderolles, de verdure et de fleurs ; au-dessus de tous ces mats, de tous ces drapeaux, voilà la croix n'attendant que le Roi de la création ; aujourd'hui tu portes le Roi de ce Roi ; tu portes un Dieu et les Pèlerins de Dieu ; l'Eucharistie et la Vierge Immaculée sont dans tes flancs ; sur toi se tournent les regards de toutes les nations.

Tu porteras les croisés de la prière, les croisés de l'espérance et du salut, les croisés de la résurrection !

Dieu t'a donné un équipage de choix, commandant, officiers, et matelots tous ont des cœurs Français, loyaux et catholiques ; au milieu des tempêtes ils ont gardé la foi.

— Et la Vierge est ton étoile. Quelles sont douces ses clartés ! A la Salette dont je vois ici les Pères, elle parlait de douleur ; à Lourdes dont tu portes aussi les Pères, elle parlait de pénitence ; à Pontmain, d'espérance. Ici c'est l'Assomption ! Les Pères de l'Assomption nous conduisent et nous portent avec leur mère, de la terre au ciel et avec nous soulèvent le monde pour le faire arriver à une terre nouvelle et à de nouveaux cieux. Saluons par un dernier cri de bonheur toutes ces joies et toutes ces espérances : Vive la croix !

ADRESSE DES PÈLERINS DE JÉRUSALEM A SA SAINTETÉ LÉON XIII.

Nous publions, comme autre monument du pèlerinage, l'adresse que rédigea M. de Belcastel à bord de la *Picardie* et que tous les pèlerins signèrent avec un religieux enthousiasme :

Très Saint-Père,

En abordant les rivages d'Europe, au retour de Jérusalem, notre premier regard se tourne du côté de Rome, le premier élan de nos cœurs est pour acclamer le vicaire du Christ qui gouverne aujourd'hui, à travers les épreuves du temps, son immortelle Eglise.

A dire vrai, Très Saint-Père, cette pensée ne nous a pas quittés un jour.

Sur la terre prédestinée où Israël a reçu les promesses du ciel, devenue plus sainte encore par le sang divin qui, en coulant sur elle, l'a consacrée à jamais comme le grand autel de la grande victime, Rome catholique sans cesse nous apparaissait.

Vénérant la place où le Verbe Eternel s'est incarné pour le salut du monde, ou prosternés à Bethléem ; mêlant nos larmes à la sueur sanglante du Christ agonisant, dans la grotte de Gethsémani, ou baisant la pierre que toucha le pied du Christ ressuscité ; partout et toujours, depuis le sépulcre vide, saint et incorruptible témoin du triomphe de la vie sur la mort, entouré à chaque instant de la durée du culte le plus merveilleux, jusqu'aux déserts de Samarie étonnés de voir se célébrer en trois jours plus de saints sacrifices qu'ils n'en virent durant dix siècles ;

soit que nous redisions le salut des anges aux lieux mêmes qui l'entendirent pour la première fois, soit que nos mille voix répètent le *Pater* sur la colline où il tomba des lèvres d'un Dieu sur le cœur d'un homme, partout et toujours, sur chaque prière qui s'envole au ciel, est porté le nom du Pape et de l'Eglise. Chaque fois aussi que ce Verbe incarné descend dans nos poitrines, nous sentons grandir notre foi au Père, au Fils et au Saint-Esprit, notre fidélité à la Sainte-Eglise, notre obéissance à son chef infaillible.

L'Eglise d'ailleurs, est vivante à Jérusalem où elle a été fondée. Les Franciscains, héritiers héroïques de l'âme des croisés, depuis six cents ans, gardent les Lieux saints, au prix de leur sang, avec une invincible constance ; ils y demeurent, comme jadis, l'honneur traditionnel du nom chrétien, et pour tous les pèlerins, des frères hospitaliers. Le Patriarche a bien voulu accueillir le pèlerinage comme un messager de la foi française, confirmé par Votre Sainteté. L'on aime à voir sous sa douce autorité, rayonner, une floraison nouvelle d'œuvres et d'ordres religieux, gage d'un épanouissement de plus en plus large dans l'avenir.

Très Saint-Père,

Trois fois, vous avez daigné bénir le pèlerinage populaire de pénitence. La bénédiction de Pierre lui a porté bonheur. Il s'est accompli avec des marques visibles de la faveur divine, et nous avons la confiance qu'il a plu à Dieu.

Nous sommes entrés dans les murs de Jérusalem, processionnellement, bannière déployée, en chantant des cantiques sous le regard des infidèles saisis et respectueux.

Nous avions porté sur nos épaules en triomphe,

dans la voix douloureuse, les croix que nous avions arborées sur nos navires et sur lesquelles nous avions fait le serment solennel d'être fidèles, jusqu'à la mort au Dieu crucifié. Ces croix nous les porterons, un jour, au Vatican, afin qu'elles deviennent, sous la garde de Votre Sainteté, le témoignage inépuisable de l'acte de foi réalisé en pleine lumière du ciel d'Orient. Nous avons vu la montagne des Oliviers couverte de tant d'autels, le jour de l'Ascension que, pour ainsi dire, elle était toute ruisselante du sang divin ; nous avons le jour de la Pentecôte entendu la messe du pèlerinage au pied du cénacle, sur le mont Sion, dans une liberté et une paix plus profondes que sous le soleil des peuples baptisés.

C'est pourquoi, Très Saint-Père, après avoir rempli nos âmes de tant de souvenirs sacrés, de si vives émotions, et d'espérances fondées sur la résurrection de notre Dieu, après avoir collé cent fois nos lèvres sur ses traces divines, après nous être nourris au Golgotha de sa chair et de son sang adorables, nous venons vous dire, en face du ciel et de la terre :

Plus que jamais nous croyons à la divinité du Christ, plus que jamais nous appelons de nos ardents désirs l'avènement de son règne sur la terre comme dans les hauteurs des cieux ;

Plus que jamais nous le saluons Roi suprême des peuples et des Rois, nous croyons qu'il a le droit absolu, inviolable, éternel, de régner sur toute créature et toute Société d'êtres intelligents et libres ;

Plus que jamais nous avons à cœur et tenons à honneur de confesser cette vérité, quand l'Europe travaillée par la Révolution, s'efforce de ravir au Christ l'empire des lois, des mœurs et des âmes ; et nous sommes résolus à consacrer toutes les forces de notre vie à étendre en nous et hors de nous le règne de Notre-Seigneur-Jésus-Christ.

Ce sont ces sentiments et ces résolutions, Très Saint-Père, que nous déposons humblement au pied de Votre Sainteté avec l'hommage de reconnaissance pour la bénédiction que vous nous avez donnée. Nous vous supplions de nous bénir encore afin qu'ils deviennent inébranlables dans nos cœurs, pour le bien de la France, notre bien-aimée patrie, l'exaltation de la Sainte Eglise, et la plus grande gloire de Dieu.

Prosternés aux pieds de Votre Sainteté, et les embrassant avec une tendre vénération,

Nous sommes, Très Saint-Père, de Votre Sainteté, les fils très soumis et très dévoués.

UN NOUVEL ÉTABLISSEMENT FRANÇAIS A JÉRUSALEM.

L'effet moral du pèlerinage national fut immense à Jérusalem. Il fut facile de prévoir dès lors que notre influence allait augmenter en Palestine.

Cette espérance commence à trouver sa réalisation.

Le P. Mathieu Lecomte, l'éloquent dominicain qui fit si grande impression, l'an dernier, par la parole et par le zèle vient d'acquérir à Jérusalem au prix de 45,000 francs les ruines de l'antique église de Saint-Etienne, bâtie par l'impératrice Eudoxie au nord de la ville, à 200 mètres environ de la porte de Damas. Elle fut consacrée en 460.

On y a récemment découvert un pavement en mosaïque.

Le martyre de saint Etienne a-t-il eu lieu sur l'emplacement de cette église ?

Ou bien cet édifice fut-il bâti en cet endroit peu éloigné du lieu de la mort parce que la configuration du terrain ne permettait pas de le faire sur la pente qui conduit à la vallée de Josaphat?

Des études postérieures l'établiront peut-être.

A côté de l'Eglise qui va être relevée, on construira un grand hospice pour les pèlerins.

Nous saluons avec joie cette fondation nouvelle. Mieux que personne, le P. Mathieu était digne de prendre cette initiative, et nul mieux que lui ne la conduira à bonne fin.

La restauration de l'église de Saint-Etienne a de nos jours une grande opportunité.

Comme au temps du premier martyr, la foi est persécutée. Comme alors, elle est poursuivie par les puissants du siècle, comme alors elle a besoin de courageux témoins.

Les fidèles trouveront en saint Etienne un modèle de science divine devant les juges, un modèle de fermeté devant leurs séductions et leurs pièges, un modèle de courage devant les bourreaux.

TABLE DES MATIÈRES

	Pages
Préface	VII

LIVRE Ier. — De Rodez a Jérusalem.

I. — De Rodez à Marseille	1
II. — A Marseille	3
III. — Notre-Dame de La Garde	4
IV. — Le P. Picard	6
V. — A la Major	8
VI. — L'embarquement	9
VII. — Le départ	11
VIII. — Le mal de mer	13
IX. — La fête du patronage de Saint-Joseph à bord de la *Picardie*	15
X. — En face de l'île de Malte. — Dieudonné de Gozon et Jean de La Valette	17
XI. — Le Mois de Marie	19
XII. — Bénédiction solennelle de la Croix	20
XIII. — En face de l'île de Candie	23
XIV. — La vie de prière à bord	25
XV. — Le P. Hippolyte et le P. Marie-Antoine	27
XVI. — Les heures de la causerie à bord	29
XVII. — La poésie, la musique, les beaux-arts	31
XVIII. — En vue de la Terre-Sainte	35
XIX. — Le débarquement à Kaïffa	36
XX. — Notre ascension au Mont-Carmel	39
XXI. — Notre entrée au monastère	40
XXII. — Notre première journée au Mont-Carmel	42
XXIII. — Monument français. — Chapelle de Saint-Simon-Stock. — Le phare. — École des prophètes	44
XXIV. — La Messe solennelle	46
XXV. — Panorama du Mont-Carmel	47
XXVI. — Elie confond les prophètes de Baal	49
XXVII. — Apparition de la nuée. Image de la B. V. Marie	51
XXVIII. — Seconde nuit au Carmel et départ	52
XXIX. — Aspect de la plage. — Les Mouckres	53
XXX. — Les toilettes de voyage	54
XXXI. — Les montures. — La protection ottomane	55
XXXII. — Incidents de voyage	57

XXXIII. — Le déjeûner. — Arrivée à Nazareth	59
XXXIV. — Le campement	60
XXXV. — Nazareth et l'église de l'Annonciation	61
XXXVI. — Translation de la Santa Casa à Lorette	63
XXXVII. — Les offices solennels. — Procession à la fontaine de la Vierge et à l'atelier de saint Joseph	66
XXXVIII. — La levée du camp	69
XXXIX. — La plaine d'Esdrelon	70
XL. — Les voyageurs qu'on rencontre en route	71
XLI. — La route	72
XLII. — La prière et les tristesses de l'âme	74
XLIII. — Le Mont-Thabor	75
XLIV. — El-Foulé et le Petit-Hermon	77
XLV. — Zeraïn. — La vigne de Naboth	79
XLVI. — Les montagnes de Gelboë et de Galaad. — La plaine de Jezrahel	81
XLVII. — Djénine. — La messe. — Les dix lépreux	83
XLVIII. — Le Mouckre ou guide	86
XLIX. — La plaine de Sânour. — Béthulie. — Judith	87
L. — Précautions contre le soleil	90
LI. — Sébaste. — Tombeau de saint Jean-Baptiste	91
LII. — Une chute	94
LIII. — Les environs de Naplouse	95
LIV. — Le mont Garizim. — Naplouse	96
LV. — Le Pantateuque Samaritain	98
LVI. — L'église et l'école catholiques	99
LVII. — Le puits de Jacob et de la Samaritaine. — Le Tombeau de Joseph	100
LVIII. — Silo. — Sindjil. — Taïbeh. — El-Bireh	102

LIVRE II. — Jérusalem.

I. — Vue de Jérusalem. — Le Mont-Scopus. — Alexandre-le-Grand	107
II. — Arrivée à Jérusalem	110
III. — La procession. — L'entrée au St-Sépulcre	111
IV. — La première journée à Jérusalem	114
V. — Histoire sommaire de Jérusalem	115
VI. — L'intérieur de la ville	122
VII. — Les quartiers et les maisons de la ville	124
VIII. — Etat intellectuel de la population	126
IX. — Les nouvelles en Orient	127
X — L'idée qu'ils ont de la France	128
XI. — Le climat de Jérusalem	129
XII. — Le patriarcat et les Franciscains	130
XIII. — Tristesses et espérances	131
XIV. — La messe au patriarcat et la croix du pèlerin	133

XV. — Le Calvaire	135
XVI. — Notions historiques sur la basilique du Saint-Sépulcre	136
XVII. — Le parvis. — Les gardes. — La pierre de l'onction	140
XVIII. — La chapelle d'Adam	142
XIX. — Etat actuel du calvaire. — Le trou de la vraie croix	144
XX. — La fente du rocher	145
XXI. — Emotion de l'âme sur le Calvaire	146
XXII. — La rotonde. — L'édicule du Saint-Sépulcre. — La basilique des grecs	147
XXIII. — Le divin Maître dans le tombeau	151
XXIV. — Résurrection et première apparition de N.-S. J.-C.	152
XXV. — Chapelle de la Sainte-Vierge. — L'épée de Godefroy de Bouillon	153
XXVI. — Autel de Sainte-Marie Madeleine	154
XXVII. — La prison de N.-S. J.-C. — Chapelles de St-Longin, de la division des vêtements	155
XXVIII. — Chapelle de Ste-Hélène. — Chapelle de l'Invention de la Ste-Croix	155
XXXI. — La colonne des opprobres. — La procession quotidienne	158
XXXII. — Joies et tristesses au St-Sépulcre	161
XXXIII. — Eglise de la Flagellation. — St-Sauveur	164
XXXIV. — Couvent de saint Joseph de l'Apparition	166
XXXV. — Ste-Anne. — Le Gouvernement impérial	167
XXXVI. — L'église de Ste-Anne. — La Grotte de l'Immaculée-Conception	168
XXXVII. — Bénédiction de la statue de N.-D. de Lourdes. — Un office dans la liturgie grecque	170
XXXVIII. — Lieu du martyre de St Etienne	172
XXXIX. — La grotte de Gethsémani	173
XL. — Le rocher des apôtres. — La colonne de la trahison	175
XLI. — Jardin de Gethsémani. — Les huit oliviers	176
XLII. — Déjeûner. — Ecoliers. — Une alsacienne	178
XLIII. — Béthanie	179
XLIV. — La pierre du colloque	182
XLV. — Résurrection de Lazare	184
XLVI. — Le tombeau de Lazare	186
XLVII. — La rentrée à Jérusalem. — Les pauvres sur le chemin. — Un cimetière musulman	187
XLVIII. — Couvent de N.-D. de Sion. — Arc de l'Ecce-Homo	189
XLIX. — La correspondance. — La poste et le télégraphe à Jérusalem	192
L. — Histoire d'un télégramme	193

LI. — Mort et funérailles de M. l'abbé Chambaud	194
LII. — Eclipse de soleil. — Visite à la mosquée d'Omar	196
LIII. — Le mont Moriah	198
LIV. — Promesse de la construction du temple	199
LV. — Temple de Salomon. — L'architecte. — Nombre des ouvriers employés	201
LVI. — Dépenses en argent. — Les cèdres du Liban. — Les carrières de pierre	202
LVII. — Description du temple de Salomon. — L'arche d'alliance	204
LVIII. — Dédicace du temple de Salomon	207
LIX. — Le culte divin au temple	209
LX. — Destruction du temple sous Nabuchodonosor. — Captivité de soixante-dix ans	210
LXI. — Edit de Cyrus. — Reconstruction du temple. — Sa restauration par Hérode-le-Grand.	212
LXII. — La Vierge Marie et Jésus au temple	214
LXIII. — Siège de Jérusalem. — Incendie du temple.	216
LXIV. — Il ne restera pas pierre sur pierre	217
LXV. — Arc de Titus. — Le colysée	218
LXVI. — La porte dorée. — Le trône de Salomon et les ex-voto	219
LXVII. — La mosquée El-Aksa	221
LXVIII. — Le kalife Omar. — La bibliothèque d'Alexandrie. — Conquête de Jérusalem	223
LXIX. — Tentative de Julien l'Apostat pour la reconstruction du temple	225
LXX. — La mosquée d'Omar. — Sa description	226
LXXI. — Le rocher ou Sackra. — Les ex-voto. — Le puits des âmes. — Les musulmans en prière	229
LXXII. — La fête de l'Ascension au Mont-des-Oliviers. — Rencontre d'un Jérosolimitain	232
LXXIII. — Le couvent des Carmélites à l'emplacement du Pater. — Les messes dans les arcades du cloître.	234
LXXIV. — La messe solennelle au lieu du Credo	237
LXXV. — Le lieu de l'Ascension. — Viri Galilæi	239
LXXVI. — Mosquée de l'Ascension. — Vestiges des pieds de N.-S. J.-C. — L'Office des Franciscains	240
LXXVII. — L'office des Arméniens et des grecs schismatiques	243
LXXVIII. — Panorama du haut du minaret	244
LXXIX. — Longueur de la voie de la captivité et de la voie douloureuse	248
LXXX. — Le pèlerinage dans la Via dolorosa le 19 mai.	249
LXXXI. — La première station. — La Scala santa. — La garnison turque et la caserne. — La condamnation de Jésus	252
LXXXII. — La 2ᵉ, la 3ᵉ, la 4ᵉ station. — Chapelle du spasme	254

LXXXIII. — La 5e station. — Simon de Cyrène 256
LXXXIV. — 6e station. — La sainte Face. — 7e, 8e 9e stations 257
LXXXV. — Les cinq dernières stations. — Conclusion de l'exercice du Via Crucis 260
LXXXVI. — Messe au St-Sépulcre. — Un photographe. — La grotte de Jérémie. — Les cavernes royales.— La porte de Damas 261
LXXXVII. — Sion. — Tour de David. — Son oratoire 263
LXXXVIII. — Les deux oratoires sur l'emplacement de la maison d'Anne. — L'olivier où fut attaché N.-S. J.-C.—Eglise de St-Jacques-le-Majeur. — Colonne de la profanation du cercueil de la sainte Vierge. — Maison de Caïphe. — Prison de N.-S. J.-C. — Pierre de l'Ange....................... 265
LXXXIX. — Maison de la sainte Vierge. — Le cénacle — Le tombeau de David. — La grotte de St Pierre. 268
XC. — Bénédiction de la statue de N.-D. de Salut dans la chapelle des frères des écoles chrétiennes.. 271
XCI. — Les écoles chrétiennes. — Espièglerie d'un jeune grec. — N.-D. de Ceignac.................. 272
XCII. — Pèlerinage à Bethléem. — Le paysage. — Deux victoires de David 275
XCIII. — Maison de Siméon. — Emplacement d'un térébinthe. — Le puits des trois rois. — Le couvent et le lit de saint Elie 276
XCIV. — La maison du prophète Habacuc. — Le tombeau de Rachel 279
XCV. — L'orphelinat de dom Belloni. — Première visite à la grotte de la Nativité 280
XCVI. — La messe à la grotte de la Nativité. — Bethléem. — Son origine. — Ses gloires. — Son état actuel. — Ses habitants 282
XCVII. — La basilique de la Nativité. — Les usurpations des grecs 284
XCVIII. — La grotte de la Nativité 287
XCIX. — L'autel des Mages........................... 289
C. — La chapelle de St Joseph. — La chapelle des SS. Innocents. — Tombeau de St Eusèbe. — Chapelle de Ste Paule et de Ste Eustochie. — Chapelle et oratoire de St-Jérôme........................... 291
CI. — L'oranger de St Jérôme. — La procession à la grotte de la Nativité............................... 293
CII. — La grotte des pasteurs 295
CIII. — L'arc-en-ciel. — La grotte du lait 298
CIV. — Procession du pèlerinage à la grotte de Bethléem. — Les costumes des indigènes. — Allocution du P. Marie-Antoine.................................. 299
CV. — Excursion aux vasques de Salomon.— La route 303

— 414 —

CVI. — Les vasques de Salomon.— La fontaine scellée 305
CVII. — Hortus conclusus. — Rentrée à Jérusalem... 306
CVIII. — Le retour.— Le mont des Francs. — L'orage 307
CIX. — Conversion du P. de Ratisbonne. — L'orphelinat et l'école d'arts-et-métiers de St Pierre. — Bénédiction de la statue de St Augustin............... 309
CX. — Vallée de Gihon. — Piscine des serpents. — Champ du Foulon. — Charnier du lion. — Ruines de l'église Ste Mamilla........................ 311
CXI. — L'église du patriarcat. — Bénédiction de la statue de St Pierre. — Allocution du patriarche.... 314
CXII. — Vénération de la colonne de la Flagellation au Saint-Sépulcre.............................. 318
CXIII. — Le mur des pleurs des juifs............... 319
CXIV. — La fête de la Pentecôte sur le mont Sion dans le cimetière latin........................ 323
CXV. — Vallée du fils d'Hennon. — Eglise de saint Georges — Champ du mauvais conseil. — Tombeau de la princesse Técla. — Champ d'Haceldama. — Retraite des apôtres............................ 324
CXVI. — Vallée de Josaphat. — Lieu du martyre d'Isaïe. — Un musulman en prière................. 328
CXVII. — Guérison de l'aveugle-né à la piscine de Siloë 329
CXVIII. — La fontaine de la Ste-Vierge. — Le mont du scandale. — Le village de Siloë. — Le figuier de Judas.. 331
CXIX. — Tombeau de Zacharie, de St Jacques-le-Mineur, d'Absalon, de Josaphat.................... 332
CXX. — Basilique de l'Assomption. — Tombeau de St Joachim, de Ste Anne, de St Joseph.............. 333
CXXI. — La vallée de Josaphat.................... 335
CXXII. — Le torrent du Cédron................... 336
CXXIII. — Impressions et tristesses de la dernière journée à Jérusalem............................ 337

LIVRE III. — Le retour.

I. — Le départ. — La porte de Jaffa. — L'hôpital St-Louis. — Les établissements russes............... 343
II. — Le cocher. — Couvent de Ste Croix. — Chapelle de la Visitation. — St-Jean-in-Montana.......... 345
III. — Dernière vue de Jérusalem et de toute la région 346
IV. — La route. — La Méditerranée. — La vallée de Térébinthe..................................... 347
V. — Le combat de David et de Goliath............ 349
VI. — Ramathaïn-Sophin. — Soba. — Abougosche. — Khan de Bab-el-Ouadi.......................... 351

VII. — Amoas. — Les Macchabées 352
VIII. — El-Latroun. — Le bon larron 353
IX. — Le déjeûner à El-Latroun. — Sobriété des Arabes 355
X. — La plaine de Saron. — Rencontre de voyageurs. — Les tours de garde............................... 357
XI. — Ramleh-d'Arimathie. — St Joseph et Nicodème. St Martial. — Un agent bienveillant............. 358
XII. — Le couvent des Franciscains. — Rafraîchissements. — Eglise de St Nicodème. — Appartement de Napoléon. — Panorama du haut de la terrasse des Franciscains. — L'amour de la France 360
XIII. — Les lépreux............................. 362
XIV. — Les exploits de Samson. — Une étourderie du cocher. — Entrée dans la ville. — Assaut pour défendre nos bagages............................. 364
XV. — Installation chez les Franciscains. — Une soirée sur la terrasse de l'établissement. — Un bain de mer.. 366
XVI. — Les marchés de Jaffa. — L'église paroissiale.— Les écoles. — Les jardins...................... 368
XVII. — Origine et importance de Jaffa. — Noë. — L'arche et le déluge............................. 370
XVIII. — Jaffa depuis sa reconstruction jusqu'à nos jours 372
XIX. — La résurrection de Tabithe. — Vision des animaux purs et impurs........................ 373
XX. — Embarquement sur la *Picardie* 375
XXI. — Dernières impressions en vue de la Terre-Ste 377
XXII. — Installation dans la cabine.— Départ.—Mort de l'abbé Gilbert Laurent....................... 378
XXIII. — Obsèques de l'abbé Gilbert Laurent. — Son immersion....................................... 380
XXIV. — La prière à bord. — Incidents de voyage... 382
XXV. — Le dimanche de la Trinité. — Les exercices de piété. — Un phénomène sur mer.............. 384
XXVI. — Le détroit de Messine. — Le vaisseau en détresse. — Messine. — Reggio. — Le cap Faro. — L'apôtre saint Paul............................. 386
XXVII. — Les îles Lipari.— La question des classiques 388
XXVIII. — Le pèlerin de Rodez.................... 390
XXIX. — Adresse au Pape proposée par M. de Belcastel 392
XXX. — En vue de l'île de Corse. — Mort du frère Simon. — Adresse au P. Picard.................. 393
XXXI. — En vue de Marseille. — Adieux à la *Picardie* 395
XXXII. — Le débarquement. — Visite à N.-D de La Garde. — Les adieux du P. Picard. — Rentrée à Rodez... 396

Supplément

Allocution du P. Marie-Antoine à l'occasion de la bénédiction de la Croix sur la dunette de la *Picardie*.. 398
Adresse des pèlerins de Jérusalem à Sa Sainteté Léon XIII 404
Un nouvel établissement français à Jérusalem 407

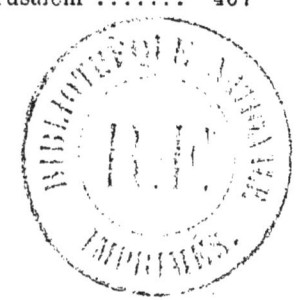

Rodez, impr. v⁰ E. CARRÈRE.

www.ingramcontent.com/pod-product-compliance
Lightning Source LLC
Chambersburg PA
CBHW050911230426
43666CB00010B/2115